■2025年度中学受験用

麴町学園女子中学校

3年間スーパー過去問

●収録内容一覧

入試問題と解説・解答の収録内容

2024年度 2月1日午前	算数・社会・理科・国語
2024年度 2月1日午後特待	算数・社会・理科・国語 （解答のみ）
2023年度 2月1日午前	算数・社会・理科・国語
2023年度 2月1日午後特待	算数・社会・理科・国語 （解答のみ）
2022年度 2月1日午前	算数・社会・理科・国語
2022年度 2月1日午後特待	算数・社会・理科・国語 （解答のみ）

～本書ご利用上の注意～　以下の点について，あらかじめご了承ください。

★別冊解答用紙は巻末にございます。本書に収録している試験の実物解答用紙は，弊社サイトの各校商品情報ページより，一部または全部をダウンロードできます。

★編集の都合上，学校実施のすべての試験を掲載していない場合がございます。

★当問題集のバックナンバーは，弊社には在庫がございません（ネット書店などに一部在庫あり）。

合格を勝ち取るための
『スーパー過去問』の使い方

本書に掲載されている過去問をご覧になって，「難しそう」と感じたかもしれません。でも，多くの受験生が同じように感じているはずです。なぜなら，中学入試で出題される問題は，小学校で習う内容よりも高度なものが多く，たくさんの知識や解き方のコツを身につけることも必要だからです。ですから，初めて本書に取り組むさいには，点数を気にしすぎないようにしましょう。本番でしっかり点数を取れることが大事なのです。

過去問で重要なのは「まちがえること」です。自分の弱点を知るために，過去問に取り組むのです。当然，まちがえた問題をそのままにしておいては意味がありません。

本書には，長年にわたって中学入試にたずさわっているスタッフによるていねいな解説がついています。まちがえた問題はしっかりと解説を読み，できるようになるまで何度も解き直しをしてください。理解できていないと感じた分野については，参考書や資料集などを活用し，改めて整理しておきましょう。

このページも参考にしてみましょう！

◆どの年度から解こうかな　「入試問題と解説・解答の収録内容一覧」

本書のはじめには収録内容が掲載されていますので，収録年度や収録されている入試回などを確認できます。

※著作権上の都合によって掲載できない問題が収録されている場合は，最新年度の問題の前に，ピンク色の紙を差しこんでご案内しています。

◆学校の情報を知ろう‼「学校紹介ページ」

このページのあとに，各学校の基本情報などを掲載しています。問題を解くのに疲れたら息ぬきに読んで，志望校合格への気持ちを新たにし，再び過去問に挑戦してみるのもよいでしょう。なお，最新の情報につきましては，学校のホームページなどでご確認ください。

◆入試に向けてどんな対策をしよう？「出題傾向＆対策」

「学校紹介ページ」に続いて，「出題傾向＆対策」ページがあります。過去にどのような分野の問題が出題され，どのように対策すればよいかをアドバイスしていますので，参考にしてください。

◇別冊「入試問題解答用紙編」

本書の巻末には，ぬき取って使える別冊の解答用紙が収録してあります。解答用紙が非公表の場合などを除き，（注）が記載されたページの指定倍率にしたがって拡大コピーをとれば，実際の入試問題とほぼ同じ解答欄の大きさで，何度でも過去問に取り組むことができます。このように，入試本番に近い条件で練習できるのも，本書の強みです。また，データが公表されている学校は別冊の１ページ目に過去の「入試結果表」を掲載しています。合格に必要な得点の目安として活用してください。

本書がみなさんの志望校合格の助けとなることを，心より願っています。

株式会社　声の教育社　編集部

麹町学園女子中学校

所在地	〒102-0083 東京都千代田区麹町3-8
電　話	03-3263-3011
ホームページ	https://www.kojimachi.ed.jp/
交通案内	東京メトロ有楽町線「麹町駅」より徒歩1分　東京メトロ半蔵門線「半蔵門駅」より徒歩2分 JR中央線・地下鉄各線　「四ツ谷駅」・「市ケ谷駅」より徒歩10分

くわしい情報は
ホームページへ

トピックス

★時間管理能力を養うため「ノーチャイム制」を導入。
★オリジナル「Active English」のメソッドで，英語で発信する力をアップ。

創立年
明治38年

女子校

高校募集
あり

2024年度応募状況

募集数				応募数	受験数	合格数	倍率
1日	午前	50名	2科	55名	39名	31名	1.3倍
			4科	49名	33名	30名	1.1倍
		15名	英	21名	17名	16名	1.1倍
	午後/特待	特待10名	2科	66名	47名	27名	1.7倍
			4科	78名	66名	50名	1.3倍
			英	41名	34名	29名	1.2倍
2日	午前	10名	2科	77名	17名	7名	2.4倍
			4科	64名	14名	11名	1.3倍
	午後/特待	特待5名	2科	88名	20名	8名	2.5倍
			4科	78名	22名	16名	1.4倍
3日	午前	10名	2科	105名	31名	20名	1.6倍
			4科	103名	24名	18名	1.3倍
6日	午前	15名	2科	90名	18名	12名	1.5倍
			4科	108名	14名	10名	1.4倍
			英	58名	12名	11名	1.1倍

入試情報（参考：昨年度）

出願：2024年１月10日～試験当日集合30分前

・２科４科選択
　２科 … 国語・算数(各100点)
　４科 … 国語・算数(各100点)
　　　　理科・社会(各50点)
　※４科は合計300点満点を200点満点に換算

・英語型
　英語(リスニング・リーディング・英作文で計75点)
　面接(英語と日本語で計25点)
　国語基礎・算数基礎(各50点)

・英語資格型
　英語資格(100点，英検４級で70点，英検３級で80点，英検準２級レベル以上で100点換算)
　国語・算数(各100点)
　合計300点満点を200点満点に換算

本校の特色

聡明・端正

豊かな人生を自らデザインできる自立した女性を育てる

具体的には，以下の４つの力を学園生活で身につけて，知性と品性を兼ね備え，「しなやかに，たくましく」自律した女性になることを目指します。

1．どのような環境においても，自分で考え，判断し，協働して行動できる。
2．常に自分の興味・関心を広げ，機会を逃さずチャレンジし，自己肯定感を持って探究・創造し続けることができる。
3．豊かな教養と優しい心を持ち，他者と良好な関係を築ける。
4．複数の情報を統合し構造化して自分の考えをまとめ，その過程や結果を表現することができる。

過去３年の主な大学合格実績

＜国公立大学＞

東京外語大，琉球大，富山県立大

＜私立大学＞

早稲田大，上智大，国際基督教大，明治大，青山学院大，立教大，中央大，法政大，成蹊大，成城大，明治学院大，國學院大，獨協大，武蔵大，津田塾大，東京女子大，日本女子大，日本大，東洋大，駒澤大，専修大，学習院女子大，大妻女子大，共立女子大

編集部注―本書の内容は2024年4月現在のものであり，変更されている場合があります。正式な情報は，学校のホームページ等で必ずご確認ください。

算数　出題傾向＆対策

◆基本データ（2024年度１日午前）

試験時間／満点	45分／100点
問　題　構　成	・大問数…５題 計算１題（５問）／応用小問１題（６問）／応用問題３題 ・小問数…20問
解　答　形　式	すべての問題で「途中の計算を消さないこと」と指示がある。必要な単位などはあらかじめ印刷されている。
実際の問題用紙	Ａ４サイズ，小冊子形式
実際の解答用紙	問題用紙に書きこむ形式

◆出題傾向と内容

▶過去３年の出題率トップ３
１位：四則計算・逆算24％　２位：角度・面積・長さ６％　３位：単位の計算，濃度など４％
▶今年の出題率トップ３
１位：四則計算・逆算25％　２位：旅人算10％　３位：集まり，水の深さと体積など８％

計算問題は，かっこのついた計算や分数と小数のまじったものもあります。やや複雑な問題も見られますが，落ち着いて解けば，必ず正解が得られるものです。

小問集合は，単位の計算，倍数，平均，相当算，植木算，面積などから出題されています。

応用問題は，約束記号，旅人算，集まりなどから出題されています。受験算数の基本となる図形や速さは，いかに速く，正確に解けるかがポイントです。多少解きにくいものもあるので注意してください。

◆対策～合格点を取るには？～

本校の算数は基本的な問題が中心なので，対策としては，やはり基礎力の充実に重点をおいた学習を進める必要があります。

まず，１題めの計算問題で，確実に点をとれるようにしましょう。それほど複雑な計算問題でなくてかまいませんから，標準的な計算問題集を１冊用意して，毎日欠かさずにやりましょう。

また，幅広く特殊算から出題されているので，すべての項目をもらさず学習し，基本を習得するようにしましょう。

分野	年度	2024		2023		2022	
		１前	１後特	１前	１後特	１前	１後特
計算	四則計算・逆算	●	●	●	●	●	●
	計算のくふう			○			
	単位の計算	○	○	○	○	○	○
和と差	和差算・分配算		◎			○	
	消去算				○		
	つるかめ算		○	○		○	
	平均とのべ	○					○
	過不足算・差集め算					○	
	集まり	●			◎		
	年齢算			○			
割合と比	割合と比					○	
	正比例と反比例				○		
	還元算・相当算	○					
	比の性質						
	倍数算						
	売買損益		◎	◎			
	濃度			○	◎		
	仕事算			○		○	
	ニュートン算						
速さ	速さ					○	
	旅人算	●	○		○		○
	通過算			○			
	流水算						
	時計算						
	速さと比						
図形	角度・面積・長さ	○		○	●	○	
	辺の比と面積の比・相似						○
	体積・表面積					◎	
	水の深さと体積		●				○
	展開図					○	
	構成・分割						
	図形・点の移動			◎			●
表とグラフ					◎		
数の性質	約数と倍数	○	○			○	
	Ｎ進数						
	約束記号・文字式	●		◎			
	整数・小数・分数の性質						
規則性	植木算	○				○	●
	周期算		○		○		
	数列		◎		○	◎	
	方陣算						
	図形と規則						
場合の数			○	◎			●
調べ・推理・条件の整理							○
その他							

※　○印はその分野の問題が１題，◎印は２題，●印は３題以上出題されたことをしめします。

社会 出題傾向＆対策

◆基本データ（2024年度１日午前）

試験時間／満点	理科と合わせて50分／50点
問題構成	・大問数…４題 ・小問数…33問
解答形式	記号選択と用語の記入が大半をしめるが，記述問題も見られる。
実際の問題用紙	Ａ４サイズ，小冊子形式
実際の解答用紙	Ａ３サイズ

◆出題傾向と内容

●地理…時事的なテーマの長文から，自然，農業，産業など総合的に出題されています。具体的には，地図記号，伝統的工芸品や祭りなどはば広い知識を問う問題が出題されているのが特ちょうといえます。

●歴史…テーマにもとづいて，それに関連する人物やできごとが出題されており，はば広い知識が必要とされます。用語記述の多くは小学校の教科書よりも深い知識が必要でした。また，できごとの年代整序の問題もあり，歴史の流れの理解が求められています。

●政治…三権のしくみなどの定番の問題が取り上げられることも多いのですが，時事問題に関連して出題されることが多いので，注意が必要です。また，一つのテーマにもとづき，地理と公民，歴史と公民など，複数の分野を総合する大問があるのも特ちょうです。記述問題は現在の社会の状況について分析し，その理由を述べさせるもので，社会科の基本知識を応用する力が求められました。

分野＼年度			2024		2023		2022	
			1前	1後特	1前	1後特	1前	1後特
日本の地理		地図の見方	○	○	○	○	○	
		国土・自然・気候	○	○	○	○	○	○
		資源						
		農林水産業	○	○	○	○	○	○
		工業	○	○	○	○	○	
		交通・通信・貿易		○	○			
		人口・生活・文化	○	○	○			
		各地方の特色		○				
		地理総合	★	★	★	★	★	★
世界の地理			○				○	
日本の歴史	時代	原始～古代	○	○	○	○	○	○
		中世～近世	○	○	○	○	○	○
		近代～現代	○	○	○	○	○	○
	テーマ	政治・法律史						
		産業・経済史					★	○
		文化・宗教史						
		外交・戦争史						
		歴史総合	★	★	★	★		★
世界の歴史								
政治		憲法		○	○	○		
		国会・内閣・裁判所	○		★	○	○	○
		地方自治	★					○
		経済	○	○		○		○
		生活と福祉					○	
		国際関係・国際政治		○		○		
		政治総合	○	★				★
環境問題				○	○		★	
時事問題			○	○	○	★	○	○
世界遺産				○	○	○	○	○
複数分野総合			★	★	★		★	★

※　原始～古代…平安時代以前，中世～近世…鎌倉時代～江戸時代，近代～現代…明治時代以降

※　★印は大問の中心となる分野をしめします。

◆対策～合格点を取るには？～

なかには難易度の高いものもありますが，全体の問題のレベルは標準的ですから，まず，基礎を固めることを心がけてください。

地理分野では，都道府県の特色を整理し，それぞれの位置を確認していく学習が不可欠です。白地図作業帳を利用して地形と気候をまとめ，そこから産業のようすへと広げていってください。なお，世界地理は，小学校で取り上げられることが少ないため，日本とかかわりの深い国については，自分で参考書などを使ってまとめておきましょう。

歴史分野では，教科書や参考書を読むだけでなく，自分で年表をつくって覚えると学習効果が上がります。できあがった年表は，各時代，各分野のまとめに活用できます。本校の歴史の問題にはさまざまな分野が取り上げられていますから，この作業はおおいに威力を発揮するはずです。

政治分野では，日本国憲法の基本的な内容と三権についてはひと通りおさえておいた方がよいでしょう。また，時事問題が取り上げられることが多いため，新聞やテレビ番組などでニュースを確認し，国の政治や経済の動き，世界各国の情勢などについて，ノートにまとめておきましょう。

理科　出題傾向＆対策

◆基本データ（2024年度１日午前）

試験時間／満点	社会と合わせて50分／50点
問題構成	・大問数…２題 ・小問数…15問
解答形式	記号選択と用語の記入が大半をしめている。記述問題も出題されている。
実際の問題用紙	Ａ４サイズ，小冊子形式
実際の解答用紙	Ａ３サイズ

◆出題傾向と内容

大問１は何かしらのテーマに沿った問題，大問２は小問集合で，「生命」「物質」「エネルギー」「地球」の４分野からまんべんなく出題されています。

●生命…植物の発芽と成長，ヒトのからだのつくり，食べる・食べられるの関係，ヒトのたん生，植物のつくり，外来生物など，さまざまな単元から出題されています。

●物質…水溶液の性質や気体の性質，ものの溶け方（水に溶ける物質の量と温度）などが取り上げられています。また，実験器具の使い方についても出題されています。

●エネルギー…てこや輪軸による力のつり合い，圧力，熱の伝わり方，電磁石，ふりこが１往復する時間，電気回路などが出題されています。計算問題も見られるので注意が必要です。

●地球…太陽や月の動き，月の満ち欠け，季節の代表的な星座と星の動きについて，日本の天気，台風について，地層や岩石，流水のはたらきなどが取り上げられています。

分野＼年度		2024		2023		2022	
		1前	1後特	1前	1後特	1前	1後特
生命	植物	○		○	○	○	○
	動物		○	○		○	
	人体	○	○	○		★	○
	生物と環境		○	○			○
	季節と生物						
	生命総合						
物質	物質のすがた	○		○			
	気体の性質	○	○				
	水溶液の性質	○	○	○	○	○	
	ものの溶け方			○	○	○	○
	金属の性質	○					
	ものの燃え方	○					○
	物質総合			○			
エネルギー	てこ・滑車・輪軸	○			○		○
	ばねののび方				○		
	ふりこ・物体の運動	○	○				○
	浮力と密度・圧力		○			○	
	光の進み方					○	
	ものの温まり方			○	○	○	
	音の伝わり方						
	電気回路			○			
	磁石・電磁石		○			○	★
	エネルギー総合						○
地球	地球・月・太陽系	○		○	○		○
	星と星座		○	○		○	
	風・雲と天候	○	○		★	○	
	気温・地温・湿度						○
	流水のはたらき・地層と岩石	○	○		○	○	○
	火山・地震	○					
	地球総合						
実験器具				○	○		○
観察							
環境問題							
時事問題							
複数分野総合		★	★	★	★	★	★

※　★印は大問の中心となる分野をしめします。

◆対策～合格点を取るには？～

本校の理科は，各分野からバランスよく出題されており，その内容は基礎的なものが中心です。基礎的な知識をはやいうちに身につけ，苦手単元をつくらないようにしましょう。また，実験・観察・観測や資料にもとづいて，科学的に考える力を身につけておくことも必要です。さらに，新聞やテレビのニュースも要チェックです。

「生命」は，身につけなければならない基本知識の多い分野ですが，ヒトや動物のからだのつくり，植物のつくりと成長などを中心に，ノートにまとめながら知識を深めましょう。

「物質」では，気体や水溶液，金属などの性質に重点をおいて学習してください。そのさい，中和反応や溶解度など，計算問題にも積極的に取り組むように心がけてください。

「エネルギー」では，てこ，滑車，輪軸，ふりこの運動などについて，それぞれの基本的な考え方をしっかりマスターし，さまざまなパターンの計算問題にチャレンジしてください。

「地球」では，太陽・月・地球の動き，季節と星座の動き，天気と気温・湿度の変化，地層のでき方，岩石の名前などが重要なポイントです。

国語 出題傾向＆対策

◆基本データ（2024年度１日午前）

試験時間／満点	45分／100点
問題構成	・大問数…５題 文章読解題２題／知識問題３題 ・小問数…25問
解答形式	記号選択と適語・適文の書きぬきが大半をしめているが，記述問題も出されている。
実際の問題用紙	Ａ４サイズ，小冊子形式
実際の解答用紙	Ａ３サイズ

◆出題傾向と内容

▶近年の出典情報（著者名）
説明文：畑村洋太郎　齋藤　孝　梅原　猛
小　説：まはら三桃　中沢けい　村田喜代子

●文章読解題…文脈の理解をはじめ，指示語の内容，接続語の補充，心情把握，適語補充，内容正誤の吟味，主題・要旨の把握，理由の説明など，設問の内容は実に多彩です。読解力に大きなウェートがおかれており，問題文をどこまで正確に読み取り，理解しているかをためす問題が中心となっています。

●知識問題…独立題として出されるほか，文章読解題の小問でも出されます。画数・筆順，慣用句，熟語，敬語，品詞・用法，文の成分などが取り上げられています。漢字の書き取りと送りがなは，５問程度出題されています。

◆対策～合格点を取るには？～

試験問題で正しい答えを出せるようにするためには，多くの読解問題にあたり，出題内容・形式に慣れることが大切です。特に，接続語の使い方や指示語の内容など，試験に必ず出される問題に習熟し，本文の内容を自分のことばできちんと説明できるようにくり返し練習してください。

知識問題については，漢字と語句に関するもの（熟語，慣用句・ことわざなど）を中心に，はば広く積極的に吸収していく心構えがのぞまれます。漢字と語句などの問題集をそれぞれ一冊仕上げてください。その場合，丸暗記ですませようとせずに，漢字なら部首も対義語もというように，派生させたノートづくりをするとよいでしょう。

分野 ＼ 年度			2024		2023		2022	
			1前	1後特	1前	特待	1前	1後特
読解	文章の種類	説明文・論説文	★	★	★	★	★	★
		小説・物語・伝記	★	★	★	★	★	★
		随筆・紀行・日記						
		会話・戯曲						
		詩						
		短歌・俳句						
	内容の分類	主題・要旨	○	○	○	○	○	○
		内容理解	○	○	○	○	○	○
		文脈・段落構成						
		指示語・接続語	○	○	○	○	○	○
		その他	○	○	○		○	○
知識	漢字	漢字の読み	★	★	★	★		
		漢字の書き取り	★	★	★	★	★	★
		部首・画数・筆順						
	語句	語句の意味		★			○	
		かなづかい						
		熟語	★				★	★
		慣用句・ことわざ		○	★	★	★	
	文法	文の組み立て		○				★
		品詞・用法	○				★	
		敬語		★		○		
	形式・技法							
	文学作品の知識							
	その他							
	知識総合							
表現	作文							
	短文記述							
	その他							
放送問題								

※　★印は大問の中心となる分野をしめします。

カコを追いかけ
ミライをつかめ

2024 年度 麹町学園女子中学校

【算　数】〈２月１日午前試験〉（45分）〈満点：100点〉

［注意《ちゅうい》事項《じこう》］途中《とちゅう》の計算を消さないこと。

1 次の□にあてはまる数を求めなさい。

(1) $2024-1455+545=\square$

(2) $5\times 6-(20-8\times 2)=\square$

(3) $0.45\times 3.6\div 0.06-7.9=\square$

(4) $4\div\left\{3-2\div\left(\frac{11}{2}-\frac{5}{6}\right)\right\}\times 3=\square$

(5) $\left(5-\frac{1}{5}\times\square\right)\times 7+2.4=15$

2 次の□にあてはまる数を求めなさい。

(1) 縮尺 $\frac{1}{25000}$ の地図上で８cmの長さは，実際には□kmです。

(2) ５で割ると３あまり，８で割ると２あまる数の中で小さい方から数えて２番目の数は□です。

(3) 算数のテスト４回の点数は，86点，79点，83点，91点でした。５回目のテストで□点だったので，５回の平均点は84点になりました。

(4) Ａさんは昨日，所持金の $\frac{2}{5}$ を使い，今日は残りの所持金の $\frac{3}{4}$ を使ったところ，財布《さいふ》の中に540円残りました。このとき，はじめに持っていたお金は□円です。

(5) 下の図のように，横の長さが8 cmの紙テープを同じ向きに15枚つなげました。全体の長さが99 cmになったとき，のりしろは□cmです。

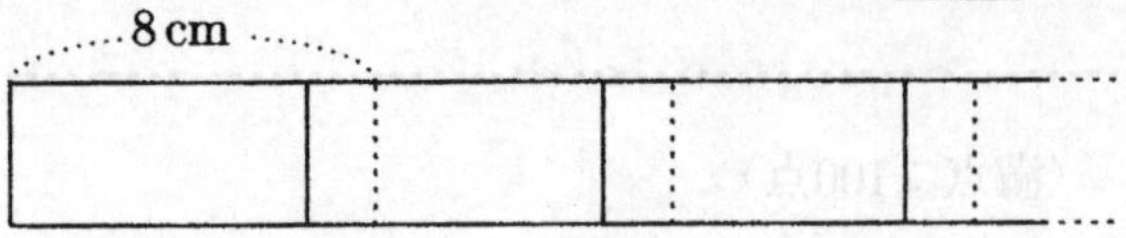

(6) 下の図のように，1辺4 cmの正方形にぴったりと円が入っています。斜線《しゃせん》の部分の面積は□cm^2です。ただし，円周率を3.14とします。

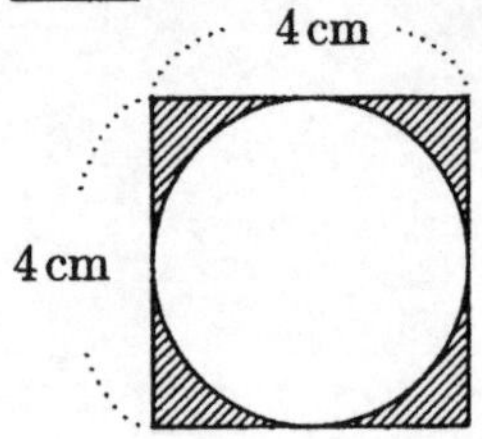

3 1以上の2つの整数について，< , >による計算を次の(例)のように定めます。このとき，次の問いに答えなさい。

(例) $<3, 4>=\frac{1}{3\times(3+4)}=\frac{1}{3\times 7}=\frac{1}{21}$ ， $<4, 4>=\frac{1}{4\times(4+4)}=\frac{1}{4\times 8}=\frac{1}{32}$

(1) 次の計算をしなさい。

① $<1, 2>+<2, 3>$

② $(<8, 3>+<3, 8>)\div<3, 8>$

(2) $<A, B>=\frac{1}{84}$ を満たす1以上の整数Aは全部で何個ありますか。

4 Ａさんと Ｂさんが 840m離《はな》れたＰ地点とＱ地点をそれぞれ一定の速さで往復します。Ａさんは Ｐ地点から出発し，Ｂさんは分速 60m でＱ地点から出発するものとします。右のグラフは，そのときの時間と道のりの様子を表したものです。このとき，次の問いに答えなさい。

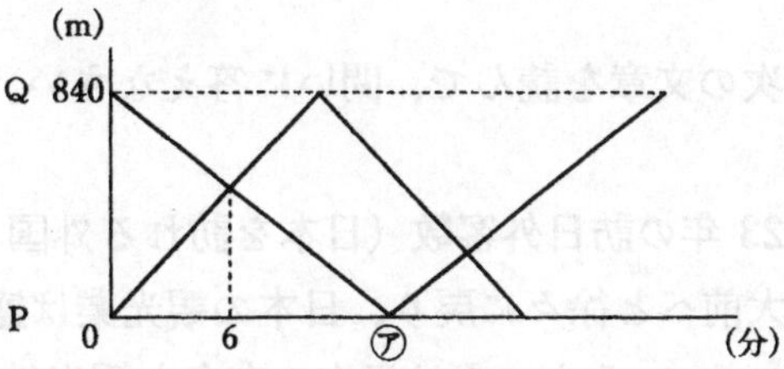

(1) グラフの㋐に入る数字を求めなさい。

(2) Ａさんの速さは分速何mですか。

(3) ＡさんとＢさんが２回目に出会うのは，出発してから何分後ですか。

5 ある学年では，国語が好きな生徒は全体の 51％，算数が好きな生徒は全体の 43％，国語と算数のどちらも好きではない生徒は全体の 21％，国語と算数の両方を好きな生徒は 30 人でした。このとき，次の問いに答えなさい。

(1) 国語と算数の両方を好きな生徒は全体の何%ですか。

(2) この学年の生徒は何人ですか。

(3) 国語のみが好きな生徒は何人ですか。

【社　会】〈2月1日午前試験〉（理科と合わせて50分）〈満点：50点〉

1　次の文章を読んで、問いに答えなさい。

2023 年の訪日外客数（日本を訪れる外国人旅行者の数）は、新型コロナウイルス感染症の拡大前へと徐々に戻り、日本の観光業は盛り上がりをみせています。

ところで、みなさんは日本の有名な観光地をどれだけ知っていますか。以下の（表 1）は、日本における観光地として人気がある都道府県の一部を示しています。みなさんも行ったことがあるのではないでしょうか。

地方	都道府県
北海道	①北海道
②関東	東京都
（　③　）	京都府
九州	④福岡県
九州	（　⑤　）県

（表 1）

外国人観光客が日本を旅行する目的はさまざまです。たとえば、

▶　⑥寿司や天ぷらなどの食事
▶　⑦自然、景勝地、絶景スポット
▶　⑧伝統的工芸品、着物など
▶　神社寺院
▶　（　⑨　）に入浴すること
▶　伝統文化・芸能
▶　⑩お祭りや季節のイベント
▶　世界遺産、歴史を感じる場所

などがあげられます。今後も世界中の人々から「訪れたい」と思われる国であるためにも、私たちが日本の自然や文化を見直して、魅力を伝えられるようになりましょう。

問 1.

下線部①について、下の（図 1）と（図 2）のグラフは北海道と北海道以外の都府県における田畑別の耕地面積および構成割合を示しています。（図 1）の北海道が（図 2）の都府県よりも畑の割合が高い理由として最も適切なものを、下の選択肢から 1 つ選んで、記号で答えなさい。

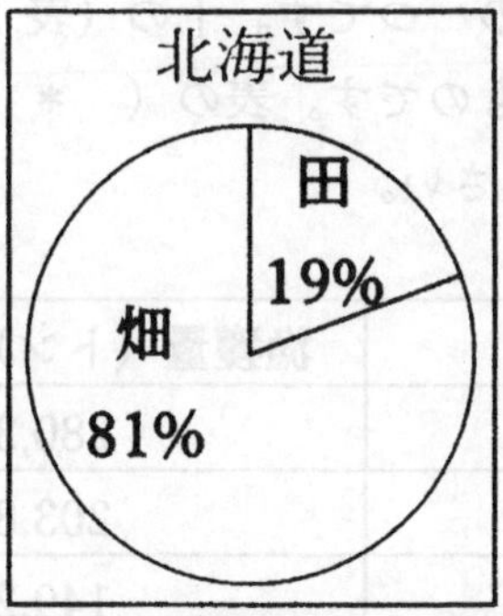

（図 1）

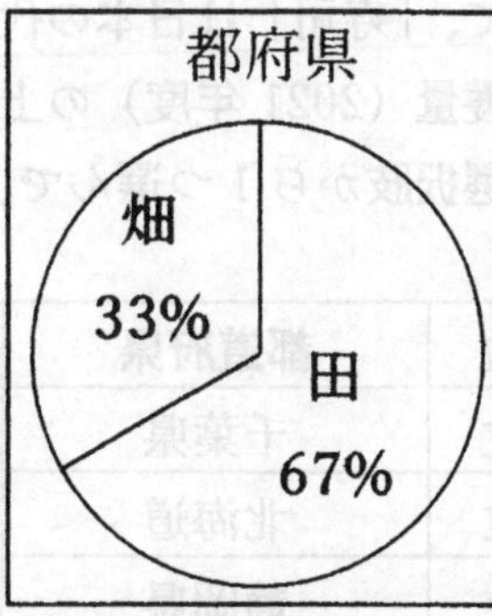

（図 2）

（農林水産省「北海道における『令和 2 年耕地面積（7月 15 日現在)』」をもとに作成）

ア．北海道は、山地や山脈が多く、平地が少ないから
イ．北海道は、梅雨に雨が多く降るから
ウ．北海道は、気温が低く、泥炭地《でいたんち》や火山灰地が広く分布しているから
エ．北海道全域が千島海流の影響で年間の平均気温が高いから

問 2.

下線部②について、東京都と神奈川県川崎市、横浜市を中心として東京湾西岸の臨海地域から内陸部に広がる工業地帯を答えなさい。

問 3.

（　③　）にあてはまる地方名を答えなさい。

問 4.

下線部④について、福岡県の位置を右の（地図）のア～エの中から１つ選んで、記号で選びなさい。

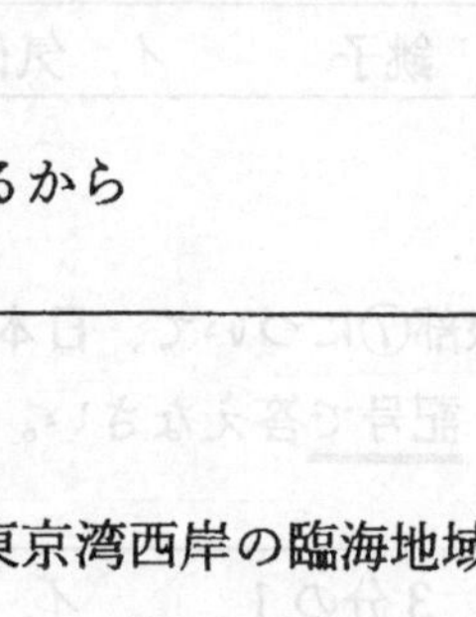

（地図）九州地方

問5.

(　⑤　)について、この県は日本有数のリゾート地であり、三線《さんしん》や太鼓に合わせて踊るエイサー、舞踊《ぶよう》などの伝統芸能や音楽があります。この県名を答えなさい。

問6.

下線部⑥について、「寿司」は日本の代表的な食べ物の一つです。下の（表2）は、全国の主要漁港別の漁獲量（2021年度）の上位をまとめたものです。表の（　＊　）にあてはまる漁港を、下の選択肢から1つ選んで、記号で答えなさい。

順位	都道府県	漁港	漁獲量（トン）
1位	千葉県	（　＊　）	280,309
2位	北海道	釧路	203,887
3位	静岡県	焼津	149,272
4位	長崎県	長崎	99,541

（表2）水産庁データ参照

ア．銚子　　イ．気仙沼　　ウ．石巻　　エ．三崎

問7.

下線部⑦について、日本の国土面積における森林面積の割合を、下の選択肢から1つ選んで、記号で答えなさい。

ア．3分の1　　イ．3分の2　　ウ．4分の3　　エ．5分の3

問8.

下線部⑧について、山形県の伝統的工芸品を、下の選択肢から1つ選んで、記号で答えなさい。

ア．有田焼　　イ．津軽塗　　ウ．加賀友禅　　エ．将棋駒

問9.

(　⑨　)にあてはまる、図3の地図記号が示すものを答えなさい。

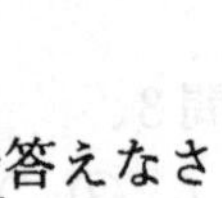

図3

問10.

下線部⑩について、「東北三大祭り」として竿燈まつり、七夕まつりが有名です。もう一つの青森市でおこなわれる祭りを答えなさい。

2 次の文章を読んで、問いに答えなさい。

群馬県には、昭和22年に子どものために制作された「上毛《じょうもう》カルタ」という郷土カルタがあります。群馬県の子どもはこのカルタを使って遊んだり、競技会をおこなったりしています。このカルタには、群馬県に関わる歴史の出来事や人物に関する札がたくさんあります。

問1.
図1について、群馬県には原始時代の遺跡や古墳が多く存在します。このうち相沢忠洋が打製石器を見つけたことで、旧石器時代の日本に人々が生活していたことが分かった遺跡を答えなさい。

(し)
しのぶ毛《け》の国《くに》
二子塚《ふたごづか》

図1

問2.
群馬県には多くの古墳があります。その理由として、もっとも適切なものを下の選択肢から1つ選んで、記号で答えなさい。

ア．関東周辺で大王が政治をおこなっていたため、政治の中心人物が群馬県の地域に多かったから。
イ．古墳時代、群馬県の地域だけでなく日本全国に同じくらい古墳が造られていて、この地域に吹くからっ風によりこの地域の古墳の保存状態が良かったから。
ウ．古墳時代の群馬県にあった古墳は近畿地方で造られた前方後円墳と同じ形のものがあり、この地域にはヤマト政権での重要な仕事を任されるような有力者がいたから。

問3.
図2について、カルタの「茂左衛門」とは磔《はりつけ》茂左衛門《もざえもん》のことです。この人物は多くの村を代表して、大名の悪いおこないを将軍の徳川綱吉に訴える百姓一揆を起こし、処刑された人物です。この百姓一揆が起きた時代を下の選択肢から1つ選んで、記号で答えなさい。

ア．江戸時代　イ．鎌倉時代　ウ．平安時代　エ．明治時代

(て)
天下《てんか》の義人《ぎじん》
茂左衛門《もざえもん》

図2

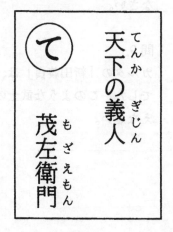

問4.
問3．の時代に活躍した人物を下の選択肢から1人選んで、記号で答えなさい。

ア．平将門	イ．原敬	ウ．北条義時	エ．本居宣長

問5.
図3の読み札は2014年に世界遺産に登録されたある史跡についてよまれたものです。 A にあてはまる地名を答えなさい。

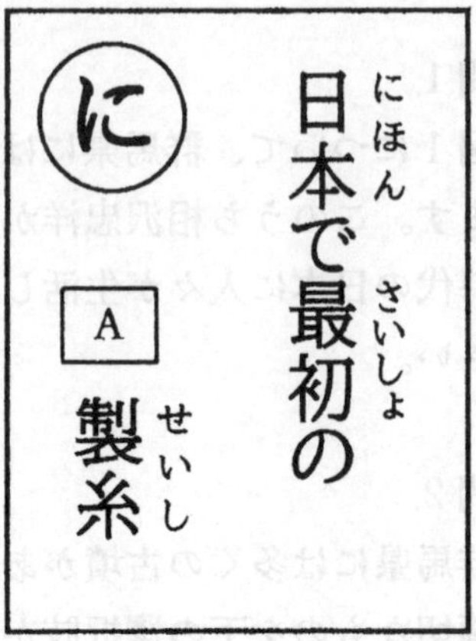

図3

問6.
上毛カルタには A 製糸でつくられる、絹の原料となる製品についてよまれている札が数枚あります。この製品を答えなさい。

問7.
図4について、カルタの「新田義貞」が倒した幕府を下の選択肢から1つ選んで、記号で答えなさい。

ア．江戸幕府	イ．鎌倉幕府	ウ．室町幕府

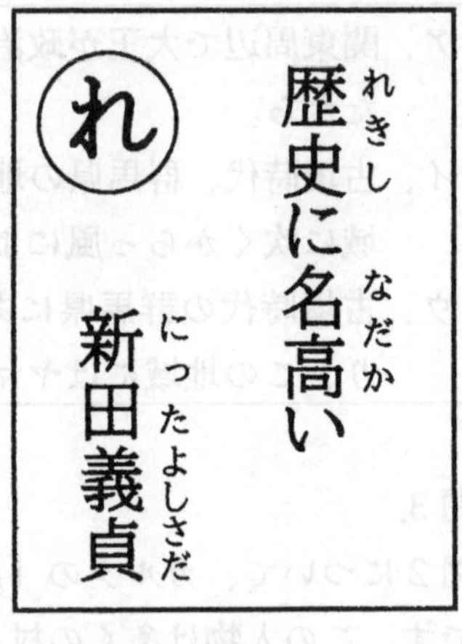

図4

問8.
問7．の幕府を倒して、建武の新政をおこなった天皇を答えなさい。

問9.
カルタの「新田義貞」は、元々幕府の将軍に従っていた武士でした。このような武士のことを何というか、漢字3字で答えなさい。

問 10.

群馬県出身の内閣総理大臣は、現在の憲法下では全国で最多の４名です。下の文は 1885 年の内閣制度成立以降に活躍した内閣総理大臣の説明です。内閣総理大臣に就任した時代が古い順に並べ替えて、記号で答えなさい。

ア．この人物は陸軍出身の内閣総理大臣で、在職時に日露戦争がありました。安倍晋三の次に首相在職期間が長い人物です。

イ．この人物は海軍出身の内閣総理大臣で、この人物の死後８日後に関東大震災が起きたので、震災発生時は首相が不在でした。

ウ．この人物は立憲政友会という政党の総裁から内閣総理大臣になった人物で、この人物は在職時に起きた五・一五事件で暗殺されました。

参考資料：『上毛カルタ』（群馬県）

3 次の文章を読んで、問いに答えなさい。

2023 年４月９日と 23 日に①統一地方選挙が実施されました。９日には知事や道府県議会議員の選挙、②政令指定都市の市長選挙と市議会議員選挙がおこなわれ、23 日には政令指定都市以外の市区町村長選挙と市区町村議会議員選挙がおこなわれました。統一地方選挙は４年に１回実施されますが、これは③都道府県知事や市区町村長、地方議会議員の任期が４年であることと関係があります。

地方自治は④地方公共団体における地方選挙によって選ばれた議員を中心として政治がおこなわれています。地方公共団体は、住民からの⑤税金や、⑥国から支給されるお金で、地方自治を運営しています。地方公共団体のお金の使い道を監視することは、地域住民の大切な役割です。そのため、必要に応じて議会の⑦解散請求を求める直接請求権などが認められています。

問 1.

下線部①について、以下の空欄にあてはまる数字として正しい組み合わせを下の選択肢から１つ選んで、記号で答えなさい。

今回の統一地方選挙での選挙権は、すべての選挙において満（ A ）歳以上で、被選挙権は都道府県知事が満（ B ）歳以上で、それ以外の首長や地方議会議員が満（ C ）歳以上です。

ア．A…18，B…25，C…30
イ．A…18，B…30，C…25
ウ．A…20，B…25，C…30
エ．A…20，B…30，C…25

問 2.

下線部②について、政令指定都市を下の選択肢から１つ選んで、記号で答えなさい。

ア．相模原市　　イ．小田原市　　ウ．横須賀市　　エ．鎌倉市

問 3.

下線部③について、議員の任期に関連して、国会議員の任期の組み合わせとして正しいものを下の選択肢から１つ選んで、記号で答えなさい。

ア．衆議院議員と参議院議員の両方とも４年です。
イ．衆議院議員と参議院議員の両方とも６年です。
ウ．衆議院議員は４年、参議院議員は６年です。
エ．衆議院議員は６年、参議院議員は４年です。

問 4.

下線部④について、地方公共団体が制定する法令を何というか答えなさい。

問 5.

下線部⑤について、特定の品目の課税率を他の品目に比べて低く定めること何というか答えなさい。

問6.

下線部⑥について、地方公共団体の財政格差を小さくするために国から支給されるお金を下の選択肢から1つ選んで、記号で答えなさい。

ア．地方税	イ．国庫支出金	ウ．地方債	エ．地方交付税交付金

問7.

下線部⑦について、議会の解散や首長の解職を請求することをカタカナ4字で何というか答えなさい。

4 次の文章を読んで、問いに答えなさい。

小学6年生のまち子さんは、調べ学習で自分たちが生まれた2011年4月から2012年3月に何が起こったのか、年表にまとめて授業で発表しました。

年月	できごと
2011年6月	①小笠原諸島・②平泉の世界遺産への登録が決定しました。
2011年7月	③FIFAサッカーワールドカップで日本女子代表が初優勝しました。
2011年7月～9月	④電力供給不足が深刻化し、「使用制限」が発動されました。
2011年9月	野田佳彦が⑤内閣総理大臣に就任しました。

（まち子さんがつくった年表）

（まち子さんの発表）

2011年にもっともヒットした商品は⑥スマートフォンだったそうです。12年間で世の中が大きく変わり、今では世界でも日本でも普及していることに驚きました。

問1.

下線部①について、小笠原諸島が属する都道府県を答えなさい。

問2.

下線部②について、平泉にある寺院として適切なものを、下の選択肢から1つ選んで、記号で答えなさい。

ア．善光寺	イ．中尊寺	ウ．東大寺	エ．法隆寺

問３．

下線部③について、2023 年には女子サッカーワールドカップがおこなわれました。開催された場所の一つであるオーストラリアの位置として適切なものを、下の（地図）のア～エから１つ選んで、記号で答えなさい。

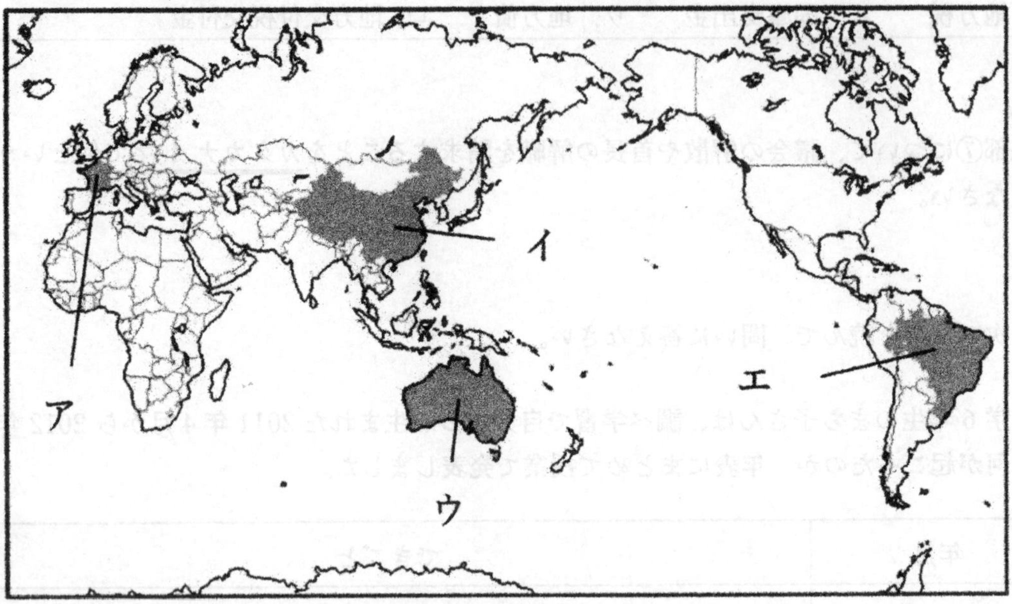

（地図）

問４．

下線部④について、電力供給不足が深刻化したのは、東日本大震災の影響で、全国の（　＊　）が停止されたためです。（　＊　）に入る語句として適切なものを、下の選択肢から１つ選んで、記号で答えなさい。

ア．火力発電所	イ．原子力発電所	ウ．水力発電所	エ．地熱発電所

問５．

下線部⑤について、日本の初代内閣総理大臣の人物名を答えなさい。

問６．

下線部⑥について、近年スマートフォンの本体価格は値上がりしています。その理由として考えられることを「半導体」「円安」という面からそれぞれ説明しなさい。

※半導体：スマートフォンやタブレット、パソコンなどの電子機器に入っている部品

【理　科】〈２月１日午前試験〉（社会と合わせて50分）〈満点：50点〉

1

次の【文１】【文２】を読み、以下の問いに答えなさい。

【文１】

まちこさんは家族で山にキャンプに行きました。キャンプ場まで車で向かっているときに外を見ると、川が流れていました。車は川の上流に向かって進んでいます。しばらく川の様子を見ていると、①川の周りの石の様子が場所によって変わったことに気が付きました。

問１　下線部①について、川の周りの石の大きさや形がどう変化しましたか。正しいものをア～エから２つ選び、記号で答えなさい。

ア．大きくなった　　　　イ．小さくなった

ウ．角ばった　　　　　　エ．丸みを帯びた

問２　川が右の図１のように流れているとき、以下の問いに答えなさい。

(1)　水の流れる速さが最も速いのはどの地点ですか。正しいものをア～ウから１つ選び、記号で答えなさい。

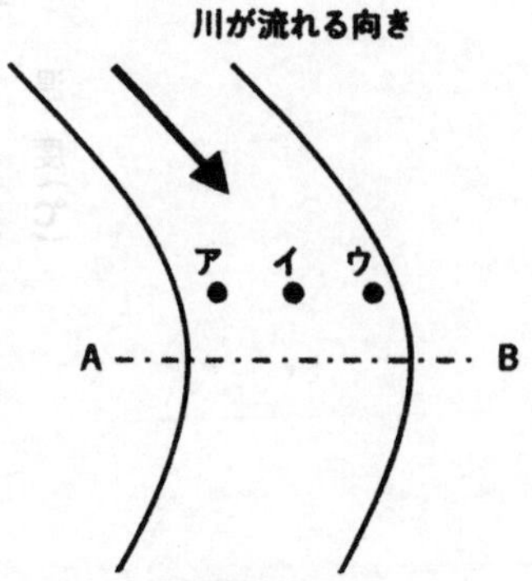

図１

(2)　川底の様子として正しいものを、ア～ウから１つ選び、記号で答えなさい。
ただし、下のア～ウは図１の川のA-B間の断面を示したものです。

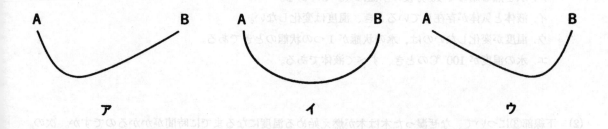

ア　　　　　　　　イ　　　　　　　　ウ

【文２】

キャンプ場に着き、まちこさんはたき火をするために、周りにある乾《かわ》いた木の枝を集めました。物が燃えるためには可燃物（燃えるもの）があること、物を燃やすために必要な気体である（　　ア　　）が十分にあること、一定以上の温度であることの３つの条件を満たす必要があります。まちこさんが乾いた木を集めた理由は、②たき火をするための木は、湿《しめ》った木よりも乾いた木の方が適しているからです。なぜかというと、③湿った木は、木が燃え始める温度になるまでに時間がかかるからです。

問３　文中の（　ア　）に当てはまる語句を漢字で答えなさい。

問４　下線部②について考えるために、水を熱したときの温度の変化を調べました。ある量の水を熱し続けると、下のグラフ１のようになることが分かりました。０分から30分までの水の状態は「液体」のみ、30分から45分までは「液体と気体」の２つの状態、45分より後は「気体」のみが存在しています。

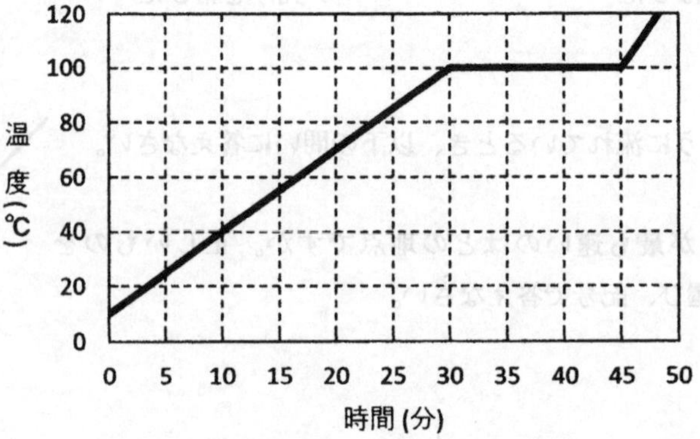

グラフ１. 水を熱したときの温度変化

(1)　このグラフから読み取れることとして正しいものをア～エから１つ選び、記号で答えなさい。

ア. 水を熱し始めて15分後の水温は45 ℃である。
イ. 液体と気体が存在しているとき、温度は変化しない。
ウ. 温度が変化しないのは、水の状態が１つの状態のときである。
エ. 水の温度が100 ℃のとき、すべて液体である。

(2)　下線部③について、なぜ湿った木は木が燃え始める温度になるまでに時間がかかるのですか。次の文の空らんに当てはまることばを答えなさい。ただし、木が燃え始める温度は200 ℃よりも高いものとします。

湿った木の中の水分が、完全に（　　　　　　）まで、木の温度が上がりにくいと考えられるから。

2

(1) 種子が発芽するために必要な３つの条件をすべて答えなさい。

(2) 子宮の中にいる赤ちゃんは、お母さんとへその緒《お》によってつながっています。このへその緒の中を流れる物質として適切なものをア～オからすべて選び、記号で答えなさい。

ア．養分　　イ．羊水　　ウ．食べ物　　エ．たいばん　　オ．不要になったもの

(3) 二酸化炭素の説明として正しいものをア～オからすべて選び、記号で答えなさい。

ア．ものを燃やすときに使われる。
イ．吐《は》きだした息にふくまれている。
ウ．地球温暖化の原因物質だと考えられている。
エ．光が当たっている植物が取り入れているものである。
オ．線香《こう》の火を近づけると、火が大きくなる。

(4) 塩酸を保存する容器は、アルミニウムや鉄ではつくられていません。その理由を簡単に説明しなさい。

(5) においがある水よう液をア～オからすべて選び、記号で答えなさい。

ア．炭酸水　　イ．塩酸　　ウ．食塩水　　エ．アンモニア水　　オ．石灰《かい》水

(6) 地震《じしん》や火山の噴《ふん》火《か》によって引き起こされる災害として誤っているものを１つ選び、記号で答えなさい。

ア．液状化現象　　イ．土砂《どしゃ》崩《くず》れ　　ウ．津《つ》波　　エ．建物が崩《くず》れる　　オ．大雪

(7) 次の文の空らん①に入る語句を答えなさい。また、空らん②に入る風向として、最も適切なものをア～エから１つ選び、記号で答えなさい。

冬の天気予報の雲の画像では、日本海の上空にすじ状の雲がよく見られます。
これは、（　①　）風と呼ばれる（　②　）の風が吹《ふ》いているときに見られる現象です。

ア．北西　　　イ．北東　　　ウ．南東　　　エ．南西

(8) 西にしずむ直前の三日月の姿に最も近い図として正しいものをア～エから１つ選び、記号で答えなさい。矢印は太陽のある方向を表しています。

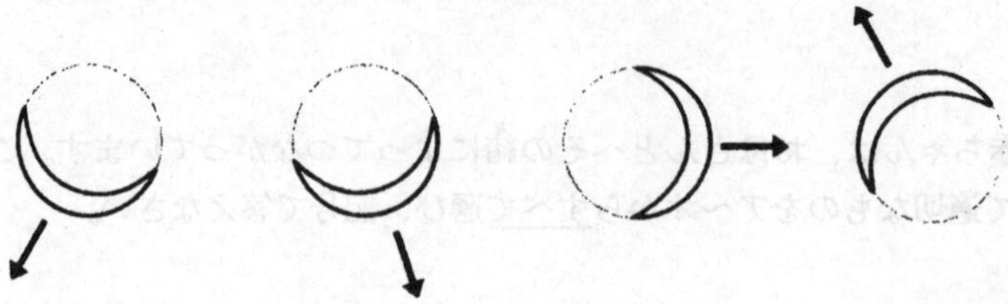

ア　　イ　　ウ　　エ

(9) 図１のようなふりこをつくりました。このふりこを図２のＡ, Ｂ, Ｃの高さから手を離《はな》し、１往復にかかる時間をはかりました。１往復にかかる時間についての説明として正しいものをア～エから１つ選び、記号で答えなさい。

ア．Ａの高さからが最も短い
イ．Ｂの高さからが最も短い
ウ．Ｃの高さからが最も長い
エ．どの高さからでもかかる時間は同じ

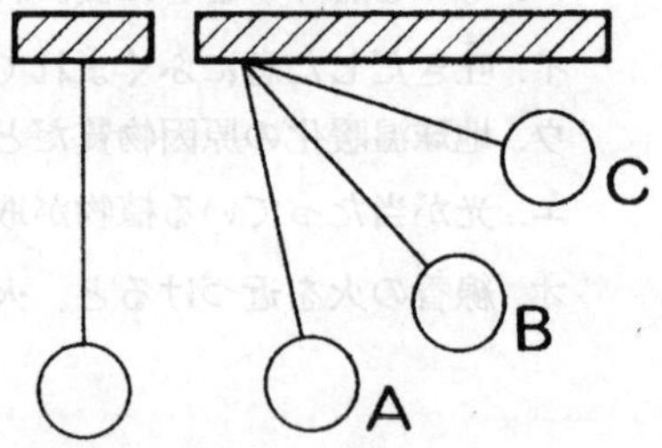

図1　図2

(10) 電気を通すものはどれですか。正しいものをア～オから１つ選び、記号で答えなさい。

ア．輪ゴム　　イ．1円玉　　ウ．割りばし　　エ．ガラスのおはじき　　オ．ペットボトル

(11) ピンセットは、力点が支点と作用点の間にある道具です。これをふまえて、ピンセットについての説明として最も正しいものをア～ウから１つ選び、記号で答えなさい。

ア．力点で加えた力の大きさよりも、作用点にかかる力の大きさの方が大きくなる。
イ．力点で加えた力の大きさと、作用点にかかる力の大きさは同じになる。
ウ．力点で加えた力の大きさよりも、作用点にかかる力の大きさの方が小さくなる。

問十、――線部⑦「みなさん、ちょっとほっぺたをつねってみてください」とありますが、祖母は何のためにこのように言ったのですか。もっともふさわしいものを次から一つ選び、番号で答えなさい。

1、小学三年生の子供たちに、痛いことやつらいことばかりがあるのが人生だと納得させるため。
2、小学三年生の子供たちに、痛みも楽しさも感じることが生きているということだと実感させるため。
3、小学三年生の子供たちが、海人の祖母である自分の言うことを素直に聞くかどうか実験をするため。
4、小学三年生の子供たちに痛さを感じさせることで、他人の痛みを理解させるため。

問十一、本文の内容としてふさわしいものを次から二つ選び、番号で答えなさい。

1、原爆投下の目的地が小倉から広島に変わったのは、その日の天気が影響したからである。
2、祖母は十七歳の時に、日本の敗戦を予感しながら小倉の工場で潜水艦の部品を作っていた。
3、海人は、祖母の「もしも」の話の中に母親の名前が出てこないことに不満を感じていた。
4、祖母の言う「生きとる」とは、いろいろなことを感じることができるということである。
5、海人は祖母の話を通して、先人の存在がなければ命がつながっていないことに気づいた。

問十二、この文章の特徴《とくちょう》や内容としてもっともふさわしいものを次から一つ選び、番号で答えなさい。

1、広島という地名をきっかけに、歴史的な事実が紹介《しょうかい》されている。
2、二度戦争について語ることで話のつじつまが合うようになっている。
3、比ゆ表現が多く使われており、昔のことがわかりやすくなっている。
4、登場人物の思いや行動が、年齢《ねんれい》に合った話しことばで表現されている。

問六、――線部④「命のたすきをもらうこと」とはどういうことですか。次の説明文の空らん（１）・（２）にあてはまることばをそれぞれ十字以内で自分で考えて答え、説明文を完成させなさい。

駅伝で次の走者に（１）ように、祖父母から父親が、父母から海人が（２）ということ。

問七、――線部⑤「よしのがしみじみと言っていたことがある」とありますが、このときの祖母の気持ちとしてもっともふさわしいものを次から一つ選び、番号で答えなさい。

1、栄養失調で体が弱りすぐに病気にかかった人が多い中、祖父は入院したおかげで栄養がとれたという喜びの気持ち。

2、戦争のことを知っている人が他にもいたら祖父が出撃しなかった話をしなくてもすむのにという残念な気持ち。

3、本来は病気で人が命を失うことが多いのに、病気のおかげで祖父は命を失わずにすんだということへの感謝の気持ち。

4、病気は出撃よりも恐《おそ》ろしいと思っていたが、本当は病気より出撃の方が恐ろしいとわかったという納得《なっとく》する気持ち。

問八、〰〰線部ａ～ｄの中ではたらきが異なるものを一つ選び、記号で答えなさい。

問九、――線部⑥「海人は改めてどきっとし、思わず腰を浮かせた」とありますが、このときの海人の気持ちとしてもっともふさわしいものを次から一つ選び、番号で答えなさい。

1、二度目の「もしも」の話で、祖母がいなかったら自分も存在しなかったかもしれないとようやく理解でき驚《おどろ》いた気持ち。

2、学校でも「もしも」の話を祖母がし出したので、戦争で家族を失っている友だちの手前ばつが悪い気持ち。

3、祖母の「もしも」の話は祖父の「腸チフス」の話とともに話すべきなので、片方だけだと物足りないと言いたい気持ち。

4、「もしも」の話を聞くと、再び命について複雑なことを考えて夜も眠《ねむ》れなくなるので話を止めたい気持ち。

問二、――線部①「祖母、山野よしのは少し複雑な顔をした」とありますが、それはなぜですか。その理由としてもっともふさわしいものを次から一つ選び、番号で答えなさい。

1、広島と聞いて、小倉の代わりに長崎に原爆が投下されたことを思ったから。
2、広島は広い道が続いており、海人がきちんと走れるか心配だったから。
3、広島という地名は、小倉出身者にとってあこがれの地名だったから。
4、うれしそうに広島に行く海人に、原爆の歴史を教える必要を感じたから。

問三、――線部②「『もしも』の話」とはどのような話ですか。次の説明文の空らん（１）～（４）にあてはまることばを、（１）は八字、（２）は二字、（３）は七字、（４）は九字でそれぞれ本文中からぬき出し、説明文を完成させなさい。

もしも（１）いたら、（２）は（３）て、祖母は（４）かもしれないという話。

問四、空らん Ⅰ ・ Ⅱ にあてはまることばとしてもっともふさわしいものを次から一つずつ選び、番号で答えなさい。ただし、同じ番号は二度以上使えません。

1、わざわざ　2、そもそも　3、うすうす　4、ますます　5、ぜんぜん

問五、――線部③「海人にはあまりぴんとこない話だった」とありますが、その理由としてもっともふさわしいものを次から一つ選び、番号で答えなさい。

1、祖母が十七歳の頃《ころ》の日本の話を聞いていても、現在とあまりにも違いすぎて理解できなかったから。
2、祖母の「もしも」の話を初めて聞き、「もしも」に続く言葉がすぐには思い当たらなかったから。
3、お母さんのことだけは「おったやろう」と祖母が想像で話すことに、納得《なっとく》ができなかったから。
4、祖母の「ここにはおらん」という話を聞いても、人間が存在しないとはどういうことかわからなかったから。

「⑦みなさん、ちょっとほっぺたをつねってみてください」

話の終わりのほうで、よしのは言った。クラスのみんなは言われたとおりにほっぺたをつねり、海人も素直《すなお》にしたがった。

「痛いですか？」

よしのの問いかけに、みんなと一緒に海人はうなずいた。

「それが生きとるっちゅうことです。痛いのを感じる自分がここにおるということです。生きているうちには、痛いことやつらいこともあるけど、楽しいこともうれしいこともいっぱいあります。その全部が生きているということです。私は今日まで生きて、みなさんの元気な顔を見られたことが、とてもうれしいです。みなさんもどうか、家族やお友達とは仲よくしてください」

よしのがそうしめくくるのを、海人はほっぺたを引っぱったままきいた。

（まはら三桃《みと》『白をつなぐ』設問の関係上、表記を改めている。）

※1 広電……広島電鉄のこと。広島市の中心部に敷《し》かれた路面電車。
※2 海老園……広島市佐伯《さえき》区内の町名。
※3 噴煙……ふき出す煙《けむり》のこと。
※4 特攻隊……爆弾をもった飛行機と一緒に敵の軍艦《ぐんかん》に体当たりする部隊。
※5 腸チフス……チフス菌《きん》による感染症《かんせんしょう》。
※6 戦況……戦いのようす。
※7 のきなみ……どれもこれもすべて。

問一、空らん A にあてはまることばとしてもっともふさわしいものを次から一つ選び、番号で答えなさい。

1、新しいな　2、長いな　3、でっかいな　4、きれいだな

じいちゃんと一緒《いっしょ》のとこか？

頭がくらくらし出したので、タオルケットをかぶって寝《ね》た。

よしのが教室にやってきたことがある。海人が三年生のころのことだ。戦争のことを知っている人として、話をしにきたのだ。戦争のことを知っている家族がいるのは、クラスで海人一人だけだった。

「宗吉《そうきち》さんが生きとったら、かわりに行ってもらったのに」

祖父の宗吉は、海人が生まれてすぐになくなった。戦争末期に※4特攻隊《とっこうたい》に入ったものの、※5腸《ちょう》チフスになって出撃《しゅつげき》を逃《のが》れたという。入院しているうちに戦争が終わってしまったので、生きて故郷《こきょう》に帰り、よしのと結婚《けっこん》をした。それで、海人も④命のたすきをもらうことができた。

「病気が人を助けることもあるもんよ」

⑤よしのがしみじみと言っていたことがある。

教室にやってきたよしのは、緊張《きんちょう》していたせいか、ちょっと怖い顔で教壇《きょうだん》に立った。海人は、恥《は》ずかしいような、誇《ほこ》らしいような気分で、お尻《しり》がむずむずしたが、一生懸命《いっしょうけんめい》話をきいた。

「私は、昭和三年一月の生まれで、戦争が激しくなったときは、十七歳でした。小倉の工場で、潜水艦に使うグローランプというものを作っていました。働ける年ごろになると、みんなお国のために働いていました」

よしのの話は続いた。※6戦況《せんきょう》は日増しに厳しくなっていった。aまずは贅沢品《ぜいたくひん》がなくなり、そのうち生活に必要なものまで、どんどんなくなった。家にある金属類は、武器を作るために没収《ぼっしゅう》された。bそして食糧《しょくりょう》さえも配給になって、満足に食事もできなくなったそうだ。

「いつもご飯は、薄《うす》いおかゆやぞうすいばかり。かぼちゃなんかはごちそうで、cもちろん固い皮まで残さず食べていました。種はフライパンで煎《い》っておやつにしました。食べざかりの弟たちは、たまにとうもろこしが手に入ると、芯《しん》まで食べてしまったものです」

大人も子どももお腹《なか》をすかせ、栄養失調で体は弱り、dすぐに病気にかかったそうだ。若い男の人は※7のきなみ戦争に取られ、北九州の上空にも、毎日のように爆撃機《ばくげきき》が現れるようになった。

「私も弟たちを連れて、防空壕《ぼうくうごう》に逃《に》げこんだものですが、近所には焼夷弾《しょういだん》に当たって死んでしまった人もいました」

そしてついには大きな爆弾が広島と長崎に落とされた。

よしのは学校でも「もしも」の話をした。

「もしも、あのときこの小倉の空が晴れていたら、私はここにはいなかったかもしれません」

⑥海人は改めてどきっとし、思わず腰《こし》を浮《う》かせた。お尻のむずむずのせいではない。もし自分がいなければ、今、座《すわ》っているこの席には、違う誰《だれ》かが座っていたのだろうかと思ったからだ。

「あの日、もしも、小倉の上空が曇《くも》ってなかったら、私はこの世におらんかったかもしれん」

②「もしも」の話を、よしのから初めてきいたのは、海人が小学校一年生のときだった。夏休み前にあった平和教育で、第二次世界大戦のとき、広島と長崎に原子爆弾《げんしばくだん》が落とされたことを教わった。家に帰って、その話をした海人に、よしのがしてくれたのが、「もしも」の話だった。

「あの原爆は、本当は小倉に落とされるはずやったんよ」

原爆の投下目的地は、当初、広島と北九州だったらしい。広島には陸軍があり、北九州市には、飛行機や船などの材料になる鉄を作る工場があったから、そこを破壊《はかい》させようとしたらしいのだ。けれどもちょうどその日、小倉の空は前日の空襲《くうしゅう》の影響《えいきょう》か、工場からの※3噴煙《ふんえん》か、とにかく空は曇っていて、標的を定めることができなかった。仕方なく、原爆を積んだ飛行機は長崎まで飛んでいき、そこで投下した。

「私はそんとき、小倉の工場で、潜水艦《せんすいかん》の部品を作りよったんよ」

昭和三年一月生まれのよしのは、当時、十七歳《さい》だったそうだ。

「でも材料がどんどん悪くなる。もう、だいぶ日本が弱っとるのはわかっとった。こんなもん作ったって、どうせ負けるのに、とか思いよったんよ。そんとき大きな爆弾が上空を飛びよったとはね。もしも落ちとったら、間違《まちが》いなく私はここにはおらん」

よしのは、しわっぽい顔を Ⅰ しかめて言った。

「私がおらんっちゅうことは、聡《さとし》も彩香《あやか》も奈美《なみ》も、それから海人もおらんっちゅうことやけね」

と、自分の名とともに、父親と二人の姉の名を出した。

「お母さんは？」

海人は一人だけ呼ばれなかった人のことをたずねたが、

「敦子《あつこ》さんはおったやろう。宮崎の人やから」

というのがよしのの答えだった。

「ふうん」

正直、③海人にはあまりぴんとこない話だった。ここにいないなら、家族みんなでほかのどこかにいるのだろうか。いや、お母さんがいるんだから、やっぱり自分はここにいるんじゃないか。考えてもわからない難しい問題で、海人はすぐに忘れた。

が、夜、ふとんに入ってから、怖《こわ》くなった。

いないとは、体がないということだろうか。

透明人間《とうめいにんげん》か？

いや、そうではないだろう。 Ⅱ 生まれてないということだ。生まれていない自分は、どこにいるのだろう。

問十、――線部⑨「そんなとき、デメニギスの姿を思い出してみてはどうだろう」とありますが、筆者はなぜこのように述べるのですか。次の説明文の空らん（１）～（４）にあてはまることばを、（１）は本文中から六字でぬき出し、（２）は五字で自分で考えて答え、（３）は本文中から五字でぬき出し、（４）は漢字二字で自分で考えて答え、説明文を完成させなさい。

> 厳しい環境の中で、自分を（１）して生き抜いていくデメニギスの（２）姿が、（３）に身をおく現代人が生きていく（４）になると考えているから。

五 次の文を読んで、後の問いに答えなさい。（字数制限については、句読点・記号も一字と数えます。）

> 全国都道府県対抗《たいこう》駅伝が開催《かいさい》される広島に、福岡県代表チームの一員として中学生の山野海人《やまのかいと》はやって来た。中学生から社会人までの選手がたすきをつないで走るこの駅伝で、海人は第二区を走る。たすきを第一区の選手から受け取った海人は、広島の風景と自分が住んでいる小倉《こくら》の街を比べながら走っているうちに、祖母から聞いた話を思い出し、意識が過去へ飛んでいった。

第二区は、※1広電井口《ひろでんいのくち》駅東から※2海老園《かいろうえん》交差点までの三キロだ。

広島は、［A］。

というのが、広島の第一印象だ。初めてやってきたおととい、街を見て海人は思った。

駅を降りたときは、住んでいる小倉《こくら》と変わらないくらいの印象だったが、街なかに出るとだいぶ違《ちが》った。小倉の繁華街《はんかがい》みたいに、道がせまくないし、ビルの群れもずいぶん長いこと続いていた。

祖母の言っていたことは本当だった。

「あそこは新しい街やからね。大きかろう」

広島である大会に出ると言ったとき、①祖母、山野よしのは少し複雑な顔をした。理由は、きくまでもなかった。北九州市《きたきゅうしゅうし》に生まれ育った人間にとって、広島と長崎は、特別な響《ひび》きを持つ地名だ。もちろん、日本全国、どこの人でも原爆《げんばく》が投下された都市の名前は知っているだろう。けれども、

「もしも」

と、いう言葉とともに、原爆投下の歴史が語られる都市は、北九州市だけだろう。

問五、――線部⑤「その姿は想像をはるかに超えるものだった」とありますが、「その姿」を一言にまとめてあらわすとどのような姿ですか。本文中から五字以内でぬき出しなさい。

問六、――線部⑥「目はどこにあるかというと、なんと透明な頭部に埋め込まれていた」について、次の各問いに答えなさい。

⑴「なんと」に込められている気持ちとしてもっともふさわしいものを次から一つ選び、番号で答えなさい。

1、あきれたり怒《おこ》ったりする気持ち。
2、批判したり軽く見たりする気持ち。
3、困ったりとまどったりする気持ち。
4、おどろいたり感心したりする気持ち。

⑵目が「透明な頭部に埋め込まれてい」る理由を筆者はどのように考えていますか。理由についてふれている部分を含《ふく》む一文を本文中から探し、はじめの五字をぬき出しなさい。

問七、空らん［Ｉ］にあてはまることばとしてもっともふさわしいものを次から一つ選び、番号で答えなさい。

1、一大事　2、生命線　3、不気味　4、原動力

問八、――線部⑦「この目のすごさ」とありますが、「この目」にはどのような点に「すごさ」がありますか。「～点。」につながるように、それぞれ三十字以上四十字以内で二つ答えなさい。

問九、――線部⑧「厳しい環境に適応するべく、高度に研ぎ澄まされてきたものである」とありますが、それは具体的に深海魚にどのような機能を備えさせたと本文中で述べていますか。ふさわしいものを次から二つ選び、番号で答えなさい。

1、腹部の発光器を発達させ、光によって自分の姿を消す機能。
2、目の緑色の色素で、クラゲの触手からの攻撃を防御する機能。
3、極端に小さな口で、エビやカニなど固いものをかみくだく機能。
4、頭部を透明なゼリー状の液で満たし、視界のじゃまをしない機能。
5、円筒状の目を上に向けて、かすかな光で色や形を感知する機能。

※２　亜寒帯……温帯と寒帯の間にあり、冬が長くて寒さも厳しい地域。
※３　ＳＦ小説……科学的な空想によって、未来や宇宙のことをえがいた物語。
※４　触手……クラゲやイソギンチャクなどにある細長いひげのようなもので、えさをとったり、身を守ったりする。
※５　精巧……細かいところまで、よくできていること。
※６　倦む……なかなか思うようにならず、困ったり嫌《いや》になったりすること。
※７　アップデート……新しいものにかえること。

問一、――線部①「深海という環境」とありますが、それはどのような環境ですか。「〜環境。」につながるように、本文中のことばを使って十五字以上二十字以内で答えなさい。

問二、――線部②「しのぐ」のことばの意味としてもっともふさわしいものを次から一つ選び、番号で答えなさい。
１、行きわたっている。
２、まさっている。
３、想像される。
４、評価している。

問三、――線部③「デメニギス」とありますが、ロビンソン博士はその性質から「デメニギス」をどのようにたとえていますか。本文中からぬき出しなさい。

問四、――線部④「生物同士の激しい生存競争が繰り広げられている」とありますが、本文中ではどのような状況《じょうきょう》だと説明されていますか。次の説明文の空らん（１）〜（４）にあてはまることばを、（１）は本文中から八字でぬき出し、（２）は十字以内で自分で考えて答え、（３）は本文中から七字でぬき出し、（４）は本文中から十二字でぬき出し、説明文を完成させなさい。

うっすらと光が届くゾーンでは、多くの魚たちが（１）にエサを探すが、獲物の方も（２）ように、発光器の光で自分の影を消すなどして（３）工夫《くふう》をしている。しかし、さらにその影を消した獲物を（４）目を持っている魚がおり、獲物をとらえて食べてしまうという状況。

えることに成功した。そして、⑤その姿は想像をはるかに超えるものだった。

人々を驚《おどろ》かせたのは、まずデメニギスの頭部が透明《とうめい》だったことである。頭部は透明なカプセル状になっており、ゼリーのように柔《やわ》らかい。目のように見える小さなふたつの黒い点は鼻。では、⑥目はどこにあるかというと、なんと透明な頭部に埋《う》め込《こ》まれていたのだ。

その円筒状《えんとうじょう》の目は、上を向いており、カプセル状の頭部を満たすゼリー状の液に保護されている。おまけに、蛍光塗料《けいこうとりょう》で描《えが》かれたような、インパクトのある緑色をしていた。

いったいなんのために、デメニギスは※３ＳＦ小説に登場するかのような奇怪《きかい》な姿をしているのだろうか――。

ロビンソン博士は、デメニギスのことを「海の盗賊《とうぞく》」と呼んでいる。じつはデメニギスは、クダクラゲをはじめとした生物が捕《つか》まえたエビやカニなどを盗《ぬす》んで食べる性質があるという。獲物《えもの》を盗む際、※４触手《しょくしゅ》で攻撃《こうげき》されても防御《ぼうぎょ》ができ、なおかつよく見えるよう、目玉を透明な頭に埋め込んでしまったらしい。

デメニギスにとって、この目は［ I ］である。トワイライトゾーンでは、多くの魚たちが獲物の影《かげ》をたよりに、エサを探す。しかし、獲物もただでは食われない。腹部に発光器を発達させて、その光によって自分の影を消し、敵から身を隠《かく》す知恵者《ちえしゃ》もいる。

ところが、デメニギスの緑の色素に覆《おお》われた目は、生物の出す光と太陽の光との微妙《びみょう》なちがいをあぶり出し、獲物をはっきりと見つけてしまう。

さらに⑦この目のすごさはそれだけにとどまらない。ひとたび獲物を視界にとらえると、上を向いていた目がなんと前方にぐるりと回転するのである。こうなったら、獲物はなすすべはない。※５精巧《せいこう》な機械仕掛《じか》けのような目で前方に獲物をとらえたら、小さな〝おちょぼ口〟でパクリとひと口である。

深海は水温が非常に低く、水圧も高い。そしてなによりも、暗い世界である。そんな過酷《かこく》な世界に生きる深海魚の姿は、われわれの常識からは考えられないほど、どれも奇妙《きみょう》だ。しかし、その奇怪に見えるかたち、デザインは、⑧厳しい環境に適応するべく、高度に研《と》ぎ澄《す》まされてきたものである。

忙《いそが》しく暮らす現代のわれわれも、ときに深海と同様に厳しい環境に身をおかなければならないこともある。⑨そんなとき、デメニギスの姿を思い出してみてはどうだろう。緑色に光るその目は、厳しい環境に※６倦《う》むことなく、自分を※７アップデートして生き抜《ぬ》くたくましさを教えてくれる。

（ＮＨＫ「へんてこ生物アカデミー」制作班／監修《かんしゅう》『すごい！へんてこ生物』設問の関係上、表記を改めている。）

※１　グランドキャニオン……アメリカのアリゾナ州北西部にある幅《はば》が狭《せま》くて、深く険しい大きな谷。

三

次の①～⑤について、矢印の方向に読むと二字熟語になるように□にあてはまる漢字一字をそれぞれ書きなさい。

① 身→□→最　夢→□→心

② 信→□→発　雑→□→色

③ 屋→□→本　作→□→賃

④ 近→□→空　世→□→接

⑤ 論→□→格　伝→□→葉

四

次の文章を読んで、後の問いに答えなさい。（字数制限については、句読点・記号も一字と数えます。）

光がほとんど届かない深海には、われわれの想像をはるかに超《こ》える、じつに不思議なデザインの生物がいる。それは、①深海という環境《かんきょう》自体が、人間の想像を超えた世界だからなのだろう。

アメリカの西海岸、サンフランシスコの南、およそ200キロにあるモントレー湾《わん》の底には、「モントレー海底大渓谷《けいこく》」と呼ばれる深さ3000メートルもの海底渓谷が広がっている。この規模は、※1グランドキャニオンをも②しのぐといわれ、今なお知られざる多くの深海生物が生きている。

モントレー湾水族館研究所のブルース・ロビソン博士は、無人探査機を使って、モントレー湾の深海に生きる数多くの新種を発見してきた。

そんなロビソン博士でさえ、めったに出会えない伝説のモンスター・フィッシュがいる。

今から80年以上前（1939年）の新種発見のレポートに「極端《きょくたん》におちょぼ口」「目は円柱状で、真《ま》っ直《す》ぐに上を向いている」と報告されている

その〝モンスター〟は、デメニギス。デメニギス科の海水魚だ。

東北地方の太平洋岸、北太平洋の※2亜寒帯《あかんたい》海域から温帯海域に広く分布する体長15センチほどになる③デメニギスは、水深400～800メートルの中深層にすむ。水深200～1000メートルは、トワイライトゾーンと呼ばれ、深海ではあるがうっすらと光が届くゾーン。ここでは、④生物同士の激しい生存競争が繰《く》り広げられている。

その存在が確認《かくにん》されてから65年後の2004年、ロビソン博士は、2000回以上に及《およ》ぶ探査の末、世界で初めて、デメニギスの生きた姿をとら

2024年度 麴町学園女子中学校

【国語】〈二月一日午前試験〉（四五分）〈満点：一〇〇点〉

一 次の①～⑤の――線部のカタカナを漢字で書きなさい。

① ソンエキを計算する。
② 春のサイテンが行われる。
③ 楽器をエンソウする。
④ 水がタれる。
⑤ 畑をタガヤす。

二 次の①～⑤の――線部の漢字の読み方をひらがなで書きなさい。

① 脈脈と続く伝統。
② 徒党を組む。
③ 汽笛を鳴らす。
④ 薬が効く。
⑤ 険しい山道。

2024年度

麴町学園女子中学校 ▶解説と解答

算 数 ＜２月１日午前試験＞（45分）＜満点：100点＞

解 答

1 (1) 1114 (2) 26 (3) 19.1 (4) $4\frac{2}{3}$ (5) 16 **2** (1) 2 km (2) 58 (3) 81点 (4) 3600円 (5) 1.5cm (6) 3.44cm^2 **3** (1) ① $\frac{13}{30}$ ② $1\frac{3}{8}$ (2) 6個 **4** (1) 14 (2) 分速80m (3) 18分後 **5** (1) 15% (2) 200人 (3) 72人

解 説

1 **四則計算**

(1) 2024－1455＋545＝569＋545＝1114

(2) ５×６－(20－８×２)＝30－(20－16)＝30－４＝26

(3) 0.45×3.6÷0.06－7.9＝1.62÷0.06－7.9＝27－7.9＝19.1

(4) $4\div\left\{3-2\div\left(\frac{11}{2}-\frac{5}{6}\right)\right\}\times3=4\div\left\{3-2\div\left(\frac{33}{6}-\frac{5}{6}\right)\right\}\times3=4\div\left(3-2\div\frac{28}{6}\right)\times3=4\div\left(3-2\times\frac{3}{14}\right)\times3=4\div\left(3-\frac{3}{7}\right)\times3=4\div\left(\frac{21}{7}-\frac{3}{7}\right)\times3=4\div\frac{18}{7}\times3=\frac{4}{1}\times\frac{7}{18}\times\frac{3}{1}=\frac{14}{3}=4\frac{2}{3}$

(5) $\left(5-\frac{1}{5}\times\square\right)\times7+2.4=15$より，$\left(5-\frac{1}{5}\times\square\right)\times7=15-2.4=12.6$，$5-\frac{1}{5}\times\square=12.6\div7=1.8$，$\frac{1}{5}\times\square=5-1.8=3.2$ よって，$\square=3.2\times5=16$

2 **単位の計算(縮尺)，倍数，平均，相当算，植木算，面積**

(1) 実際の長さは地図上の長さの25000倍なので，８×25000＝200000(cm)，200000cm＝2000m＝２kmとなる。

(2) ５で割ると３あまる数は，{3，8，13，18，23，…}，８で割ると２あまる数は，{2，10，18，26，34，…}なので，５で割ると３あまり，８で割ると２あまる数の中で１番小さい数は18である。小さい方から数えて２番目の数は，１番小さい数より，５と８の最小公倍数である40大きい数となるので，18＋40＝58である。

(3) 算数のテスト５回の合計点は，84×５＝420(点)なので，５回目のテストの点数は，420－(86＋79＋83＋91)＝81(点)である。

(4) 昨日は所持金の$\frac{2}{5}$を使ったので，昨日財布に残った金額ははじめに持っていた金額の，$1-\frac{2}{5}=\frac{3}{5}$である。今日はそのうちの$\frac{3}{4}$を使ったので，今日財布に残った金額ははじめに持っていた金額の，$\frac{3}{5}\times\left(1-\frac{3}{4}\right)=\frac{3}{5}\times\frac{1}{4}=\frac{3}{20}$である。よって，はじめに持っていたお金は，$540\div\frac{3}{20}=540\times\frac{20}{3}=3600$(円)と求まる。

(5) 横の長さが８cmの紙テープを15枚重ねずにつなげると，その長さは，８×15＝120(cm)になる。のりしろができるように15枚をつなげると，のりしろは，15－１＝14(か所)できて，全体の長さは120cmより，120−99＝21(cm)短くなる。よって，のりしろの長さは，21÷14＝1.5(cm)となる。

(6)　１辺４cmの正方形の面積は，４×４＝16(cm^2)である。円の半径は，４÷２＝２(cm)なので，円の面積は，２×２×3.14＝12.56(cm^2)となる。よって，斜線《しゃせん》の部分の面積は，16−12.56＝3.44(cm^2)と求まる。

3 約束記号

(1)　①　$\langle 1,\ 2\rangle+\langle 2,\ 3\rangle=\frac{1}{1\times(1+2)}+\frac{1}{2\times(2+3)}=\frac{1}{1\times3}+\frac{1}{2\times5}=\frac{1}{3}+\frac{1}{10}=\frac{10}{30}+\frac{3}{30}=\frac{13}{30}$

②　$(\langle 8,\ 3\rangle+\langle 3,\ 8\rangle)\div\langle 3,\ 8\rangle=\left(\frac{1}{8\times(8+3)}+\frac{1}{3\times(3+8)}\right)\div\frac{1}{3\times(3+8)}=\left(\frac{1}{8\times11}+\frac{1}{3\times11}\right)\div\frac{1}{3\times11}=\left(\frac{1}{88}+\frac{1}{33}\right)\times\frac{33}{1}=\frac{1}{88}\times\frac{33}{1}+\frac{1}{33}\times\frac{33}{1}=\frac{3}{8}+1=1\frac{3}{8}$

(2)　$\langle A,\ B\rangle=\frac{1}{84}$より，A×(A＋B)＝84である。また，A，Bはともに１以上の整数なので，Aは(A＋B)より小さい。２つの整数をかけ合わせて84になるのは，１×84，２×42，３×28，４×21，６×14，７×12の６通りあり，２つの数のうち小さい方がAとなるので，$\langle A,\ B\rangle=\frac{1}{84}$を満たすAは６個ある。

4 旅人算

(1)　Bさんは分速60mで進むので，Q地点からP地点までの840m進むのにかかる時間は，840÷60＝14(分)となる。よって，㋐に入るのは14である。

(2)　AさんとBさんは６分後に出会っているので，２人は１分ごとに，840÷６＝140(m)ずつ近づいていることになる。Bさんは分速60mで進んでいたので，Aさんの速さは，分速，140−60＝80(m)である。

(3)　AさんとBさんが２回目に出会うのは，２人が１回目に出会ったあとに進んだ道のりの和が，840×２＝1680(m)になるときなので，１回目に出会ってから，1680÷140＝12(分後)である。よって，出発してから，６＋12＝18(分後)となる。

5 集まり(ベン図)

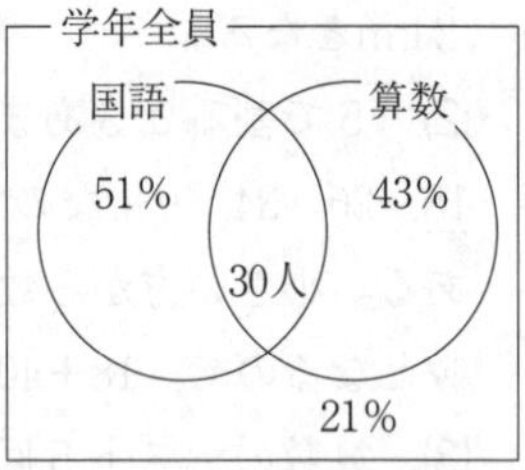

(1)　国語のみが好きな生徒，算数のみが好きな生徒，国語と算数の両方が好きな生徒の合計は，学年の生徒の，100−21＝79(%)なので，国語と算数の両方を好きな生徒は，51＋43−79＝15(%)となる。

(2)　学年の生徒の15%が30人にあたるので，この学年の生徒は，30÷0.15＝200(人)である。

(3)　国語のみが好きな生徒は，51−15＝36(%)なので，200×0.36＝72(人)と求まる。

社　会　＜２月１日午前試験＞（理科と合わせて50分）＜満点：50点＞

解　答

1　**問１**　ウ　**問２**　京浜(工業地帯)　**問３**　近畿　**問４**　イ　**問５**　沖縄(県)　**問６**　ア　**問７**　イ　**問８**　エ　**問９**　温泉　**問10**　(青森)ねぶた(祭)　**2**　**問１**

岩宿(遺跡)　**問２**　ウ　**問３**　ア　**問４**　エ　**問５**　富岡　**問６**　生糸　**問７**　イ　**問８**　後醍醐天皇　**問９**　御家人　**問10**　ア(→)イ(→)ウ　**3**　**問１**　イ　**問２**　ア　**問３**　ウ　**問４**　条例　**問５**　軽減税率　**問６**　エ　**問７**　リコール　**4**　**問１**　東京都　**問２**　イ　**問３**　ウ　**問４**　イ　**問５**　伊藤博文　**問６**　半導体…(例)　世界的にスマートフォンの生産量が増加し，半導体などの部品が不足しているから。　円安…(例)　海外で製造して輸入する商品が，円安の影響で値上がりしているから。

解　説

1　観光についての問題

問１　泥炭地《でいたんち》は土の養分が少なく，作物全般《ぜんぱん》を育てるのに適していないため，客土を繰《く》り返した結果，石狩《いしかり》平野は日本有数の米どころとなったが，火山灰地は水持ちが悪いため田には不向きである。なお，アは石狩平野や十勝平野など，約980km^{2}の平地が広がっている。イの梅雨は北海道では見られない。エの千島海流は寒流であり，千島海流の影響《えいきょう》で北海道の太平洋側では夏に濃霧《のうむ》が発生するため夏でも気温が上がらない日が多くある。

問２　中京工業地帯，阪神《はんしん》工業地帯とともに三大工業地帯の一つで，自動車工業を中心に機械工業がさかんである。

問３　近畿《きんき》地方には，京都府以外に大阪《おおさか》府・兵庫県・滋賀《しが》県・奈良《なら》県・和歌山県・三重県が属する。長く都が置かれていた地方であり，国宝や重要文化財，世界文化遺産の構成資産などが多く，外国人観光客を集めている。

問４　福岡《ふくおか》県は朝鮮《ちょうせん》半島に近く，韓国《かんこく》との間に高速船やフェリーの定期航路も運航している。なお，アは佐賀《さが》県，ウは熊本《くまもと》県，エは鹿児島《かごしま》県である。

問５　沖縄《おきなわ》県は，かつては琉球《りゅうきゅう》王国として中継《なかつぎ》貿易によって栄えていた。三線《さんしん》やエイサーは琉球王国の時代に発達した楽器や舞踊《ぶよう》である。

問６　銚子《ちょうし》漁港の漁獲量《ぎょかくりょう》が多い理由の一つに，沖合《おきあい》に寒流の千島海流(親潮)と暖流の日本海流(黒潮)がぶつかり合う潮目があることがあげられる。

問７　日本の国土面積に占める森林面積は約３分の２で，これは世界的にも高い割合となっている。

問８　山形県天童市は伝統的工芸品である天童《てんどう》将棋駒《しょうぎこま》の産地である。なお，アの有田焼は佐賀県，イの津軽塗《つがるぬり》は青森県，ウの加賀友禅《かがゆうぜん》は石川県の伝統的工芸品である。

問９　温泉の多くは，火山の地下のマグマなどによって地下水が熱せられ，湧《わ》き出したものである。日本は非常に温泉の数が多く，約2900の温泉地がある(2020年)。

問10　東北三大祭りはいずれも８月上旬《じょうじゅん》に行われる。竿燈《かんとう》まつりは秋田県，七夕まつりは宮城県の祭りである。

2　群馬県「上毛カルタ」についての問題

問１　日本列島には縄文《じょうもん》時代以前は人類が住んでいなかったと長く考えられていたが，1946年に相沢忠洋《あいざわただひろ》氏が関東ローム層から打製石器を発見したことによって旧石器時代の存在が証明された。

問２　近畿地方で３世紀ごろから造られていた前方後円墳《ぜんぽうこうえんふん》は，しだいに他地域でも造られるようになっていく。このことから，近畿地方にあったヤマト政権の勢力が拡大していったと考えることができる。

問３　問題文中の「徳川綱吉《つなよし》」が江戸《えど》幕府第５代将軍であることから江戸時代と判断することができる。また，「百姓《ひゃくしょう》一揆」は江戸時代に起きた農民の領主などへの反抗《はんこう》運動である。

問４　本居宣長は『古事記伝』を出版し，幕末の尊王攘夷運動に影響を与《あた》えた国学を大成した。なお，アの平将門は平安時代中期に関東地方で反乱を起こした武士，イの原敬は大正時代に初の本格的政党内閣をつくった内閣総理大臣，ウの北条義時は鎌倉《かまくら》時代に承久の乱が起きたころの鎌倉幕府第２代執権《しっけん》である。

問５　世界遺産に登録された富岡《とみおか》製糸場は，明治時代初期にフランスの技術を導入してつくられた官営模範《もはん》工場である。

問６　蚕《かいこ》のまゆから絹織物の原料となる生糸をつくる産業を製糸業という。なお，綿花から綿糸を，羊毛などから毛糸をつくる産業は紡績業《ぼうせきぎょう》である。

問７　幕府を倒《たお》そうとした後醍醐《ごだいご》天皇は有力御家人《ごけにん》である新田義貞《よしさだ》や足利尊氏を味方につけ，1333年に鎌倉幕府は滅亡《めつぼう》した。

問８　後醍醐天皇は天皇中心の政治をめざして建武の新政を始めたが，武士たちの不満が高まり，新政は約２年で失敗に終わった。

問９　御家人とは，将軍に忠誠を誓《ちか》った武士を指す。

問10　アの日露《にちろ》戦争は明治時代(1904～1905年)，イの関東大震災《だいしんさい》は大正時代(1923年)，ウの五・一五事件は昭和時代(1932年)のできごとである。なお，アは桂太郎《かつらたろう》，イは加藤友三郎《かとうともさぶろう》，ウは犬養毅《いぬかいつよし》の説明である。

3　地方自治についての問題

問１　2016年に改正公職選挙法が施行《しこう》されたことで，選挙権年齢《せんきょけんねんれい》は満20歳《さい》から満18歳に引き下げられた。なお，参議院議員の被《ひ》選挙権も都道府県知事と同じく満30歳以上である。

問２　政令指定都市とは，内閣が制定する命令によって指定された人口50万人以上の市で，都道府県の権限の一部を担う。2024年現在，20都市が指定されており，神奈川《かながわ》県は相模原市以外にも，横《よこ》浜《はま》市・川崎《かわさき》市が政令指定都市に指定されている。なお，イの小田原市，ウの横須賀《よこすか》市，エの鎌倉市も神奈川県の市である。

問３　衆議院議員の任期は４年であるが，衆議院は任期途中《とちゅう》で解散することが多い。

問４　条例は地方公共団体独自の規則で，地方議会において原則として出席議員の過半数の賛成で制定することができる。

問５　2024年現在，消費税率は10％であるが，酒類や外食を除く飲食料品と週２回以上発行される定期購読契約《ていきこうどくけいやく》の新聞については，８％の軽減税率が適用されている。

問６　地方交付税交付金は過疎化《かそか》が進んでいるような税収の少ない地方公共団体に手厚く交付され，使い道は指定されない。なお，アの地方税は地方公共団体が徴収《ちょうしゅう》する税金，イの国庫支出金は国から支給される給付金で，義務教育や公共工事など，使い道が限定されているもの，ウの地方債《ちほうさい》は財源が不足した場合の借入金である。

問７　有権者が40万人以下の場合，選挙権のある住民の３分の１以上の署名を集めて，選挙管理委員会に提出し，その後の住民投票で過半数の賛成があれば，議会の解散や首長の解職は成立する。

4　2011年から2012年のできごとについての問題

問１　小笠原《おがさわら》諸島には日本の最南端《さいなんたん》にあたる沖ノ鳥《おきのとり》島や日本の最東端にあたる南鳥島が含《ふく》まれる。

問２　岩手県平泉は馬や砂金の交易で栄えた奥州藤原氏《おうしゅうふじわらし》の拠点《きょてん》である。中尊寺の金色堂は奥州藤原氏によって建立された，浄土《じょうど》へのあこがれを表す建築物である。なお，アの善光寺は長野県，ウの東大寺とエの法隆寺《ほうりゅうじ》は奈良県に位置する寺院である。

問３　アはフランス，イは中華人民共和国《ちゅうかじんみんきょうわこく》，エはブラジルである。

問４　2011年３月11日に起きた地震《じしん》にともなう津波《つなみ》によって，福島第一原子力発電所で深刻な大事故が起こり，その事故の影響の重大さから，原子力発電所の安全性が議論され，点検のために稼働《かどう》を停止していた各地の原子力発電所の再稼働見直しや建設計画の中止などが相次いだ。

問５　伊藤《いとう》博文が初代内閣総理大臣に就任したのは1885年である。

問６　値上がりの理由を，「半導体」は「部品の不足」，「円安」は「輸入価格の上昇《じょうしょう》」と結びつける。

理　科　＜２月１日午前試験＞（社会と合わせて50分）＜満点：50点＞

解　答

1 **問１**　ア，ウ　**問２**　(1)　ウ　(2)　ウ　**問３**　酸素（空気）　**問４**　(1)　イ　(2)　（例）　蒸発する　2 (1)　適当な温度／水／空気（酸素）　(2)　ア，オ　(3)　イ，ウ，エ　(4)　（例）　とけてしまうから。　(5)　イ，エ　(6)　オ　(7)　①　季節　②　ア　(8)　イ　(9)　エ　(10)　イ　(11)　ウ

解　説

1 キャンプを題材とした総合問題

問１　川の周りにある石は，上流では大きく角ばった石が多く，そこから下流の方に行くほど，石の大きさは小さくなっていき，形は丸みを帯びたものが多くなっていく。

問２　(1)　川の流れが曲がっているところでは，曲がりの外側の流れが最も速く，内側になるほど流れがおそくなる。　(2)　川の流れが速いほど，流れる水が川底をけずるはたらき（しん食作用という）が強くなる。そのため，川の流れが曲がっているところでは，曲がりの外側では川底が深く，内側では川底が浅い。図１ではＢ側が曲がりの外側なので，川底の様子はウのようになる。

問３　ものが燃えるためには，燃えるものがあることと一定以上の温度であることのほかに，酸素（空気）が必要である。

問４　(1)　ア　グラフより，水を熱し始めて15分後の水の温度は55℃くらいと読み取れる。　イ　グラフで，30分から45分までは液体と気体の２つの状態となっていて，この間の水の温度は100℃で一定になっている。よって，正しい。　ウ　グラフで，温度が変化していないのは30分から45分までであるが，このときは液体と気体の２つの状態となっている。　エ　グラフで，水の温度が100℃となっているのは30分から45分までで，液体と気体の２つの状態である。　(2)　木の中の水分が多いと，その水分の温度が上がったり，液体から気体になって蒸発したりするのに熱を必要とするので，そのぶん木の温度が上がりにくくなる。よって，燃えるのに必要な一定以上の温度という条件を満たすのに時間がかかる。

2 小問集合

⑴　種子が発芽するためには，適当な温度，水，空気(酸素)の３つの条件がそろう必要がある。

⑵　子宮の中にいる赤ちゃんは，子宮のかべについているたいばんとへその緒《お》でつながっている。そして，たいばんでは，母親から赤ちゃんに酸素や養分がわたされ，赤ちゃんから母親に二酸化炭素などの不要になったものがわたされる。したがって，へその緒の中を流れる物質はアとオである。

⑶　イ　ヒトは呼吸で二酸化炭素を排出《はいしゅつ》するので，吐《は》き出した息には二酸化炭素が多くふくまれている。　ウ　地球温暖化の原因物質は温室効果ガスと呼ばれる気体で，二酸化炭素は温室効果ガスの一つである。　エ　植物は光が当たると光合成を行う。光合成には二酸化炭素が必要なので，葉などにある気こうから二酸化炭素を取り入れる。なお，アとオは酸素の説明である。

⑷　アルミニウムや鉄は塩酸と反応し，さかんに水素のあわを発生しながらとける。よって，アルミニウムや鉄でできた容器は塩酸を保存するのに使えない。

⑸　塩酸は気体の塩化水素の水よう液，アンモニア水は気体のアンモニアの水よう液であり，塩化水素やアンモニアはにおいがする気体なので，塩酸やアンモニア水にはにおいがある。

⑹　ア　液状化現象は，水分を多くふくむ地ばん(うめ立て地など)が大きな地震《じしん》によって，ゆさぶられている間だけ液体のようになってしまう現象をいう。建物がかたむいたり，地下にうめてあるもの(はい水管など)がうき上がったりする。　イ　土砂崩《くず》れは，おもに大きな地震や大雨のときに発生しやすい。　ウ　津波《つなみ》は，海底で大きな地震が発生したときに，海底の地ばんの変動が海水に伝わって起こる波である。なお，海底火山が噴火したときにも発生することがある。　エ　大きな地震が発生すると，建物がゆさぶられて崩れてしまうことがある。また，火山の噴火により噴出した火山灰が屋根に降り積もると，その重みで建物が崩れることもある。　オ　大雪は，地震や火山の噴火との関係性はない。

⑺　冬には，西側の大陸上に勢力の強い高気圧があり，東側の海上に発達した低気圧があるという気圧配置になりやすく，これを西高東低と呼ぶ。このとき，大陸上の高気圧から吹《ふ》き出した空気が北西の季節風となって日本にやって来ると，特に日本海の上に多数のすじ状の雲が発生して，日本海側の地域では雪や雨が降りやすい。

⑻　三日月は，月面のうち太陽のある側が細く光った形をしている。日の入りから少したったころに，三日月は西の空の低いところに，イのような姿となって見られる。

⑼　ふりこが１往復にかかる時間は，おもりの重さやふれはばには関係なく，ふりこの長さだけによって変化する。したがって，図２で，ふりこをＡ，Ｂ，Ｃのどの位置から手を離《はな》しても，ふりこの長さを変えていないので，１往復にかかる時間は同じである。

⑽　それぞれの主な材質は，アがゴム，イがアルミニウム，ウが木材，エがガラス，オがペット樹《じゅ》脂《し》と呼ばれるプラスチックである。このうち，金属であるアルミニウムは電気を通すが，ほかは電気を通さない。

⑾　てこでは，(力点で加えた力の大きさ)×(支点から力点までの距離《きょり》)の値と，(作用点にかかる力の大きさ)×(支点から作用点までの距離)の値が等しいときにつり合う。ピンセットの場合，力点が支点と作用点の間にあるので，支点から力点までの距離よりも，支点から作用点までの距離の方が大きい。そのため，つり合うときには，力点で加えた力の大きさよりも，作用点にかかる力の大きさの方が小さくなるので，ピンセットは物体に小さな力を加えたいときに役立つ。

国　語　＜２月１日午前試験＞（45分）＜満点：100点＞

解　答

一　下記を参照のこと。　二　①　みゃくみゃく　②　ととう　③　きてき　④　き(く)　⑤　けわ(しい)　三　①　中　②　音　③　家　④　間　⑤　言

四　**問１**　(例)　水温が非常に低く，水圧も高く，暗い(環境。)　**問２**　2　**問３**　海の盗賊　**問４**　**1**　獲物の影をたより　**2**　(例)　簡単には食べられない　**3**　敵から身を隠す　**4**　はっきりと見つけてしまう　**問５**　奇怪な姿　**問６**　(1)　4　(2)　獲物を盗む　**問７**　2　**問８**　**一つめ**　(例)　生物の出す光と太陽の光との微妙なちがいをあぶり出し，獲物をはっきりと見つける(点。)　**二つめ**　(例)　獲物を視界にとらえると，上を向いていた目が前方にぐるりと回転する(点。)　**問９**　1・4　**問10**　**1**　アップデート　**2**　(例)　たくましい　**3**　厳しい環境　**4**　(例)　参考　五　**問１**　3　**問２**　1　**問３**　**1**　小倉の空が晴れて　**2**　原爆　**3**　小倉に落とされ　**4**　ここにはいなかった　**問４**　Ⅰ　4　Ⅱ　2　**問５**　4　**問６**　**1**　(例)　たすきをわたす　**2**　(例)　命を受けついでいる　**問７**　3　**問８**　b　**問９**　1　**問10**　2　**問11**　2・4・5　**問12**　1

●漢字の書き取り

一　①　損益　②　祭典　③　演奏　④　垂(れる)　⑤　耕(す)

解　説

一　漢字の書き取り

①　損失と利益のこと。　②　お祭りや華《はな》やかな行事のこと。　③　音楽を奏《かな》でること。　④　液体がしずくとなって下に落ちること。　⑤　作物を作るために土を掘《ほ》り返す作業のこと。

二　漢字の読み

①　長く続いてとだえない様子。　②　よからぬ目的のために集まった仲間のこと。　③　蒸気の噴出《ふんしゅつ》で音を出す笛《ふえ》のこと。　④　働きがあらわれてくること。　⑤　急な坂などで危険だったり行くことが困難だったりする様子。

三　熟語の完成

①　「夢中」「中身」「中心」「最中」になる。　②　「雑音」「音信」「音色」「発音」になる。　③　「作家」「家屋」「家賃」「本家」になる。　④　「世間」「間近」「間接」「空間」になる。　⑤　「伝言」「言論」「言葉」「格言」になる。

四　出典：NHK「へんてこ生物アカデミー」制作班／監修《かんしゅう》『すごい！　へんてこ生物』。デメニギスという深海生物を例に，深海という環境《かんきょう》の中で生きている生物たちが，過酷《かこく》な世界に適応するためにどのように自らをアップデートしているのかを述べている。

問１　直前に「光がほとんど届かない」，直後に「人間の想像を超《こ》えた」という説明があるが，後者は実際にはどのようなことであるのかがあいまいなので，もっと明確に述べてある部分を探す。本文の最後から二つめの段落で，改めて深海について述べたところがあり，「深海は水温が非常に低く，水圧も高い。そしてなによりも，暗い世界」と述べられている。「暗い」は「光がほとんど

届かない」の言いかえなので，この「水温が非常に低い」「水圧が高い」「暗い(光がほとんど届かない)」の三つを全て入れてまとめるようにする。

問２　「しのぐ」には，「能力などが他のものよりもまさっている」という意味以外に，「困難や苦しい状況《じょうきょう》に耐《た》えて乗り越《こ》える」という意味もある。

問３　「たとえ」には，「ようだ」「みたいだ」を使ってたとえている場合と，それらを使わずにたとえている場合がある。ここでは，「ロビソン博士は，デメニギスのことを『海の盗賊《とうぞく》』と呼んでいる」から，デメニギスの「エビやカニなどを盗《ぬす》んで食べる性質」を「海の盗賊」であるとたとえている。

問４　**１**　空欄《くうらん》の直前に「多くの魚たちが」，直後に「にエサを探す」とあるので，魚たちがエサを探す場所や方法が答えになる。「多くの魚たち」「エサを探す」と同じか近い表現が使われている部分を探すと，「トワイライトゾーンでは，多くの魚たちが獲物《えもの》の影《かげ》をたよりに，エサを探す」が見つかる。　　**２**　空欄の直前に「多くの魚たちが」「エサを探すが，獲物の方も」とあるので，２にはエサにされる「獲物」が魚たちに対抗《たいこう》している様子があてはまる。本文の「多くの魚たちが獲物の影をたよりに，エサを探す」と書かれた直後に「しかし，獲物もただでは食われない」とあるので，この「ただでは食われない」をもとにして書くとよい。　　**３**　直前に「発光器の光で自分の影を消すなどして」，直後に「工夫をしている」とあるので，３には「発光器の光で自分の影を消す」ことが何の工夫かを示すことばがあてはまる。本文では，「腹部に発光器を発達させて，その光によって自分の影を消し，敵から身を隠《かく》す知恵者《ちえしゃ》もいる」と述べられているので，「敵から身を隠す」工夫ということになる。　　**４**　直前に「影を消した獲物を」，直後に「目を持っている魚がおり」とあるので，影を消した獲物を魚の目がどうするのかを見つける。目について書かれたところを本文から探すと，「デメニギスの緑の色素に覆《おお》われた目は，生物の出す光と太陽の光との微妙《びみょう》なちがいをあぶり出し，獲物をはっきりと見つけてしまう」とある。

問５　直後から，デメニギスの姿について細かく述べられているが，「一言にまとめてあらわすと」どうなるかを答えるので，「頭部は透明《とうめい》なカプセル状」「目のように見える小さなふたつの黒い点は鼻」「円筒状《えんとうじょう》の目」が「透明な頭部に埋《う》め込まれていた」「蛍光塗料《けいこうとりょう》で描《えが》かれたような，インパクトのある緑色をしていた」などをまとめて表現した「SF小説に登場するかのような奇怪《きかい》な姿」ということになる。ただし，五字以内という条件なので，さらに絞り込んで「奇怪な姿」を答える。

問６　(1)「なんと」は気持ちを強調するときに用いることばなので，「なんと美しい花だろう」なら感心や感動，「なんと愚《おろ》かなやつだ」なら失望や軽蔑《けいべつ》を表現することになる。ここでは，デメニギスの目が透明な頭部に埋め込まれていたということに対する気持ちなので，まさかそんなところに目があるなんて不思議だ，これはすごいぞ，といったおどろきや感心の気持ちだと考えられる。したがって４が適切。１は「あきれたり」はあてはまるが，「怒《おこ》ったり」はデメニギスの目がどこについていても人間が怒る理由はないので合わない。２は「批判したり」「軽く見たり」のどちらも人間がそう感じる理由がないので合わない。３は「とまどったり」はあてはまるが，「困ったり」はやはり人間がそう感じる理由がないので合わない。　　(2)　目が「透明な頭部に埋め込まれてい」るとどのような良いことがあるか書かれているところを探すと，「獲物を盗む際，触手《しょくしゅ》で攻撃《こうげき》されても防御《ぼうぎょ》ができ，なおかつよく見えるよう，目玉を透明な頭に埋め込んでしまったらしい」と筆者が考えているということが示されているので，この一文が答えになる。

問7　デメニギスの目は「獲物をはっきりと見つけ」る能力を持ち，「精巧《せいこう》な機械仕掛け」のように動いて，獲物を逃《に》がすことがない。デメニギスはこの目の働きのおかげで，獲物をとらえて食べ，生きていくことができるのである。つまり，デメニギスの目は，デメニギスにとって生きるか死ぬかに関わるほど重要なものということになる。その意味を持つことばは2の「生命線」。1の「一大事」は大変なできごと，3の「不気味」は気味が悪いこと，4の「原動力」は活動のもとになる力のことで，それぞれ合わない。

問8　直後に「それだけにとどまらない」とあるので，まずは「それ」が指す内容が「すごさ」の一つめの点であり，二つめの点はこの直後から説明されているということがわかる。「それ」が指すのは直前にある「生物の出す光と太陽の光との微妙なちがいをあぶり出し，獲物をはっきりと見つけてしまう」なのでこれをまとめる。二つめの点は「ひとたび獲物を視界にとらえると，上を向いていた目がなんと前方にぐるりと回転するのである」のところなので，これをまとめる。

問9　1は，空欄Ⅰをふくむ段落の最後の一文で述べられているので合う。2は，デメニギスの緑色の目は獲物をはっきりと見つけるのに役立つのであり，攻撃を防御することとは関係ないので合わない。3は，デメニギスがエビやカニを食べることは述べられているが，口が固いものをかみくだくことに役立つということは述べられていないので合わない。4は，「よく見えるよう，目玉を透明な頭に埋め込んでしまった」という内容にあてはまると考えられる。5は，デメニギスの円筒状の目の働きについて「かすかな光で色や形を感知する」ということは述べられていないので合わない。

問10　**1**　空欄の直前に「自分を」，直後に「して生き抜いていくデメニギス」とあるので，デメニギスが自分をどうして生き抜いていくのか述べられているところを探すと，本文の最後の一文に「自分をアップデートして生き抜く」とある。　**2**　空欄の直前に「生き抜いていくデメニギスの」，直後に「姿」とあるので，デメニギスの生き抜いていく姿についての説明である。本文の最後の一文には，デメニギスについて「自分をアップデートして生き抜くたくましさを教えてくれる」とあるので，筆者はデメニギスから「生き抜くたくましさ」を感じていることがわかる。したがって，この「たくましさ」を使って書くのがよい。　**3**　説明文の冒頭《ぼうとう》に「厳しい環境」とあるが，人間についても本文の最後の段落では「現代のわれわれも，ときに深海と同様に厳しい環境に身をおかなければならないこともある」と述べられている。「過酷な世界」は，深海魚が生きる世界と述べられているのみで，人間については触《ふ》れられていないのであてはまらない。　**4**　本文の最後で，デメニギスが「生き抜くたくましさを教えてくれる」とあるので，筆者はデメニギスの姿が生きていく上での手がかりになると考えているとわかる。手がかりという意味を持つ漢字二字の言葉としては，「参考」「指針」などがある。

五　**出典：まはら三桃《みと》『白をつなぐ』。**戦時下で生きていた祖母から原爆《げんばく》が投下された時期の話を聞き，生きているということ・命をつなぐということについて考える中学生の少年について描かれている。

問1　広島について海人は「道がせまくないし，ビルの群れもずいぶん長いこと続いていた」と感じている。また，「祖母の言っていたことは本当だった」とも感じているが，この「祖母の言っていたこと」というのは，「新しい街《まち》やからね。大きかろう」である。これらを総合すると，広島の大きさを感じたのだとわかる。「ビルの群れもずいぶん長いこと続いていた」とあるが，これは細長さの表現ではなく，ビルが長く続くほど全体が大きいということの表現なので，２の「長いな」ではなく，３の「でっかいな」がもっともふさわしい。

問２　直後に，「理由は，きくまでもなかった」とあり，それに続けて「理由」が述べられている。「北九州市に生まれ育った人間にとって，広島と長崎《ながさき》は，特別な響《ひび》きを持つ地名」であり，それは，もし天候が違《ちが》っていたら自分の住む町にこそ原爆が投下されていたということを思うからなのである。これに合うものは１。２は「海人がきちんと走れるか心配」，３は「あこがれの地名」，４は「原爆の歴史を教える必要を感じた」がそれぞれ合わない。

問３　**１**　現実の歴史では，「空は曇《くも》っていて，標的を定めることができなかった。仕方なく，原爆を積んだ飛行機は長崎まで飛んでいき，そこで投下した」のである。「もしも」に続くのは，現実とは反する仮定の内容なので，小倉の空が晴れているという内容があてはまる。海人の祖母であるよしのが学校で「もしも」の話をした中で，「もしも，あのときこの小倉の空が晴れていたら」と語っている。　**２・３**　「もしも」の話の中で起きる出来事なので，「原爆」が「小倉に落とされるはず」だったという内容である。それぞれの空欄の前後に合うように気をつけてぬき出す。

４　祖母のよしのは何度となく，「もしも」のことが起きていたら「この世におらんかった」「ここにはおらん」と繰《く》り返している。それらの表現のうち，指定された九字に合う部分を探すと，「ここにはいなかった」が見つかる。

問４　**Ⅰ**　空欄の直前に「しわっぽい顔を」，直後に「しかめて」とある。「しかめる」は「しわを寄せる」という意味なので，「しわっぽい顔を」「しかめる」ということは，よりいっそうしわを寄せるということになる。したがって，「よりいっそう」という意味の「ますます」があてはまる。　**Ⅱ**　空欄の直前に「いや，そうではない」，直後に「生まれてないということだ」とある。直前までに書かれていたのは，「いない」とはどういうことかについての考えであり，「そうではない」というのは，「透明人間か？」という考え方を否定したものである。つまり，「いない」というのは透明人間のようにただ姿が見えないというだけではなく，最初から生まれてきていないということだと考え直したのである。したがって，「最初から」という意味の「そもそも」があてはまる。

問５　直後で海人は，「ここにいないなら，家族みんなでほかのどこかにいるのだろうか」などと，「いない」とはどういうことかがわからずに考えてしまっている。これに合うものは４。１は「現在とあまりにも違いすぎて」が，２は「『もしも』に続く言葉がすぐには思い当たらなかった」が，３は全体が，「いない」とはどういうことかわからないでいる海人の「ぴんとこない」と合っていない。

問６　「たすき」は本文の前にあるあらすじの中で書かれていたように，駅伝で走る際に前の走者から受けついでいくものである。そこから考えれば，「命のたすき」とは，たすきのように命を受けついでいくということだとわかる。１にはたとえになっている実際の駅伝でたすきを受けわたすという内容，２には命を受けつぐという内容を，それぞれの前後に合うように十字以内で書く。

問７　よしのがしみじみと言っていたのは，直前の「病気が人を助けることもあるもんよ」である。これは，祖父が腸チフスという病気になったために特攻隊《とっこうたい》としての出撃《しゅつげき》から逃《のが》れて，生きて故郷に帰ることができたということを指している。これに合うのは３。１は「栄養がとれた」，４は「病気より出撃の方が恐《おそ》ろしいとわかった」が内容に合っておらず，２は病気と関係のない内容なのでふさわしくない。

問８　ａ，ｃ，ｄは後の内容をくわしくするはたらき。ｂは前の部分と後の部分をつなぐはたらきである。

問９　後に，「もし自分がいなければ，今，座っているこの席には，違う誰《だれ》かが座っていたのだろうかと思ったから」と，「思わず腰《こし》を浮《う》かせた」理由が述べられている。「いない」とはどういうことかがよくわからずにいた海人だったが，このときようやく，祖母が死んでいたら自分も生まれていなかったと実感したのである。これに合うのは１。２は「戦争で家族を失っている友だちの手前ばつが悪い」，３は「祖父の『腸チフス』の話とともに話すべきなので，片方だけだと物足りないと言いたい」，４は「再び命について複雑なことを考えて夜も眠《ねむ》れなくなるので話を止めたい」が述べられた理由と合っていない。

問10　よしのは続けて，「痛いですか？」「それが生きとるっちゅうことです」「生きているうちには，痛いことやつらいこともあるけど，楽しいこともうれしいこともいっぱいあります。その全部が生きているということです」と言っている。ほっぺたをつねって「痛い」と感じてもらい，そこから話を進めることで，痛いことや楽しいことを感じるすべてが生きるということだとわかってもらいたいのである。これに合うのは２。１は「痛いことやつらいことばかりがあるのが人生」，３は「自分の言うことを素直に聞くかどうか実験」，４は「他人の痛みを理解させるため」が合わない。

問11　１は，原爆投下の目的地が変わったのは小倉から長崎なので誤り。２は，祖母の話の内容に合っている。３は，海人は祖母の「もしも」の話の中に母親の名前が出てこなかったので「お母さんは？」とたずねてはいたが，そのあと「お母さんがいるんだから」と別に不満もなく考えているので，「不満を感じていた」は誤り。４は，「生きているうちには，痛いことやつらいこともあるけど，楽しいこともうれしいこともいっぱいあります。その全部が生きているということです」という祖母の言っていた内容に合っている。５は，祖母の話を聞いて海人は「もし自分がいなければ，今，座っているこの席には，違う誰かが座っていたのだろうかと思った」ので合っている。

問12　１は，海人が広島の大会に出るということから，原爆にまつわる歴史的な事実が紹介《しょうかい》されているので合っている。２は，「話のつじつま」がおかしいところがないので合わない。３は，「比ゆ表現」で昔のことをわかりやすくしているところはないので合わない。４は，方言が使われている会話はあるが，「年齢に合った話しことば」ということではないので合わない。

Memo

2024 年度 麹町学園女子中学校

【算　数】〈２月１日午後特待試験〉（45分）〈満点：100点〉

［注意事項《ちゅういじこう》］途中《とちゅう》の計算を消さないこと。

1 次の□にあてはまる数を求めなさい。

(1) $5727 - 3748 + 1252 = \square$

(2) $144 \times 5 \div 12 - (12 + 9 \div 3) = \square$

(3) $1.47 \div 0.42 + 1.68 \times 3.5 = \square$

(4) $0.75 + \left\{4 - \left(4 - \frac{1}{2}\right) \div 7\right\} \div 2.5 - \left(1\frac{1}{3} - \frac{7}{12}\right) = \square$

(5) $4 \times \left\{15 + \left(33 - \square \times 4\right)\right\} \div 12 = 12$

2 次の□にあてはまる数やことばを求めなさい。

(1) 0.16日は，□時間□分□秒です。

(2) 2つの整数72と□の最大公約数は18，最小公倍数は504です。

(3) ある年の4月8日は月曜日でした。このとき，同じ年の7月20日は□曜日です。

(4) 530個のボールを，大箱に35個，小箱に20個ずつ詰《つ》めたところ，あわせて20箱使い，ボールは10個あまりました。使った大箱は□箱です。

(5) Ａさんと B さんは１周 1080 m の池の周りを同じ方向にジョギングします。Ａさんは分速 75 m，B さんは分速□m の速さで同時に出発すると，90 分後にはじめてＡさんはＢさんを追い越《こ》します。

(6) [1]，[2]，[3]，[4] の４枚のカードがあります。この４枚のカードを並《なら》べかえて作ることができる４けたの整数のうち，偶数は□個あります。

3 和が 194 である３つの数Ａ，Ｂ，Ｃがあります。ＡはＢとＣの和より 14 大きく，ＢはＣより 54 大きいです。このとき，次の問いに答えなさい。

(1) Ｃの数を求めなさい。

(2) Ａの数を求めなさい。

4 右の図は，１辺の長さが 10cm の立方体から，１辺の長さが 6cm の立方体をくりぬいた形の容器です。この容器に水を入れたとき，次の問いに答えなさい。ただし，容器の厚みは考えないものとします。

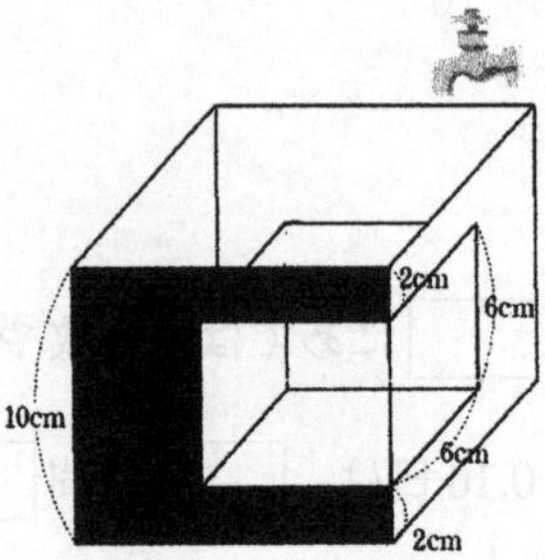

(1) この容器に水をいっぱいに入れました。入れた水は何 cm^3 ですか。

(2) この容器に底面から 6cm の高さまで水を入れました。入れた水は何 cm^3 ですか。

(3) (2) の状態で容器にふたをして，黒くぬられた面が底面になるように置きかえました。このとき水の高さは何 cm になりますか。

5 ある商品を定価の３割引で売ると720円の利益があり，定価の５割引で売ると200円の損失が出ます。このとき，次の問いに答えなさい。ただし，消費税は考えないものとします。

(1) この商品の定価はいくらですか。

(2) この商品の原価はいくらですか。

6 右の図のように数が規則《きそく》的に並んでいます。たとえば，２行目４列の数は15です。このとき，次の問いに答えなさい。

	1列	2列	3列	…			
1行	1	4	9	16	…		
2行	2	3	8	15			
3行	5	6	7	14			
⋮	10	11	12	13			
	17	18					
	⋮						

(1) １行目６列の数を求めなさい。

(2) 150は何行目何列の数ですか。

【社　会】〈２月１日午後特待試験〉（理科と合わせて50分）〈満点：50点〉

1　次の文章を読んで、問いに答えなさい。

昨年の夏はコロナ禍による様々な規制が緩和され、日本には世界中からたくさんの観光客がやってきました。中でもニュースでたびたび取り上げられていたのは富士山の登山者の急増です。

富士山は①静岡県と（　②　）県にまたがる③火山で、2013年に（　④　）の世界文化遺産に登録されました。しかし、世界遺産に登録される際には、登山者が出す⑤ゴミなど環境保全が課題としてあげられました。

世界文化遺産として登録された富士山はその周辺の神社、⑥湖、樹海、洞穴などと合わせて、様々な芸術の題材として取り上げられています。例えば『⑦奥の細道』を著した松尾芭蕉が秋の富士山を詠《よ》んだり、葛飾北斎が『富嶽三十六景』の中でいくつも富士山を描いたりしています。中でも現在の⑧静岡市にあった由比宿から見た富士山が有名です。

富士山の環境保全の課題解決に向けて（　②　）県は、五合目まで現在通っている道路の代わりに⑨富士山登山鉄道を建設することを計画しています。観光客を適切に受け入れながら、富士山の美しさも守っていくこと、また富士山の⑩観光業に携《たずさ》わる人の生活を守り発展させること、同時に様々な問題に対応するためにどうしたらよいかを考えることが大切です。

問１．
下線部①について、下のア～エは静岡県、青森県、長野県、沖縄県の農業産出額上位５品目です。このうち静岡県にあてはまるものを、下の選択肢から１つ選んで、記号で答えなさい。

	ア.	イ.	ウ.	エ.
１位	りんご	ぶどう	肉用牛	鶏卵
２位	米	米	さとうきび	みかん
３位	ブロイラー	りんご	豚	米
４位	鶏卵	レタス	菊（切り花）	茶（生葉）※
５位	豚	はくさい	鶏卵	荒茶※

（農林水産省ホームページより　令和３年）

※生葉とは茶の葉をつんだもの、荒茶とは製品にするために加工された途中の段階の茶葉です。

問２．
（　②　）にあてはまる県名を答えなさい。

問３．

下線部③について、熊本県にあり世界最大のカルデラをもつ火山を答えなさい。

問４．

（　④　）にあてはまる国連機関をカタカナで答えなさい。

問５．

下線部⑤について、ゴミを処理する清掃工場は、焼却処理《しょうきゃくしょり》の施設《しせつ》として「煙突《えんとつ》」の地図記号が使われることがあります。煙突の地図記号を、下の選択肢から１つ選んで、記号で答えなさい。

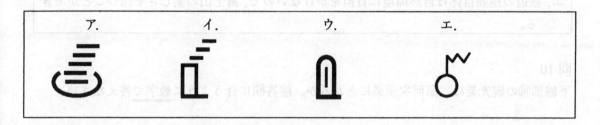

ア．　　イ．　　ウ．　　エ．

問６．

下線部⑥について、日本で最も面積の大きい湖を答えなさい。

問７．

下線部⑦について、『奥の細道』は松尾芭蕉が東北地方から北陸地方を旅したときに著した俳句および旅の記録です。東北地方にも北陸地方にもあてはまらない県を、下の選択肢から１つ選んで、記号で答えなさい。

ア．石川県	イ．福島県	ウ．山形県	エ．岐阜県

問８．

下線部⑧について、静岡市やその周辺の自治体を含む工業地域を答えなさい。

問9．

下線部⑨について、富士山登山鉄道を建設し登山客が利用するようになることで、環境保全にどのような効果が得られると期待できますか。あてはまらないものを下の選択肢から1つ選んで、記号で答えなさい。

ア．富士山に入る自動車が減少するため、排気ガスを抑えることができる。
イ．富士山に登るには鉄道を利用しなければならないので、登山者の数を管理することができる。
ウ．登山道を通る観光客が少なくなるので、植物が保護されたり、ゴミのポイ捨てなどを減らすことができる。
エ．鉄道の建設自体は自然環境に負担をかけないので、富士山の美しさを保つことができる。

問10．

下線部⑩の観光業は、第何次産業にあたるか、解答欄に合うように数字で答えなさい。

2 次の文章を読んで、問いに答えなさい。

島根県は中国地方にある県です。近代以前は「(　①　)」や「(　②　)」といわれていた地域です。県内には地図中Aの(　①　)大社という神社や地図中Bの(　②　)銀山という世界遺産があり、多くの観光客がこの地を訪れます。③平安時代から(　①　)大社には10月に全国の神々が集まるといわれており、④全国では神がいなくなることから「神が無い月」として10月を神無月といっていました。(　②　)銀山は戦国時代から江戸時代にかけて最盛期をむかえた鉱山で、この時期には⑤大内氏、尼子氏、毛利氏、⑥豊臣氏、徳川氏と多くの大名家がこの鉱山をめぐって対立を繰り返しました。

この2つの観光地以外でも多くの史跡があります。⑦地図中Cの荒神谷《こうじんだに》遺跡や地図中Dの加茂岩倉《かもいわくら》遺跡からは、多くの銅剣や銅鐸《どうたく》が発掘されました。この発掘された銅剣や銅鐸は近くの博物館に展示されています。この博物館では⑧「国引き伝説」などの説明がされていて、この地域の伝承を知ることができます。また、宍道《しんじ》湖の東の地図中Eには国宝である松江城があります。築城当時の天守閣が現存している貴重な城です。この城の周辺には⑨小泉八雲の旧邸があります。小泉八雲は、ラフカディオ＝ハーンが日本国籍を取得した後の名前で、現在の東京大学で英文学を教えていました。さらに、『怪談』という著作も残しています。

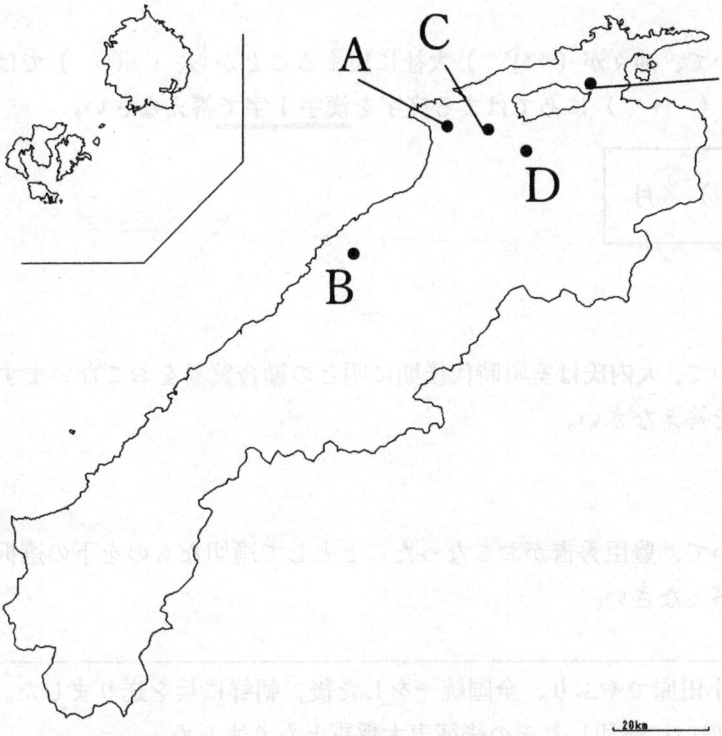

図　島根県の地図（HP「CraftMAP」の白地図を利用）

問 1.
（　①　）にあてはまる語句を答えなさい。

問 2.
（　②　）にあてはまる語句を答えなさい。

問 3.
下線部③について、下の平安時代に起きた出来事について述べた文を、起きた時期が古い順に並べ替えて、記号で答えなさい。

ア．源頼朝の元に集まった武士が壇の浦の戦いで平家を滅亡させ、武家政権の基礎をつくりました。
イ．桓武天皇は新しい政治をおこなうために、新しい土地に都をうつしました。
ウ．藤原道長は４人の娘を天皇のきさきとし、約 30 年間政治の実権をにぎりました。

問 4.

下線部④について、神々が（　①　）大社に集まることから、（　①　）では10月をなんと呼んでいたか、（　＊　）にあてはまる文字を漢字１字で答えなさい。

神　（　＊　）　月

問 5.

下線部⑤について、大内氏は室町時代後期に明との勘合貿易をおこないます。この勘合貿易を始めた人物を答えなさい。

問 6.

下線部⑥について、豊臣秀吉がおこなったこととして適切なものを下の選択肢から 1 つ選んで、記号で答えなさい。

ア．北条氏を小田原でやぶり、全国統一をした後、朝鮮に兵を送りました。
イ．関ヶ原の戦いに勝利し、その後征夷大将軍となりました。
ウ．その当時勢いのあった大名の助けをかりて、室町幕府の将軍となりました。
エ．桶狭間の戦いで今川義元をやぶり、のちに京都へ進出しました。

問 7.

下線部⑦について、これらは何時代の遺跡か、もっとも適切なものを下の選択肢から 1 つ選んで、記号で答えなさい。

ア．旧石器時代　　イ．古墳時代　　ウ．縄文時代　　エ．弥生時代

問 8.

下線部⑧について、「国引き伝説」が記されていた、奈良時代に天皇の命令でその土地の伝承や伝説などが各地でまとめられたといわれる書物を下の選択肢から 1 つ選んで、記号で答えなさい。

ア．『古事記』　　イ．『懐風藻《かいふうそう》』　　ウ．『風土記』　　エ．『万葉集』

問 9.

下線部⑨について、明治時代に小泉八雲のように西洋の学問などを紹介するため学校や政府につとめた外国人を何と呼ぶか答えなさい。

3 次の会話を読んで、問いに答えなさい。

(先　生) 2024年の①G7(主要国首脳会議)は6月にイタリアで開かれます。

(まち子) 2023年は日本でおこなわれていましたよね。連日ニュースで報道されていました。

(先　生) よく覚えていましたね。各国の首脳やグテーレス②国際連合事務総長らが原爆ドームなどを見学し、唯一の③被爆国《ひばくこく》として平和に関するメッセージを世界に発信していました。

(まち子) ゼレンスキー大統領も来日してスピーチしていたのが印象的でした。

(先　生) 2022年に④ロシアがウクライナに侵略してから今まで長く戦闘が続いています。一日でも早く戦闘が終わるように世界全体で支援をする必要がありますね。

(まち子) 早く世界が⑤平和になるといいですね。

(先　生) そうですね。2024年は「平和の祭典」である⑥オリンピックが開かれますよね。

(まち子) とても楽しみです。中学校では運動部に入りたいと思っているので、今年の夏は自分もスポーツを頑張りながら、日本代表の選手達を精一杯応援したいです!

(先　生) 今から夏が待ち遠しいですね。

問1.
下線部①について、2023年にG7がおこなわれた際の日本の内閣総理大臣の氏名を答えなさい。

問2.
下線部②について、国際連合の常任理事国は現在5カ国です。アメリカ・ロシア・フランス・イギリスともう1カ国を下の選択肢から1つ選んで、記号で答えなさい。

ア. 日本	イ. 中華人民共和国	ウ. ドイツ	エ. イタリア

問3.
下線部③について、日本は核兵器を「持たない、つくらない、持ち込ませない」という3つの原則を掲げています。この原則を答えなさい。

問4.

下線部④について、ロシアがウクライナに侵略した理由の1つは、ウクライナがアメリカやヨーロッパの一部の国などでつくる軍事同盟に加盟することにロシアが反発したからだとされています。この軍事同盟の名称をアルファベットであらわしたものを下の選択肢から1つ選んで、記号で答えなさい。

ア. ASEAN	イ. TPP11	ウ. NATO	エ. EU

問5.

下線部⑤について、日本国憲法には3つの重要な柱があり「平和主義」はその1つで、残る2つは「国民主権」と「(　＊　)の尊重」です。(　＊　)にあてはまる語句を漢字5字で答えなさい。

問6.

下線部⑥について、2024年にオリンピックがおこなわれる都市を答えなさい。

4 次の文はまち子さんがお母さんと一緒にデパートに出かけたときの日記です。これを読んで問いに答えなさい。

今日は母と一緒に①日本橋のデパートに出かけました。来週の祖母の誕生日プレゼントを買うことが目的でしたが、デパートには珍しいものがたくさん売っているので、私も母もとても楽しく買い物することができました。

祖母は石川県の出身なので、最初にふるさとの②石川県の工芸品を見に行くことにしました。高級なものが多く、③消費税も合わせて考えると予算を超えてしまいそうでしたが、母と相談してすてきなプレゼントを決めることができました。

その後、食品売り場に行き、祖母が好きな果物を見て回りました。④国産のパイナップルが売っていたので驚きました。近所のスーパーで買うパイナップルは日本より温暖なフィリピン産ばかりだからです。

デパートには⑤スーパーやコンビニでは買えないものを扱《あつか》っているので、色々な品物を見ているだけでもとても楽しかったです。

問1.

下線部①について、日本橋は江戸時代に「五街道」の起点として栄えました。五街道のうち、歌川広重の浮世絵にもよく描かれた、江戸と京都を結ぶ街道を答えなさい。

問2.

下線部②について、石川県の伝統的工芸品としてあてはまるものを、下の選択肢から1つ選んで、記号で答えなさい。

ア．南部鉄器	イ．輪島塗	ウ．瀬戸焼	エ．西陣織

問3.

下線部③について、消費税について説明した文として正しいものを、下の選択肢から1つ選んで、記号で答えなさい。

ア．消費税は税を納める人と負担する人が同じ直接税です。
イ．現在の消費税は10％で、すべての商品に同率にかけられています。
ウ．消費税についての法律は、内閣の閣議を経て成立しました。
エ．消費税は国だけでなく地方公共団体にもふりわけて使われています。

問4.

下線部④について、パイナップルの生産量が日本一の都道府県を答えなさい。

問5.

下線部⑤について、そのお店にお客さんが来てくれる範囲《はんい》を「商圏《しょうけん》」といいます。デパート、スーパー（スーパーマーケット）、コンビニ（コンビニエンスストア）を商圏の大きい順に並べたものとして正しいものを、下の選択肢から1つ選んで、記号で答えなさい。

ア．コンビニ→スーパー→デパート
イ．スーパー→コンビニ→デパート
ウ．デパート→コンビニ→スーパー
エ．デパート→スーパー→コンビニ

問6.

下線部⑤について、近年では地方の小さな企業でも、その「商圏」は日本全国に、あるいは世界規模で拡大しているといわれています。それはなぜか説明しなさい。

【理　科】〈２月１日午後特待試験〉（社会と合わせて50分）〈満点：50点〉

〈編集部注：実際の試験問題では，１の図と写真はカラーです。〉

１

日本には「美《ちゅ》ら海《うみ》水族館」や「海遊館《かいゆうかん》」など、100 以上の水族館が存在しています。ある日、まちこさんは大きな水そうの展示が有名な、水族館に行きました。水族館の展示に関する問に答えなさい。

この水族館には、日本のある“川Ａ”に昔生息していた生物を展示している水そうがありました。まちこさんは、この水そうにいる生物の種類を、表１のようにまとめました。そして、実際の“川Ａ”に生息している生物を調べてみたところ、表２のようになっていることがわかりました。

表１　昔の 川A を再現した水そうにいる生物	
ギンブナ	在来種
エゾウグイ	在来種
ニジマス	外来種
フクドジョウ	在来種
ニホンザリガニ	在来種
ハナカジカ	在来種
エゾサンショウウオ	在来種

表２　今の 川A に実際に生息する生物	
ギンブナ	在来種
エゾウグイ	在来種
ニジマス	外来種
フクドジョウ	在来種
タイリクバラタナゴ	外来種
エゾサンショウウオ	在来種
カミツキガメ	外来種

表１と表２を見比べると、今の川Ａには生息していて、昔の川Ａには生息していない生物と、逆に昔の川Ａには生息していて、今の川Ａには生息していない生物がいることがわかります。

問１　なぜ昔は生息していなかった生物が今の川Ａに生息しているのでしょうか。その理由として考えられるものを、ア～エからすべて選び、記号で答えなさい。

ア．　人間がペットや鑑賞《かんしょう》の目的で外国から連れてきて、様々な理由で川Ａに逃《に》がしてしまったから
イ．　外国から飛行機で送られた貨物に紛《まぎ》れて日本にやってきた後、川Ａに住み着いてしまったから
ウ．　外国から人間が食料にするために持ち込んだ後、水そうなどから川Ａに逃《に》げてしまったから
エ．　外国のもともとの生息地から、海流に乗って日本にやってきた後、川Ａに住み着いたから

問２　あなたのクラスでは、「川Ａを昔の状態に近づけるために私たちができること」というテーマで意見を出し合うことになりました。あなたはどのような意見を出しますか。あなたの考えを簡単に説明しなさい。

次に、「チョウチンアンコウ」などの、深海魚の展示が行われているブースにまちこさんはやってきました。これ以降の文中に出てくる“深海”とは、水深 1000 ｍ 付近のことを指します。

まちこさんが深海の環境《かんきょう》について調べてみると、深海の水温は年間を通じて 2～4℃ くらいであることがわかりました。また、水面付近の水温は場所や季節によって変化し、例えば夏の日本近海の水面付近の海水温は、平均 25℃ということもわかりました。そこでまちこさんは、海の温度に注目し、次の実験を行いました。

① 25℃の海水と、2℃に冷やした海水をそれぞれ異なるビーカーに、同じ量を用意する。

② 25℃の海水は赤い絵の具で、2℃の海水は青い絵の具で色を付ける。

③ この2℃の色を付けた海水が入ったビーカーに、25℃の色を付けた海水を静かに注ぐ。

④ ビーカーの中の色の様子を観察する。

問３　③の直後、ビーカーの中はどのようになりますか。その様子として最も近いものをア～ウから１つ選び、記号で答えなさい。

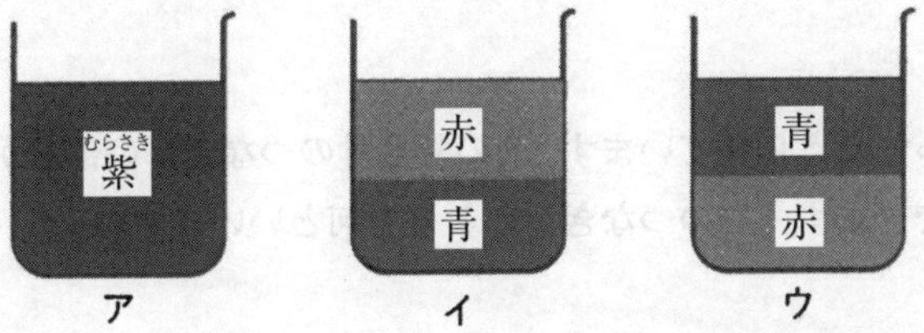

問４　空気や水が抜《ぬ》けにくい袋《ふくろ》に、深海の水温まで冷やした海水を空気が入らないようにパンパンに詰《つ》め、夏の日本近海の海面に浮《う》かせました。この後、袋はどのようになると考えられますか。適切なものをア～エから１つ選び、記号で答えなさい。袋の重さや材質による影響《えいきょう》は考えないものとします。

ア．破裂《はれつ》する　　イ．宙《ちゅう》に浮く　　ウ．沈《しず》んでいく　　エ．海面をただよう

まちこさんは、イワシやサメなどが一緒《いっしょ》に泳いでいる大きな水そうの前にやってきました。そこであることに気が付いたまちこさんは、飼育員さんに質問しました。次の会話文を読み、以下の問に答えなさい。

まちこさん：こんにちは。少し気になったことがあるのですが、質問してもいいですか？

飼育員さん：こんにちは！　どんな質問かな？

まちこさん：この大きな水そうのイワシは、サメに食べられないのですか？

飼育員さん：実は大丈夫《だいじょうぶ》なんだ！イワシがサメに食べられないために、サメは常に満腹の状態になるようにえさをあげるなどの工夫《くふう》をしているんだ！　でもまれにがまんできなくなったのか、サメがイワシを食べてしまうこともあるそうだよ。私は見たことないけどね。

まちこさん：ではなぜ同じ水そうに展示されているのですか？

飼育員さん：それはね。イワシが大群（図１）を作っている姿を見やすくするためなんだ。これは、「食べる―食べられる」の関係を利用しているんだよ。

まちこさん：そうなんですね！　ありがとうございます！

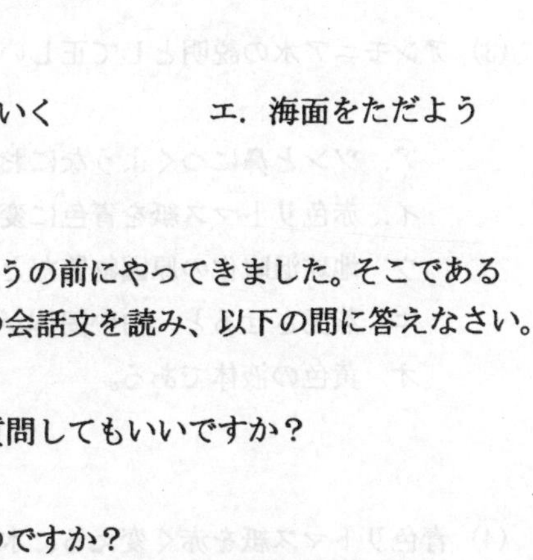

図1　美ら海水族館でのイワシの大群の様子

問５　イワシは背骨を持つ生き物（セキツイ動物）の中の、何類に分類することができますか。

問６　会話文中の下線部について、このような関係を何と呼びますか。

問７　イワシは図１のような大群を作る特ちょうがあります。この特ちょうは、イワシが生きていくうえでどのような利点があると考えますか。あなたの考えを簡単に説明しなさい。

2

(1) 私たちの体は骨によって支えられています。その骨と骨のつなぎ目の部分が動くことにより、私たちは体を動かすことができます。このつなぎ目のことを何といいますか。

(2) 私たち人間やメダカなどのほとんどの動物は、子孫をふやすためにオスの精子とメスの卵が必要です。この２つが結びついてできる卵を特に何といいますか。

(3) アンモニア水の説明として正しいものをア～オからすべて選び、記号で答えなさい。

ア．ツンと鼻につくようなにおいがする。
イ．赤色リトマス紙を青色に変える。
ウ．地球温暖化の原因物質だと考えられている。
エ．蒸発させると、白い固体が残る。
オ．黄色の液体である。

(4) 青色リトマス紙を赤く変える、水よう液の性質を何といいますか。

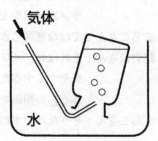

(5) 右図のような方法では集めることができない気体をア～エから１つ選び、記号で答えなさい。

ア．酸素　　イ．ちっ素　　ウ．二酸化炭素　　エ．アンモニア

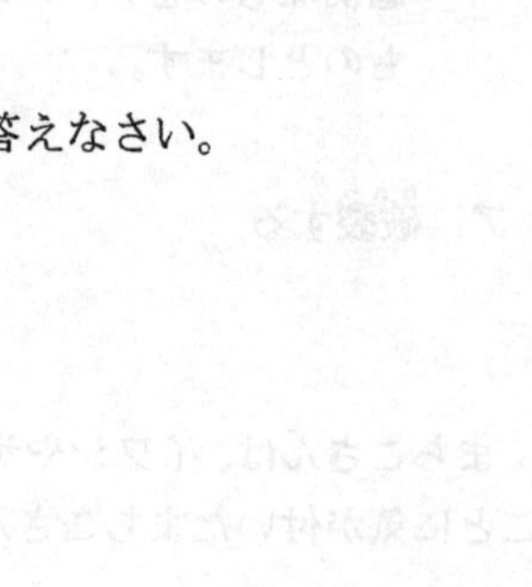

(6) 川を流れる水には、川底や川岸をけずりとるはたらきがあります。このようなはたらきを何といいますか。

(7) 右図は冬の代表的な星座のモデル図です。冬の大三角を作らない星を、ア～エから１つ選び、記号で答えなさい。

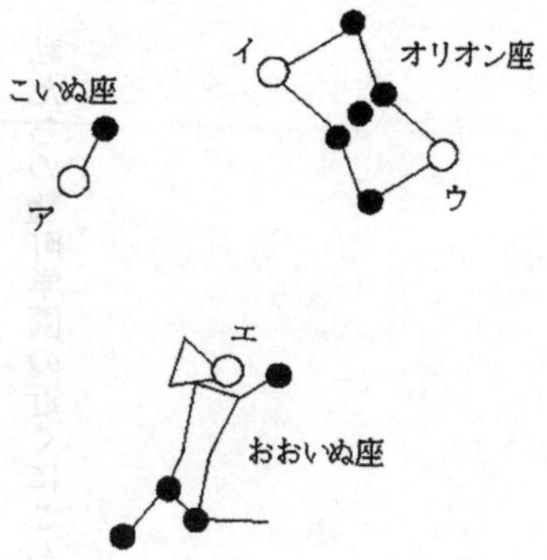

(8) 次の文の空らんに入る語句をそれぞれ答えなさい。

空気中の水蒸気が冷やされて、水のつぶとなり浮《う》かんでいるものを雲といい、これが地上に接すると、(　①　)といわれる。これは風が(　②　)く、朝や夜など冷《ひ》え込《こ》んだときに見られやすい。

(9) 図のような様々なふりこを作り実験を行いました。１往復する時間が ①最も長いもの と、 ②最も短いもの は図のア～エのどれですか。図のア～エの中から１つずつ選び、記号で答えなさい。ただし、おもりの形と大きさはすべて同じです。
また ○の重さは、●の重さよりも軽くなっています。

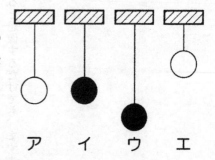

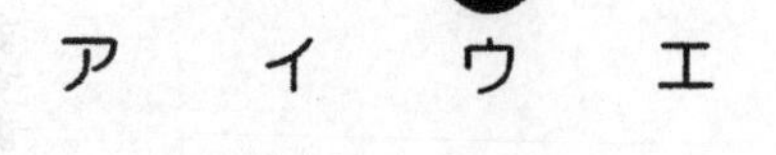

(10) 電磁石は、電流の流れる向きが反対になると、どうなりますか。最も適切なものをア～エから１つ選び、記号で答えなさい。

ア．磁石のはたらきがなくなる　　イ．N極とS極が入れかわる
ウ．磁石のはたらきが強くなる　　エ．大きく変わることはない

問九、麹町学園の五名の生徒が、この物語の表現や内容について話し合っています。空らん（　イ　）～（　ハ　）に入ることばを、それぞれ（　）内に書かれている文字数で本文中からぬき出しなさい。なお、同じ記号には同じことばが入ります。

こゆきさん　この物語は私たちの通う麹町学園のあたりが舞台になっていて、読んでいてとても現実味があって楽しかったわ。みんなはどんな表現や内容がいいと思った？

うみかさん　私は、この物語にえがかれている季節の表現がいいと思ったわ。もう春が近いということがわかる表現が何カ所かあったわよね。「美智子さん」と「紀美ちゃん」が食事をする場面に「二月も末」とあるけれども、それだけではなく、最後に「（　イ　十二字　）」などとも表現していて、麹町学園近辺の春の雰囲気が手に取るようにわかったわ。

じゅんさん　私は、この物語の行く末が気になってしまったわ。きくさんは、「（ロ　四字　）」に行って「明弘おじさん」に会うことを信じて、それをはげみに生きているのに、実は「明弘おじさん」は「（　ロ　）」にはいなかったなんて、きくさんがかわいそうだった。

まりこさん　私は、二人の娘どうしの間がらがいいなと思ったよ。「（　ハ　二十七字　）」という関係のおかげで、逆にたがいを思いやることができていて、すてきだなと思ったわ。

ちえさん　私たちの麹町学園の近くにこんなあたたかな家族が住んでいると想像するだけでも、ますます麹町という場所に愛着がわくね。

問五、――線部④「やや奇妙な感じを持った美智子さんだった」とありますが、なぜ奇妙な感じを持ったのですか。もっともふさわしいものを次から一つ選び、番号で答えなさい。

1、タクシーの運転手が、美智子さんたちの話をずっと盗《ぬす》み聞きしていたことがわかり不快に感じたから。
2、タクシーの運転手が、まるで知り合いかのように桜の木の思い出話をし始めたことを不審《ふしん》に思ったから。
3、タクシーの運転手が、車代を払《はら》う時にまったく関係のない話をし始めた理由が理解できなかったから。
4、タクシーの運転手が、指定した場所とは異なる場所に車をとめたことに気づかないことを不満に感じたから。

問六、――線部⑤『大きなお肉だったの』とありますが、紀美ちゃんは美智子さんにどのようなことを伝えたかったのですか。本文中での「大きなお肉」が、この家族にとってどのような象徴であるのかも明らかにした上で、本文中のことばを使って、五十字以上六十字以内で説明しなさい。

問七、――線部⑥「行った」に対応する主語は何ですか。本文中からぬき出しなさい。

問八、本文の登場順に登場人物を並べると「きくさん」「富子さん」「美智子さん」「紀美ちゃん」となり、この四名は二組の親子です。次の図の空らん A ～ C に「富子さん」「美智子さん」「紀美ちゃん」のいずれかをそれぞれ入れ、関係図を完成させなさい。ただし、人物名は一度しか使えません。

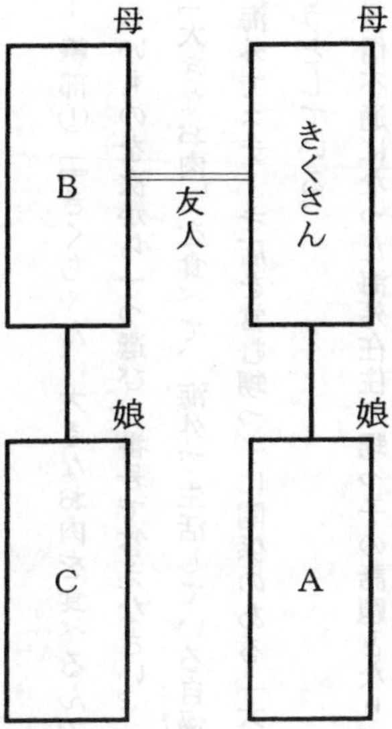

問一、空らん〈　Ａ　〉に入る慣用句としてもっともふさわしいものを次から一つ選び、番号で答えなさい。

1、気にさわった　2、気がしれなかった　3、気に食わなかった　4、気を揉《も》んでいた

問二、――線部①『きくちゃん、大きなお肉を食べるんでしょ』とありますが、富子さんのどのような気持ちが込められていますか。もっともふさわしいものを次から一つ選び、番号で答えなさい。

1、「大きなお肉」を食べて、海外で生活している自慢《じまん》の甥っ子を忘れられるよう、落ち込んでいるきくさんのことをはげまそうとしている。

2、海外でステーキ店を営む甥っ子に関係のある「大きなお肉」をあえて軽い調子で話題にして、甥っ子から連絡《れんらく》がないことの深刻さを軽くしようとしている。

3、音信不通になった海外在住の甥っ子の話題となり、気まずい空気が流れ始めたので、「大きなお肉」を食べることをすすめて話題を変えようとしている。

4、甥っ子がなかなか会いにきてくれないと落ち込んでいるにも関わらず、憧れの「大きなお肉」を食べたいという食欲はあるきくさんをからかおうとしている。

問三、――線部②「漠然とした不安とか将来の面倒な予感」とありますが、「漠然とした不安」とは具体的にどういう不安を指していますか。本文中から二十二字でぬき出しなさい。

問四、――線部③「舌は軽やかになった」とありますが、どのようなようすを説明したものですか。もっともふさわしいものを次から一つ選び、番号で答えなさい。

1、ことばがなめらかに出てくるようす。

2、うそや悪口などを次々と言うようす。

3、早口でさまざまなことを話すようす。

4、話す内容がつまらなくなったようす。

紀美ちゃんがゆっくり頷いた。

「お母さんは元気そうですねって言われたの。ちゃんと乗務員証も見たわ。庄司明弘って書いてあるやつを」

「で、どこのタクシー会社だったかも見た？」

「あ、それは見てなかった」

きつねにつままれたような顔の紀美ちゃんだった。

麹町の夜は静かで、二人の声は案外大きく響《ひび》く。蕾《つぼみ》がふくらみ出した桜の木の枝に三日月が引っかかっていた。細い月だった。

（中沢《なかざわ》けい『麹町《こうじまち》二婆《にばば》二《に》娘《むすめ》孫一人《まごひとり》』 設問の関係上、表記を改めている。）

※１　家政婦……家事を補助・代行する仕事をする女性。
※２　甥っ子……きくさんの甥。名前は庄司明弘《しょうじあきひろ》。
※３　エアチケット……飛行機に乗るためのチケット。航空券。
※４　代替物……かわりになるもの。
※５　観念的……頭の中で組み立てられただけのもので、現実的でないこと。
※６　外遊……政治家などが仕事で外国をたずねること。
※７　とりなさずにはいられない……なだめないわけにはいかない。
※８　ビストロ……フランス料理店の中でも気軽に入れる雰囲気《ふんいき》の店のこと。
※９　危惧……おそれ。心配。
※10　大妻通り……麹町地区にある通りの名前。
※11　お濠端の道……皇居の周囲を囲んでいる「内堀《うちぼり》通り」という道路のこと。
※12　興じて……おもしろがって。
※13　テールランプ……車の後部についているライトのこと。

いながら、美智子さんは同意する。運転手に麹町までの道順を告げたのは、紀美ちゃんだ。
「※10大妻《おおつま》通りを行けばいいんですね」
運転手が道順を確認《かくにん》する。美智子さんがそれに同意した。
「あのあたりはあんまり変わってませんね」
運転手が言うのを二人はそうそうと頷《うなず》いた。有楽町から麹町まで車で十五分とはかからない道だった。
今夜はもう面倒な話をするのはよそうと思うと美智子さんの③舌は軽《かろ》やかになった。すると紀美ちゃんの舌も軽やかになり、きくさんの悪い癖《くせ》やら富子さんが子猫《こねこ》のような声で甘《あま》える時の声音《こわね》やらが出てきた。
車が皇居の※11お濠端《ほりばた》の道に出た頃には、二人は朗《ほが》らかに富子さんやきくさんの話に※12興じていた。車が大妻通りから麹町の細い道に入った時、運転手が
「このあたりはほんと変わってませんね。でもあの桜の木は大きくなった」
と美智子さんの家の向かい側の桜の木のことを言った。「えっ」と、運転手の懐《なつ》かしそうな声に④やや奇妙《きみょう》な感じを持った美智子さんだったけれども、紀美ちゃんとどちらが車代を払《はら》うかの押《お》し問答が始まって、運転手に話しかける暇《ひま》を失った。
紀美ちゃんに「ここは私が払うから」と、結局、押し切られ、車から押し出された美智子さんだった。
すこし芽をふくらませた桜の木の枝が広がっている。
支払《しはらい》を済ませた紀美ちゃんが、何か言いたげに美智子さんの顔を見た。
タクシーの扉《とびら》がぱたんと閉まる。
※13テールランプの光が大妻通りのほうへ曲がって行った。
固まっていた紀美ちゃんの唇《くちびる》がようやく動いた。
⑤「大きなお肉だったの」
美智子さんは紀美ちゃんが何を言っているのか、すぐには解《わか》らなかった。
「あのタクシーの運転手さん、大きなお肉、じゃなくって明弘おじさんだった」
「えっ」
美智子さんは、たった今しがたタクシーが曲がって⑥行った大妻通りへ通じる道のほうを見た。
「ほんとに、おじさんだったの」

「大きなお肉にしたら」

美智子さんが笑った。

「大きなお肉ねえ」

紀美ちゃんがメニューを覗き込みながら考える。「大きなお肉」は単に食物を現《あらわ》す言葉ではなく、将来の幸福の代名詞になっていた。「大きなお肉」と唱えれば、それだけで希望が湧《わ》く魔法《まほう》の言葉だった。きくさんから始まったこの魔法の言葉は、まず富子さんに伝染《でんせん》し、それから美智子さんにも紀美ちゃんにも伝わった。

紀美ちゃんを美智子さんが食事に誘ったわけは、年寄り二人を抱《かか》えてやっていけるのかという不安を解消したいがためだった。紀美ちゃんと話をすれば智慧《ちえ》もまわり出すのではないかと、考えた美智子さんだった。

「大きなお肉もいいけれど、ちょっと食べられそうにないなあ。お野菜のお料理がいいかしら。なんだか難しそうな名前ばかりね」

有楽町《ゆうらくちょう》の駅からそれほど遠くないところに出来たばかりの※8ビストロを、美智子さんは見つけてあった。「けっこう人気になっているからちょっと覗いてみたいの」を口実にして紀美ちゃんを誘った美智子さんだったが、いざ、差し向かいで年寄り二人の行く末について話そうとすると、どう話して良いのか戸惑《とまど》う。ずっと一緒《いっしょ》に暮らして来てはいるけれども、親子でもなければ兄弟でもない、友達と言うには親し過ぎるという関係の微妙《びみょう》さが美智子さんを臆病《おくびょう》にしてしまう。へたをするときくさんと紀美ちゃんの親子に家から出て行けと言っているように聞こえかねないという※9危惧《きぐ》まで美智子さんは抱えていた。思い返してみると、そんな類いの騒《さわ》ぎがずっと昔、富子さんときくさんの間にあったような気がする。美智子さんは感情が複雑に絡《から》み合うような騒ぎに巻き込まれるのが嫌《いや》で、係《かか》わらないようにして来たから、詳《くわ》しいことは知らない。

【中略】

デザートは紀美ちゃんがチョコレートケーキを、美智子さんがオレンジのシャーベットを注文し、エスプレッソコーヒーを啜《すす》る頃になると、二人はすっかり満足して、②漠然《ばくぜん》とした不安とか将来の面倒《めんどう》な予感とかは、もうどうでもよくなっていた。いや、せっかくおいしいものを食べたのだからその幸福に傷をつけたくなかった。

「酔《よ》っぱらったから車で帰っちゃうか」

美智子さんが言った。

「時々、おもしろそうなところを見つけてご飯たべましょうよ」

拾ったタクシーに乗り込みながら、紀美ちゃんが言った。美智子さんにはなにかと遠慮《えんりょ》しがちな紀美ちゃんにしては珍《めずら》しいことを言うものだと思

六　次の文章を読んで、後の問いに答えなさい。（字数制限については、句読点・記号も一字と数えます。）

物語の舞台《ぶたい》は麹町《こうじまち》にある古い家で、この家には二組の親子が同居している。それぞれの親子は母親と娘《むすめ》の組み合わせで、母親同士に血のつながりはない。片方の母親は、以前この家の※1家政婦として働いていたが、今は年老いた母親同士で仲のよい友達のような関係である。また、登場人物の一人の「きくさん」には「庄司明弘《しょうじあきひろ》」という名の甥《おい》（自分のきょうだいの息子《むすこ》）がいる。甥はアメリカでステーキ店を営んでいるという内容の手紙（エアメール）を送ってきて以降、音信不通になっている。

※2甥っ子からエアメールが舞い込《まこ》んだ当初のような熱意はとうになくなったきくさんだった。あんまり返事がないので、何か悪いことに巻き込まれているのじゃないかと（　Ａ　）頃《ころ》もあったけれども、それも、いつしか便りがないのは無事な証拠《しょうこ》と自分に言い聞かせて信じ込んでしまった。今でも、甥っ子から※3エアチケットが届くことを心密《ひそ》かにきくさんが信じているのを富子《とみこ》さんは知っている。だから①「きくちゃん、大きなお肉を食べるんでしょ」なんて冷やかすように言うのだ。分厚《ぶあつ》く切られた大きなお肉をナイフとフォークで食べるというのは、きくさんの子どもの頃からの憧《あこが》れだった。で、富子さんときくさんは大きなお肉の話を始めた。

大きなお肉の話は、過ぎ去った空白の二十年の歳月《さいげつ》を埋《う》めるための、※4代替《だいたい》物みたいなものだ。大きなお肉をナイフとフォークで食べるというきくさんの憧れほど、※5観念的なものはない。もともときくさんはあまり肉を食べなかった。この頃は、肉を見るだけでも、ちょっとうんざりするというのが、ほんとうのところだ。しかし、「大きなお肉」と言うだけで、なんだか心の中の空白がすっぽりと埋まるような気がして、幸せになる。

また、いつかのようにエアメールが郵便ポストに投げ込まれているかもしれないと、信じたくなる。ある日突然《とつぜん》、玄関《げんかん》先にすっかり立派になった甥っ子が立っているなんてことがあるかもしれない。それを想像すると、きくさんは飛行機に乗れる体力だけは保っておかなければならないという気になる。新聞で政治家が※6外遊するという記事を見つけては年齢《ねんれい》を確かめ、まだ飛行機に乗れると安心するきくさんだった。それをまた富子さんに一生懸命《けんめい》話すものだから「今時、外遊なんて言うのはきくちゃんだけよ」と富子さんに笑われる。笑ってから「でもきくちゃんが飛行機に乗ってアメリカに行ったら、外遊ね」と、そう※7とりなさずにはいられない富子さんだった。

美智子《みちこ》さんが紀美《きみ》ちゃんを食事に誘《さそ》ったのは二月も末になった頃だ。革《かわ》表紙のメニューを覗《のぞ》き込みながら

問七、——線部⑤「必然」とありますが、「必然」ということばの使い方が正しいものを次から一つ選び、番号で答えなさい。

１、もらったお年玉は貯金をするのが必然だ。
２、私がこの友と出会えたのは、偶然《ぐうぜん》ではなく必然のできごとだ。
３、図書館で借りた本を期日までに返すのは必然だ。
４、必然に応じて、使うお金を増やしたり減らしたりする。

問八、——線部⑥「一石を投じる」とありますが、どのような意味ですか。もっともふさわしいものを次から一つ選び、番号で答えなさい。

１、まちがったことを正す
２、一部の人たちだけが気づくような影響《えいきょう》を与《あた》える
３、反響を呼ぶような問題を投げかける
４、多くの人たちが賛同して広めようとする

問九、この文章で述べられていることとして正しいものを次から二つ選び、番号で答えなさい。

１、現代の日本の教育現場では、自分で課題を設定する力を身につけることがあまり重視されていない。
２、「こうすればうまくいく」という成功話には、失敗する話がわざとかくされているのでうのみにしてはいけない。
３、昔の日本では、他人のマネをすることは失敗をしないで済ませることになるのでよくないといわれていた。
４、創造的な仕事をする場合に必要なのは、失敗しないことと、成功体験を正しい知識とともに他者に伝えることだ。
５、日本で「失敗は成功のもと」のよさが広まらないのは、失敗そのものによいイメージがないためである。
６、日本の多くの大学では、実社会でも通用する知識・教養の一つとして「こうやるとまずくなる」ということを教える。

問一、――線部①「失敗は成功のもと」とありますが、どういうことですか。これを筆者の経験に照らし合わせて言いかえている部分を25ページの本文中から四十五字で探し、はじめの五字をぬき出しなさい。

問二、――線部②「これ」とありますが、どのようなことを指していますか。次の説明文の空らん（イ）・（ロ）にことばを入れ、説明文を完成させなさい。ただし、（イ）に入る内容は本文中から四十一字で探し、はじめの五字をぬき出しなさい。また、（ロ）には五字程度で自分で考えて答えなさい。

（イ）が（ロ）こと。

問三、空らん［A］～［D］に入ることばとしてもっともふさわしい組み合わせになっているものを次から一つ選び、番号で答えなさい。

1、Ａしかし　Ｂでは　Ｃたしかに　Ｄなぜなら
2、Ａたしかに　Ｂなぜなら　Ｃしかし　Ｄでは
3、Ａしかし　Ｂたしかに　Ｃでは　Ｄなぜなら
4、Ａたしかに　Ｂしかし　Ｃなぜなら　Ｄでは

問四、――線部③「決められた設問に正確な解を素早く出す学習法」とありますが、これについて次の各問いに答えなさい。

(1) どういう方法ですか。これより前の本文中から二十六字で探し、はじめの五字をぬき出しなさい。

(2) 筆者はこれによって得られた知識はどのようなものにすぎなかったと述べていますか。これより後の本文中から六字でぬき出しなさい。

問五、空らん［★］に入ることばは何ですか。本文中から漢字二字でぬき出しなさい。ただし、同じ記号にはすべて同じことばが入ります。

問六、――線部④「できれば身につけていたい知識」とありますが、どのような知識ですか。「～知識。」につながるように、本文中のことばを使って、十五字以上二十五字以内で説明しなさい。

前の人よりも一ランク上の創造の次元から企画をスタートさせることができます。

この陰の世界の知識伝達には、さらに別の大きなメリットもあります。

じつは私もかつては大学の授業で、ある問題に対して決まった解を出す、「正しいやり方」のみを学生たちに指導していました。当時は、知識を身につけさせる上で、それが最短かつ効果的な方法と考えていたからです。

しかし結果として、「正しいやり方」を学んだ学生たちが身につけた知識は、表面的なものにすぎなかったのです。パターン化された既成《きせい》の問題にはきちんと対応できても、実際に新しいものを自分たちで考えさせてつくらせてみると、こうした知識はほとんど役に立ちません。それ以前の問題として、自分が新たにどういうものを生み出そうとするのか、肝心《かんじん》の課題設定さえ自分の力で行う能力が身についていない学生が数多くいました。

この問題点を解消するために、私は効果的な指導方法をいろいろと模索したのですが、その中で予期しないことが起こり、思いどおりにならない経験から真の理解の必要性を痛感することの有効性に気づきました。

大事なことはひとつには学ぶ人間が自分自身で実際に「痛い目」にあうこと、もうひとつは自分で体験しないまでも、人が「痛い目」にあった体験を正しい知識とともに伝えることです。後に詳《くわ》しく触《ふ》れますが、「痛い話」というのは、「人が成功した話」よりずっとよく聞き手の頭にも入るものなのです。

このように、陰の世界の知識、すなわち失敗経験を伝えることは、教育上大いに意義のあることですが、残念なことに失敗そのものには、「回り道」「不必要なもの」「人から忌《い》み嫌《きら》われるもの」「隠《かく》すべきもの」などといった負のイメージが常につきまとっています。そのせいか、いまの日本には、失敗体験が情報として積極的に伝達されることがほとんどありません。

本来は成功を生み出す「もと」であり「母」であるはずのものが、まったく生かされていないのは、非常にもったいないことです。この本で私が紹介《しょうかい》しようとしている「失敗学」が、いまの日本の中での失敗そのものの見方、扱《あつか》い方に⑥一石を投じるものになることを切に望んでいます。

（畑村洋太郎《はたむらようたろう》『失敗学のすすめ』設問の関係上、表記を改めている。）

※１　最高学府……大学などの、いちばん程度の高い学問を学ぶ学校。
※２　悲しいかな……悲しいことに。
※３　陽の世界……ここでは、「外からよく見える世界」の意味。※４「陰」の逆。
※４　陰の世界……ここでは、「かげにかくれて見えない世界」の意味。※３「陽」の逆。

五　次の文章を読んで、後の問いに答えなさい。（字数制限については、句読点・記号も一字と数えます。）

いまの日本の教育現場を見てみますと、残念なことに「①失敗は成功のもと」「失敗は成功の母」という考え方が、ほとんど取り入れられていないことに気づきます。それどころか、重視されているのは、決められた設問への解を最短で出す方法、「こうすればうまくいく」「失敗しない」ことを学ぶ方法ばかりです。

これは受験勉強にかぎりません。実社会でも通用する知識・教養を教える※1最高学府であるはずの大学での学習もまた同じです。失敗から学ぶ体験実習のように、自分の力で考え、失敗経験を通じて新たな道を模索《もさく》する、創造力を培《つちか》う演習が行われる機会は、※2悲しいかなほとんどありません。②これが、「日本人の欠点」として諸外国から指摘《してき》され、また、自らも自覚している「創造力の欠如《けつじょ》」にそのまま結びついているのではないでしょうか。

[A]以前は、ほかの人の成功事例をマネすることが、成功への近道だった時代がありました。そうした時代には、③決められた設問に正確な解を素早《すばや》く出す学習法が有効だったのは事実です。

[B]、ほかの人の成功事例をマネすることが、必ずしも自分の成功を約束するものではなくなったのがいまの時代です。昨日までの成功は、今日の成功を意味しません。そのような時代に大切なのは、やはり[★]力です。そして[★]力とは新しいものをつくりだす力を意味している以上、失敗を避《さ》けて培えるものではありません。

[★]力を身につける上でまず第一に必要なのは、決められた課題に解を出すことではなく、自分で課題を設定する能力です。あたえられた課題の答えのみを最短の道のりで出していく、いまの日本人が慣れ親しんでいる学習法では、少なくともいまの時代に求められている真の[★]力を身につけることはできません。

それでは、創造的な仕事をする場合、④できれば身につけていたい知識とはなんでしょうか？

それを知るためにも、自分が新しい企画《きかく》を考えるときの様子を想像してみることにしましょう。

あなたはまず、「こうすればうまくいく」という成功話を見聞きしたいと思うかもしれません。たしかに受験勉強などで、ある決められた仕事をこなすためには、「こうすればうまくいく」話はたいへん有効です。しかしあなたはじきに、「こうすればうまくいく」話だけでは不十分だということに気づくでしょう。[C]「うまくいく」話をもとにつくった企画は「どこかで見聞きした企画」にすぎないからです。

[D]そこで、本当に欲《ほ》しくなる話は何でしょうか。それがじつは「こうすればまずくなる」という失敗話なのです。

「こうすればうまくいく」といういわば※3陽の世界の知識伝達によって新たにつくりだせるものは、結局はマネでしかありません。ところが、「こうやるとまずくなる」という※4陰《いん》の世界の知識伝達によって、まずくなる⑤必然性を知って企画することは、人と同じ失敗をする時間と手間を省《はぶ》き、

三

次のア～オの文が表す図形として正しいものは、後の1～5のどれですか。それぞれ番号で答えなさい。ただし、同じ番号は二度以上使えません。

ア、円は四角形の内側にあり、その外側の離《はな》れたところに三角形がある。

イ、円の内側に四角形が接していて、さらにその内側に三角形が接している。

ウ、円と三角形は、一方がもう一方の内側に接していて、四角形がすべてを囲んでいる。

エ、四角形と三角形は辺で接しており、四角形の中に円がある。

オ、三角形の内側で円と四角形が重なっている。

1、
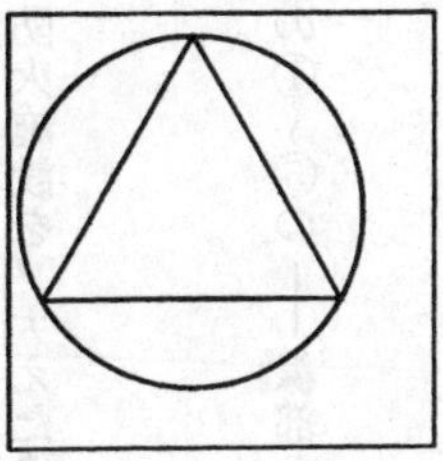

2、
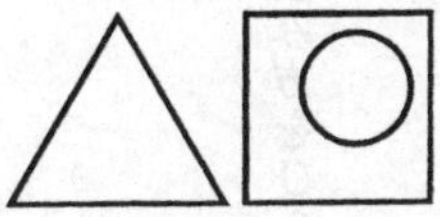

3、
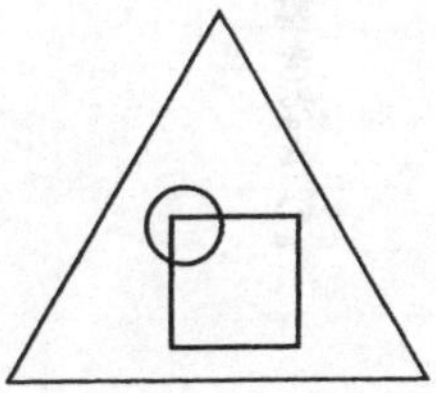

4、
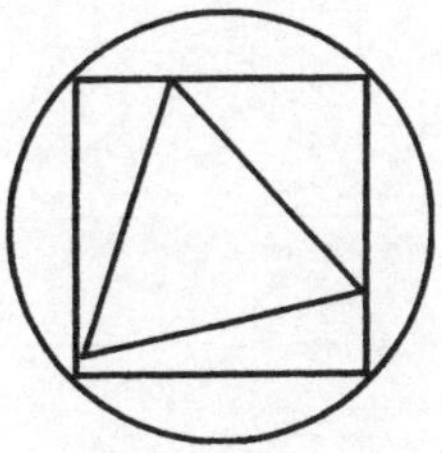

5、
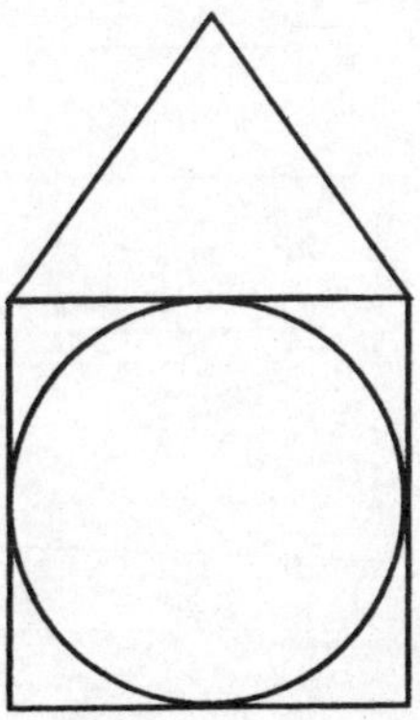

四

次のア～オの各文を読み、正しく使われている敬語を1～3から一つずつ選び、それぞれ番号で答えなさい。

ア、職員室に行って、「大築《おおつき》先生は（1、おりますか　2、ございますか　3、いらっしゃいますか）？」とたずねた。

イ、恩師からの連絡《れんらく》にずっと返事をしなかったことについて、おわびを（1、申しあげた　2、話された　3、おっしゃった）。

ウ、ピアノの先生が年賀状を（1、拝見した　2、さしあげた　3、くださった）。

エ、小学校の時の先生が私をご自宅に（1、連れていただいた　2、招いてくださった　3、うかがった）。

オ、小学校最後の給食を、担任の先生は私たちと一緒《いっしょ》に楽しそうに（1、めしあがった　2、お食べ申しあげた　3、いただいた）。

2024年度

麹町学園女子中学校

【国　語】〈二月一日午後特待試験〉（四五分）〈満点：一〇〇点〉

一　次の①～⑤の――線部のカタカナを漢字で書きなさい。

①　私の姉はオンワな性格だ。

②　人類のソンボウの危機。

③　時間をエンチョウして勉強する。

④　お墓にお花をソナえる。

⑤　防火施設《しせつ》をソナえた建物。

二　次の①～⑤の――線部の漢字の読み方をひらがなで書きなさい。

①　東北の復興に協力する。

②　産業と技術革新の基本を作る。

③　絵を額に入れて飾《かざ》る。

④　城下町に住む。

⑤　若気のいたり。

2024年度

麹町学園女子中学校　▶解　答

算　数　＜２月１日午後特待試験＞（45分）＜満点：100点＞

解　答

[1] (1) 3231　(2) 45　(3) 9.38　(4) $1\frac{2}{5}$　(5) 3　[2] (1) 3時間50分24秒　(2) 126　(3) 土曜日　(4) 8箱　(5) 分速63m　(6) 12個　[3] (1) 18　(2) 104　[4] (1) $784cm^3$　(2) $456cm^3$　(3) 6.72cm　[5] (1) 4600円　(2) 2500円　[6] (1) 36　(2) 13行目６列

社　会　＜２月１日午後特待試験＞（理科と合わせて50分）＜満点：50点＞

解　答

[1] **問1**　エ　**問2**　山梨(県)　**問3**　阿蘇山　**問4**　ユネスコ　**問5**　イ　**問6**　琵琶湖　**問7**　エ　**問8**　東海(工業地域)　**問9**　エ　**問10**　(第)３(次産業)　[2] **問1**　出雲　**問2**　石見　**問3**　イ(→)ウ(→)ア　**問4**　在(有)　**問5**　足利義満　**問6**　ア　**問7**　エ　**問8**　ウ　**問9**　お雇《やと》い外国人　[3] **問1**　岸田文雄　**問2**　イ　**問3**　非核三原則　**問4**　ウ　**問5**　基本的人権　**問6**　パリ　[4] **問1**　東海道　**問2**　イ　**問3**　エ　**問4**　沖縄県　**問5**　エ　**問6**　(例)　インターネットショッピングを利用することで，地方の小さな企業でも日本全国や世界中に商品を売ることができるようになったため。

理　科　＜２月１日午後特待試験＞（社会と合わせて50分）＜満点：50点＞

解　答

[1] **問1**　ア，ウ　**問2**　(例)　外来種を取りのぞく。　**問3**　イ　**問4**　ウ　**問5**　魚類　**問6**　食物連さ　**問7**　(例)　サメに食べられにくくなる。　[2] (1) 関節　(2) 受精卵　(3) ア，イ　(4) 酸性　(5) エ　(6) しん食(しん食作用)　(7) ウ　(8) ①　きり(もや)　②　弱　(9) ①　ウ　②　エ　(10) イ

国　語　＜２月１日午後特待試験＞（45分）＜満点：100点＞

解　答

一 下記を参照のこと。　二 ① ふっこう　② かくしん　③ がく　④ じょうか(町)　⑤ わかげ　三 ア ２　イ ４　ウ １　エ ５　オ ３　四 ア ３　イ １　ウ ３　エ ２　オ １　五 **問１** 予期しない　**問２** イ 自分の力で　ロ （例） ほとんどない　**問３** ４　**問４** (1) 「こうすれ　(2) 表面的なもの　**問５** 創造　**問６** （例） 「こうやるとまずくなる」という陰の世界の(知識。)　**問７** ２　**問８** ３　**問９** １・５　六 **問１** ４　**問２** ２　**問３** 年寄り二人を抱えてやっていけるのかという不安　**問４** １　**問５** ２　**問６** （例） 他人だと思っていたタクシーの運転手が，きくさんにとって将来の幸福につながる明弘おじさんだったということ。　**問７** タクシーが　**問８** A 紀美ちゃん　B 富子さん　C 美智子さん　**問９** イ 蕾がふくらみ出した桜の木　ロ アメリカ　ハ 親子でもなければ兄弟でもない，友達と言うには親し過ぎる

●漢字の書き取り

一 ① 温和　② 存亡　③ 延長　④ 供(える)　⑤ 備(えた)

Memo

Memo

2023 年度 麹町学園女子中学校

【算　数】〈２月１日午前試験〉（45分）〈満点：100点〉

［注意事項《ちゅういじこう》］途中《とちゅう》の計算を消さないこと。

1 次の□にあてはまる数を求めなさい。

(1) $3761 - 1845 + 155 = \square$

(2) $70 - 56 \div 7 \times 2 = \square$

(3) $6.48 + 12.24 + 13.52 + 17.76 = \square$

(4) $\left(2\frac{1}{6} + \frac{10}{3} \times 0.25\right) \div 2\frac{2}{5} - \frac{1}{4} = \square$

(5) $\left(120 - \square \div 2\right) \times 0.4 = 20$

2 次の□にあてはまる数を求めなさい。

(1) 0.05kmは□cmです。

(2) 現在，母が41才，子どもが9才です。母の年齢《ねんれい》が子どもの年齢の2倍になるのは，□年後です。

(3) ある仕事をこうじくんが1人で行うと15日で終わり，まちこさんが1人で行うと10日で終わります。この仕事をこうじくんとまちこさんの2人で行うと全部で□日かかります。

(4) 長さ120mの電車が400mのトンネルに入り始めてから出終わるまでに26秒かかったとき，この電車の速さは秒速□mです。

(5) 正五角形の1つの角の大きさは□度です。

(6) 4％の食塩水150gと10％の食塩水300gを混ぜると，□％の食塩水になります。

3 1個300円のお菓子を200個仕入れて，4割の利益を見込んで定価をつけて販売しました。一部が売れ残ったので定価の2割引で販売したところ，すべて売れました。このとき，次の問いに答えなさい。ただし，消費税は考えないものとします。

(1) お菓子の定価はいくらですか。

(2) すべてのお菓子が定価で売れていたら，全体の利益はいくらになりますか。

(3) 実際の利益は21984円でした。定価の2割引で売ったお菓子は何個ですか。

4 $\boxed{0}$，$\boxed{3}$，$\boxed{4}$，$\boxed{5}$の4枚のカードがあります。この中から3枚を選んで並べ，3けたの整数を作ります。このとき，次の問いに答えなさい。

(1) 偶数は全部で何通りできますか。

(2) 345より大きい整数は全部で何通りできますか。

5 整数Ａを整数Ｂで割ったときの余りがＣであることを，Ａ＊Ｂ＝Ｃと表すことにします。例えば，７＊２＝１，15＊３＝０です。このとき，次の問いに答えなさい。

(1) 2023＊21を求めなさい。

(2) (103＊35)＊□＝６のとき，□にあてはまる数をすべて求めなさい。

6 次の問いに答えなさい。ただし，円周率は3.14とします。

(1) 下の図で，長方形の内側を半径2cmの円が転がって１周するとき，円の中心が通った道のりを求めなさい。

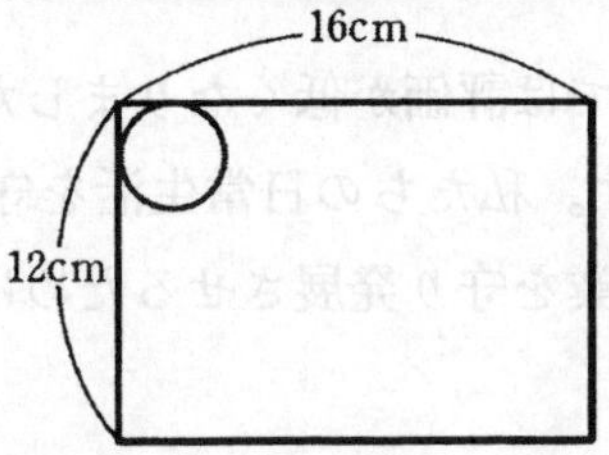

(2) 下の図で，長方形の外側を半径2cmの円が転がって１周するとき，円が通ったあとの面積を求めなさい。

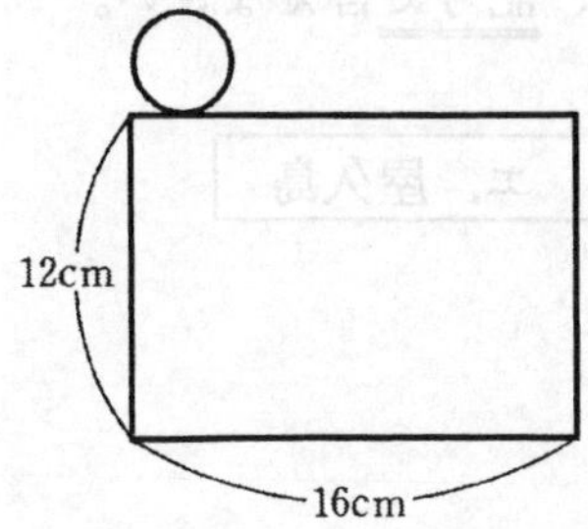

【社　会】〈２月１日午前試験〉（理科と合わせて50分）〈満点：50点〉

1　次の文章を読んで、問いに答えなさい。

昨年５月、世界経済フォーラムは2021年におこなわれた旅行・観光開発力の調査で、初めて日本が第一位になったことを発表しました。交通の便の良さやホテルなどの整備、また①日本各地にある観光地の魅力《みりょく》が高いと評価されたそうです。例えばこの調査の報告書では（　②　）県の厳島神社や③山梨県の新倉富士浅間神社から見た富士山の写真が取り上げられています。

④交通の便やホテルの整備は、2021年におこなわれた⑤東京オリンピック・パラリンピックの影響が大きいと考えられます。新型コロナウイルス感染症の流行により実際に⑥外国から観客を迎え入れることはできませんでしたが、長期間にわたってその準備を進めてきていたためです。

一方で、日本は⑦気候変動などの環境問題への対策の点では評価が低くなりました。近年の⑧豪雨災害で各地の観光地も大きな被害を受けています。私たちの日常生活を守るためだけでなく、⑨海外からの観光客をより増やし日本の観光業を守り発展させるためにも、環境問題への取り組みは重要だと言えます。

問1.

下線部①について、世界自然遺産として1993年に鹿児島県に属する島が登録されました。「縄文杉」で有名なこの島を、下の選択肢から１つ選んで、記号で答えなさい。

ア．奄美大島	イ．小笠原諸島	ウ．佐渡島	エ．屋久島

問2.

（　②　）にあてはまる県名を答えなさい。

問3.

下線部③について、山梨県が生産量第一位の果物を、下の選択肢から１つ選んで、記号で答えなさい。

ア．りんご	イ．みかん	ウ．ぶどう	エ．パイナップル

問4.

下線部④について、東京駅と新大阪駅を結ぶ新幹線を何というか答えなさい。

問 5.

下線部⑤について、東京オリンピック・パラリンピックをきっかけに、外国人にも分かりやすい地図記号が作成されました。下の表は従来の地図記号と外国人向けの地図記号を比較したものです。（　＊　）にあてはまる地図記号を、下の選択肢から１つ選んで、記号で答えなさい。

従来の地図記号	外国人向けの地図記号

（　＊　）	

ア. 
イ. 
ウ. 
エ. 

問 6.

下線部⑥について、千葉県にあり、出入国者数や貿易額が日本一である空港を答えなさい。

問 7.

下線部⑦について、2015 年に締結《ていけつ》された気候変動をおさえるための国際的な協定を答えなさい。

問 8.

下線部⑧について、2022 年夏の豪雨によって山形県の最上川が氾濫《はんらん》し大きな災害になりました。この最上川が流れる天童市の伝統工芸品を、下の選択肢から１つ選んで、記号で答えなさい。

ア．将棋駒《しょうぎこま》　　イ．会津塗　　ウ．南部鉄器　　エ．曲げわっぱ

問 9.

下線部⑨について、海外からの観光客に人気の地域として京都府があげられます。京都府が面する海を何というか、下の日本地図を参考にして漢字で答えなさい。

(地図)

2　次の文章を読んで、問いに答えなさい。

日本人の「なまえ」は2つの要素でできています。前半は名字で、後半は名前といっています。また、名字のことは①氏《うじ》ということもあります。本来、氏《うじ》と名字は別のものでした。氏《うじ》は公式に与えられたもので、名字は勝手に名乗っていたものです。鎌倉時代以降は、氏《うじ》と②名字を両方持つ人々が増えていきました。例えば、③足利尊氏は、氏《うじ》は源であり、名字が足利でした。正式な書類には「源朝臣《あそん》尊氏」と署名していました。しかし、④明治時代になると、人々に新たに氏《し》というものを登録させ、氏《うじ》や名字などから 1 つ選んで戸籍《こせき》に登録しました。

数ある氏《うじ》の中でもっとも有名なものが「源平藤橘《げんぺいとうきつ》」です。それぞれ源氏・⑤平氏・藤原氏・橘《たちばな》氏を指します。藤原氏以外は天皇家と親戚《しんせき》関係にあたる家です。藤原氏は大化の改新で活躍した中臣鎌足がその死にあたり（　⑥　）から与えられたものです。藤原氏は貴族の中で力を持ち、国司などになり地方に広がっていきました。そこで⑦新たな名字を名乗り定住していきました。例えば、伊豆にいた藤原氏の一部は伊藤と名乗りました。また、⑧豊臣秀吉はこの4氏に対抗して天皇から豊臣氏をもらいました。

江戸時代には、⑨武士の特権の中に名字帯刀というものがあって、庶民は公式に使用ができなかったものの、日常では使用していました。

問 1.

下線部①について、当時の天皇（大王）を中心とするヤマト政権は、天皇につかえる一族（氏《うじ》）に姓を与えて各地を支配していました。このような制度の名称を答えなさい。

問 2.

下線部②について、鎌倉時代になると武士たちは自分の土地を守るため、土地の名前を名字として名乗るようになりました。このように武士が自らの土地を命がけで守ることを何というか、漢字4字で答えなさい。

問 3.

下線部③について、足利尊氏と対立して、吉野に南朝をたてた天皇を答えなさい。

問4.

下線部④について、下の明治時代に起こった出来事を時代の古い順に並べ替えて、記号で答えなさい。

ア．政府は版籍奉還と廃藩置県をおこない、中央集権国家の体制をつくりました。
イ．朝鮮を巡って清と戦争となり、その結果日本が有利な下関条約を結びました。
ウ．大日本帝国憲法が施行《しこう》され、初めて衆議院の選挙がおこなわれました。

問5.

下線部⑤について、平氏が政治の中で権力を持ち、しだいに権力を失っていく様子を描いた、後に琵琶法師によって語られる軍記物語を答えなさい。

問6.

（　⑥　）にあてはまる天皇を、下の選択肢から1人選んで、記号で答えなさい。

ア．聖武天皇　　イ．天智天皇　　ウ．天武天皇　　エ．文武天皇

問7.

下線部⑦について、この新たな名字としてもっとも適切でないものを、下の選択肢から1つ選んで、記号で答えなさい。

ア．加藤　　イ．近藤　　ウ．佐藤　　エ．渡辺

問8.

下線部⑧について、豊臣秀吉について述べた文として適切なものを、下の選択肢から1つ選んで、記号で答えなさい。

ア．伊豆地方で幕府の役人をやぶったあと、小田原を制圧し関東地方で力を持ちました。
イ．足利義昭とともに京都に入り力を持ち、安土城を本拠地《ほんきょち》として楽市をおこないました。
ウ．関ヶ原の戦いで勝利して、のちに征夷大将軍となり、江戸幕府を開きました。
エ．関白となり全国統一に向けて各地を制圧する中、全国で検地をおこない、支配を強めました。

問9.

下線部⑨について、江戸時代に武士はぜいたくをしないようにと命令した、享保の改革をおこなった将軍を答えなさい。

3 次の文章を読んで、問いに答えなさい。

2022年7月10日、第26回①参議院議員選挙がおこなわれました。②選挙の数日前、元首相であった（　③　）が殺害されるという事件が起こりました。（　③　）は現職時代に「まじめに働いても暮らしがなかなかよくならない」という④日本経済の課題を克服するため、「デフレからの脱却」「富の拡大」を目指し、これらを実現するために経済政策として「3本の矢」を掲げました。

今回の参議院議員選挙では、自由民主党が単独で改選定数の124議席を確保し、同じ与党の（　⑤　）と、憲法改正に前向きな日本維新の会や国民民主党などの獲得した議席数を合わせると、⑥憲法改正に必要な議席の定数を維持しました。

そして岸田文雄首相は、衆議院を解散しない限りは大型国政選挙のない、いわゆる「黄金の3年」をむかえることになりました。

問1.
下線部①について、下のA・Bの文章は参議院と衆議院について書かれているものです。この文章の正誤の組み合わせとして適切なものを、下の選択肢から1つ選んで、記号で答えなさい。

A. 衆議院において被選挙権を持つことができるのは、満25歳以上の日本国民とされています。また、任期は4年ですが、任期の途中でも解散があると議員でなくなることもあります。
B. 参議院において被選挙権を持つことができるのは、満20歳以上の日本国民とされています。また、任期は6年です。

ア．A－正　B－正	イ．A－正　B－誤
ウ．A－誤　B－正	エ．A－誤　B－誤

問2.
下線部②について、選挙の当日に仕事の都合などで投票所に行けない人たちのために、それよりも前に投票をおこなうことができる制度がとられています。この制度を何というか答えなさい。

問3.
（　③　）にあてはまる人物名を答えなさい。

問 4.

下線部④について、日本は 1960 年代に経済成長率が年平均 10%を超え、諸外国にも例を見ない急速な経済成長を遂げました。このことを何というか答えなさい。

問 5.

（ ⑤ ）にあてはまる政党を答えなさい。

問 6.

下線部⑥について、憲法改正に必要な賛成数として適切なものを、下の選択肢から１つ選んで、記号で答えなさい。

ア．衆議院における総議員の３分の１以上
イ．参議院における総議員の４分の３以上
ウ．各議院における総議員の３分の２以上
エ．各議院における総議員の過半数

4　次の文章を読んで、問いに答えなさい。

①碓氷《うすい》峠《とうげ》は群馬県と長野県との境にあります。群馬県側には「峠《とうげ》の釜《かま》めし」で有名な横川駅が、長野県側には別荘地として有名な②軽井沢があります。

群馬県側には険しい坂道があり、昔より交通の難所として知られてきました。この坂道より東側という意味で、③関東地方は「坂東《ばんどう》」と呼ばれていました。

④平安時代には、悪事を働いた強盗などが他の地方に逃げないよう、通る人を取り調べるために初めて関所が置かれました。また、⑤江戸時代には常設となり、通行人の取り調べをおこないました。

明治時代以降も交通の難所でしたが、1993年に⑥上信越自動車道が、1997年に長野新幹線(今の北陸新幹線)が開通したことで、抜本的《ばっぽんてき》な輸送の改善がなされました。

今年は、江戸時代に碓氷に関所が置かれて400周年、上信越自動車道が開通して30周年を迎えることから、碓氷峠が多くの注目を浴びそうです。

問1.
下線部①について、碓氷峠の場所として適切なものを、下の地図の選択肢から１つ選んで、記号で答えなさい。

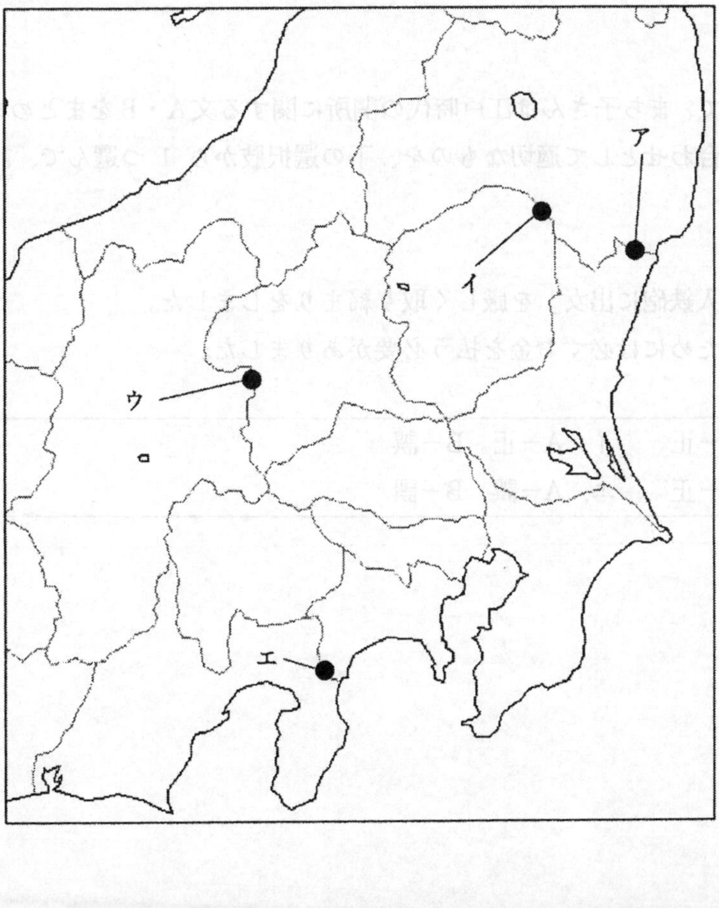

問2.

下線部②について、軽井沢に住む人の多くが宿泊や観光などのサービス業に携わっています。これらのサービス業は、産業分類では何に位置づけられるか、「第○次産業」の○に入る数字を答えなさい。

問3.

下線部③について、別名「坂東太郎」と呼ばれ、日本で一番の流域面積のある関東地方に流れる川を答えなさい。

問4.

下線部④について、平安時代に起こった出来事として適切なものを、下の選択肢から 1 つ選んで、記号で答えなさい。

ア．後鳥羽上皇が承久の乱を起こしました。
イ．最澄が日本に天台宗を伝えました。
ウ．白村江の戦いで唐・新羅の連合軍に敗れました。
エ．国分寺建立の詔が出されました。

問5.

下線部⑤について、まち子さんは江戸時代の関所に関する文A・Bをまとめました。この文章の正誤の組み合わせとして適切なものを、下の選択肢から 1 つ選んで、記号で答えなさい。

A．関所では「入鉄砲に出女」を厳しく取り締まりをしました。
B．関所を通るためには必ずお金を払う必要がありました。

ア．A－正　B－正	イ．A－正　B－誤
ウ．A－誤　B－正	エ．A－誤　B－誤

問6.

下線部⑥について、まち子さんは上信越自動車道の月別通行台数をグラフにして、調査結果A・Bとしてまとめました。調査結果A・Bにある交通量が減ったのはどのような理由によるものと考えられるか、それぞれ説明しなさい。

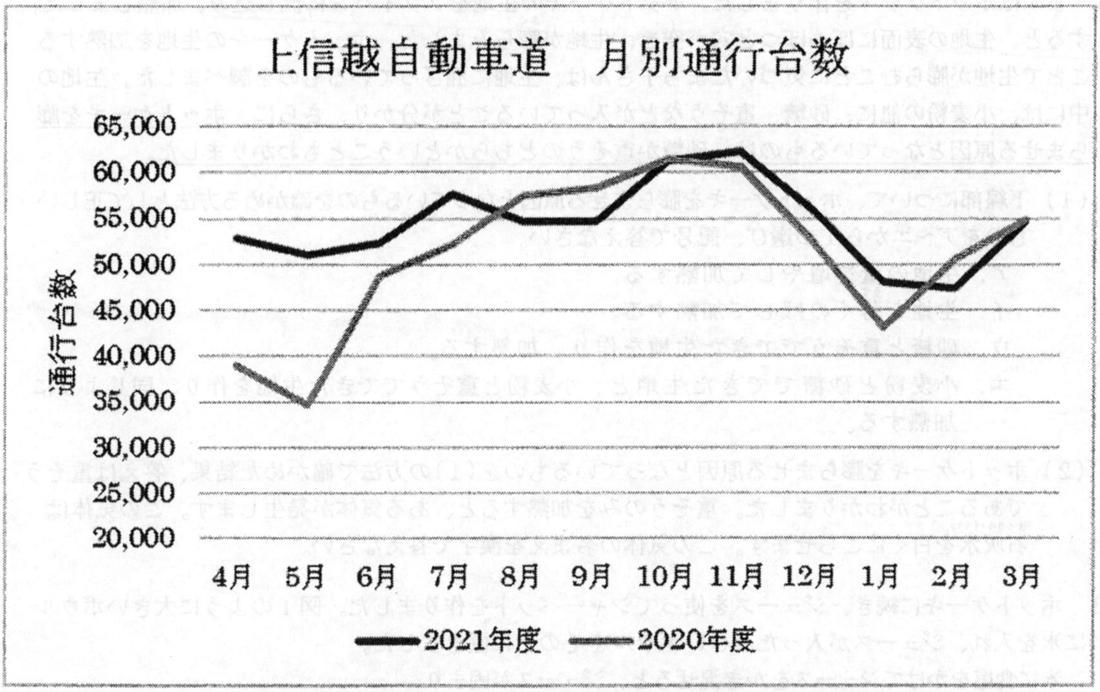

(NEXCO東日本HPのデータより出題者が作成)

調査結果

A．2020年の4月・5月は大きく交通量が減っている。

B．毎年1月・2月は他の時期と比べると交通量が減っている。

【理　科】〈２月１日午前試験〉（社会と合わせて50分）〈満点：50点〉

1

まち子さんは小学校の理科の授業で、お菓子《かし》作りに理科の知識がたくさん使われていることを知りました。そこで、休みの日にお菓子作りをすることにしました。

A　まずはホットケーキを作りました。ホットケーキの生地《きじ》をフライパンに流し込み、加熱しました。すると、生地の表面にぽつぽつと穴が空き、生地が膨《ふく》らみました。ホットケーキの生地を加熱することで生地が膨らむことに気づいたまち子さんは、生地に混ざっているものを調べました。生地の中には、小麦粉の他に、砂糖、重そうなどが入っていることが分かり、さらに、ホットケーキを膨らませる原因となっているものは、砂糖か重そうのどちらかということもわかりました。

（１）下線部について、ホットケーキを膨らませる原因となっているものを確かめる方法として正しいものをア～エから１つ選び、記号で答えなさい。
　ア．生地の量を増やして加熱する。
　イ．生地を薄《うす》くのばして加熱する。
　ウ．砂糖と重そうでできた生地を作り、加熱する。
　エ．小麦粉と砂糖でできた生地と、小麦粉と重そうでできた生地を作り、同じように加熱する。

（２）ホットケーキを膨らませる原因となっているものを（１）の方法で確かめた結果、答えは重そうであることがわかりました。重そうのみを加熱すると、ある気体が発生します。この気体は石灰水《せっかいすい》を白くにごらせます。この気体の名まえを漢字で答えなさい。

B　ホットケーキに続き、ジュースを使ってシャーベットを作りました。図１のように大きいボウルに氷を入れ、ジュースが入った小さいボウルをその上に置きました。

氷に食塩をかけてジュースをかき混ぜると、ジュースが固まり、シャーベットができました。

図１

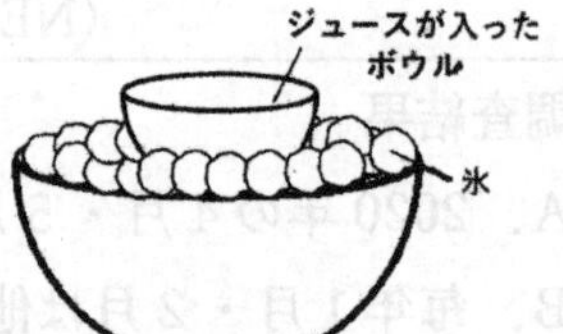

まち子さんは、濃《こ》さの異なるジュースでは凍《こお》る時間にちがいがあることに気がつきました。そこで２種類の砂糖水を凍らせる実験を行いました。

【実験操作】
２つの容器に、薄い砂糖水と濃《こ》い砂糖水をそれぞれ 20 g ずつ入れた。図２のように容器を氷の中に入れて、氷に食塩をかけた。

図２

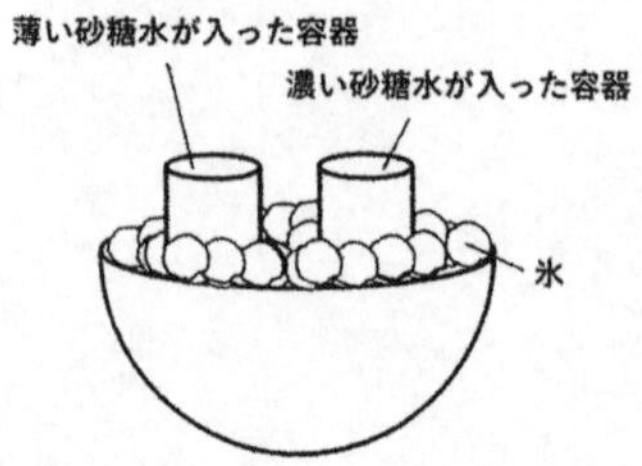

【実験結果】
薄い砂糖水の方が先に凍り、濃い砂糖水は凍るのに時間がかかった。

実験結果から、砂糖水の凍る速さには濃さが関係することがわかりました。まち子さんは、砂糖の粒《つぶ》が水にとけている様子を調べ、図３のように図で表しました。

図３

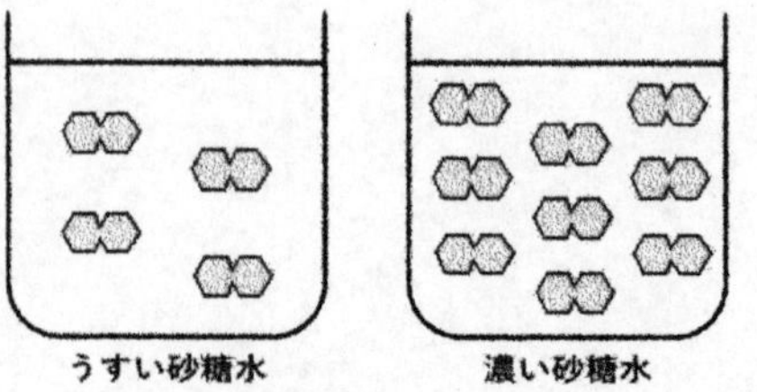

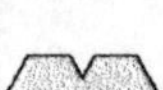：砂糖の粒《つぶ》

次にまち子さんは、凍《こお》り方について、食塩水と砂糖水にちがいがあるかどうかを調べました。

【実験操作】２つの容器に 20g の水を入れ、それぞれに 6g ずつ食塩と砂糖をとかして食塩水と砂糖水を作った。図２と同様に大きいボウルを用いて氷と食塩を使って冷やした。

【実験結果】食塩水も砂糖水も凍ったが、凍る速さにちがいがあった。

この理由について先生に聞いたところ、食塩も砂糖も小さな粒が集まってできていること、また、砂糖の一粒は食塩の一粒の約６倍の重さがあること、さらに下の図４のように食塩の粒は水中で２つに分かれることがわかりました。

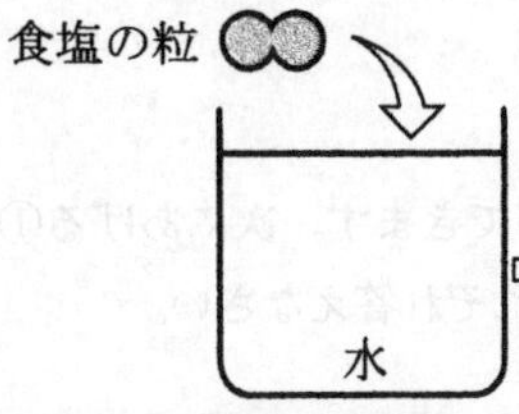

図4 食塩が水にとけた時の粒の様子

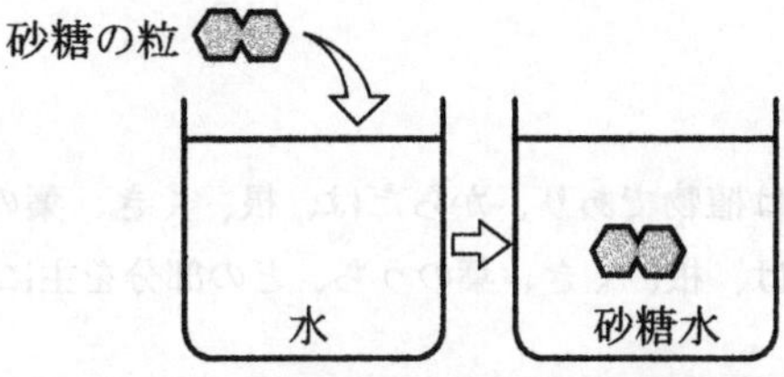

図5 砂糖が水にとけた時の粒の様子

（３）実験で用いた食塩水は、水 20g に食塩を 6g とかしたものです。濃さは何％ですか。式と答えを書きなさい。なお、答えは整数で答えなさい。

（４）まち子さんは教わった内容をもとに、実験で作った食塩水と砂糖水の中の粒の状態を考え、モデル図を作りました。モデル図として最も適当なものをア～エから１つ選び、記号で答えなさい。

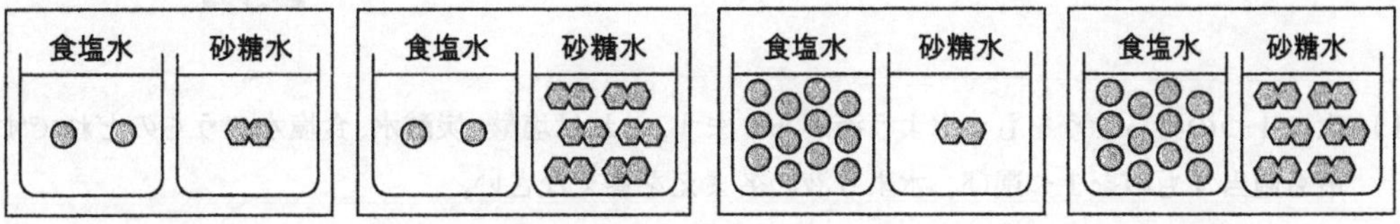

ア　イ　ウ　エ

（５）(4)を参考に、先に凍ったのは食塩水と砂糖水のどちらであるかを答えなさい。また、選んだ理由を説明しなさい。

C　まち子さんは、シャーベットのトッピングをするために庭で育てているイチゴをとりに行きました。庭では、弟のこうじ君がイチゴの葉にいる生き物を観察していました。イチゴの葉を見ると①アブラムシが葉の汁《しる》を吸っていました。そこへテントウムシが飛んできて、アブラムシを食べ始めました。さらに②アリがやってきて、テントウムシを追いはらう様子が観察できました。

（６）下線部①のような、生き物の食べる・食べられるの関係を何といいますか。

（７）下線部②について、下のア～エはこん虫を腹側から見た時のからだのつくりとあしの様子を簡単に表したものです。正しいものをア～エから１つ選び、記号で答えなさい。

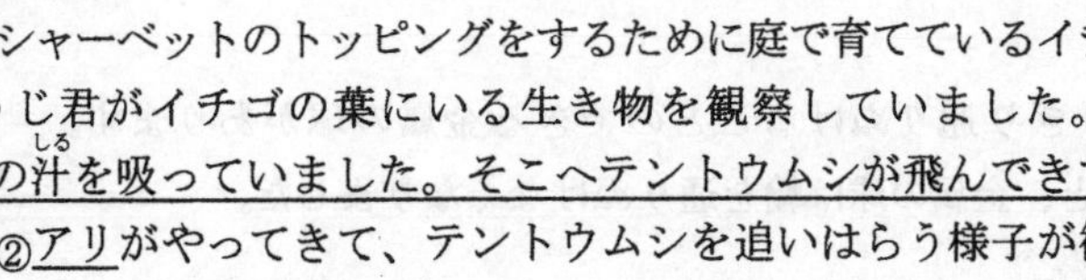

ア　イ　ウ　エ

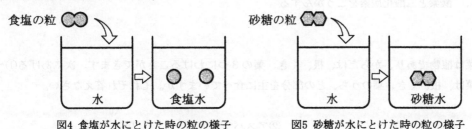

2

（１）次の図は肺にある、肺胞《はいほう》と呼ばれる小さなふくろ状のつくりです。肺胞の主なはたらきとして正しいものをア～エから１つ選び、記号で答えなさい。

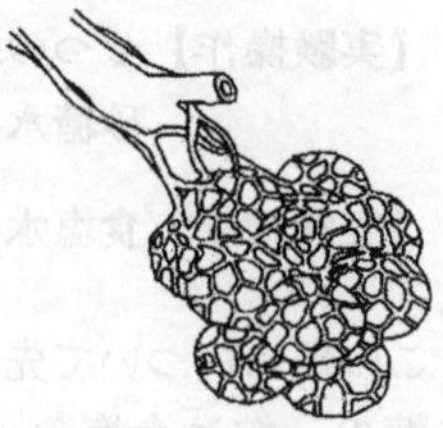

ア．　体温を調節する
イ．　尿《にょう》をつくる
ウ．　心臓をまもる
エ．　酸素と二酸化炭素をこうかんする

（２）野菜は植物であり、からだは、根、くき、葉の３つにわけることができます。次にあげる①～③の野菜は、根、くき、葉のうち、どの部分を主に食べていますか。それぞれ答えなさい。

①　シソ　　　②アスパラガス　　　③レンコン

（３）水の量を正しく量るためにはメスシリンダーを使います。メスシリンダーの目盛りの読み方として正しいものを右図のア～ウから１つ選び、記号で答えなさい。

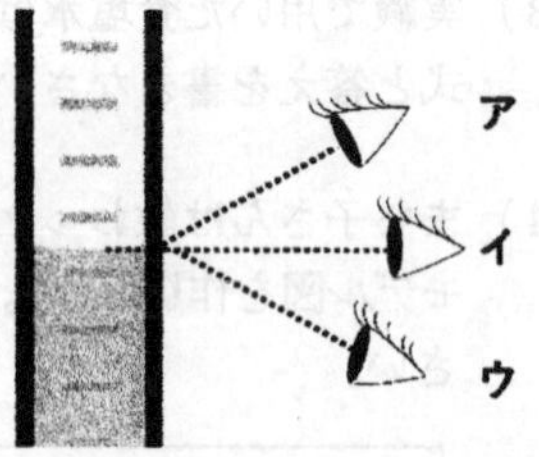

（４）次の４つの特ちょうをもつ水よう液があります。これは塩酸、炭酸水、食塩水のうちのどれですか。最も適当なものを１つ選び、水よう液の名まえを答えなさい。

・　色はついておらず、とう明な液体である。　・　においがある。
・　水を蒸発させても何も残らなかった。　・　青色リトマス紙が赤色に変化した。

（５）図のような、輪をぎりぎり通りぬけることのできる金属の球があります。この金属の球を温めると、金属の球は輪を通りぬけなくなりました。この理由を説明しなさい。

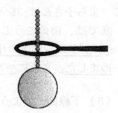

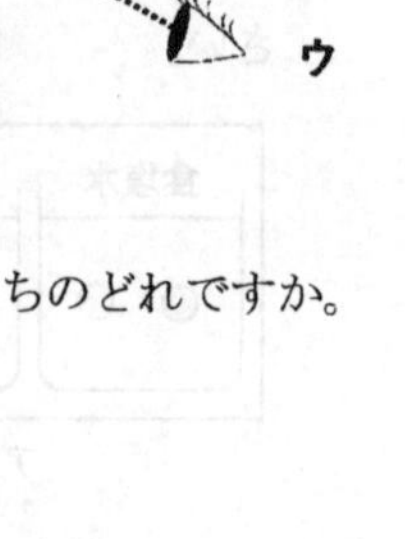

（６）日本で一年を通して観察することのできる星座をア～エからすべて選び、記号で答えなさい。

ア．　カシオペヤ座　　イ．　こぐま座　　ウ．　おおぐま座　　エ．　わし座

（７）東京において、太陽が真南に来る時刻はどのようにして求めますか。正しいものをア～エから１つ選び、記号で答えなさい。

ア．　常に１２時である
イ．　兵庫県明石市と東京の緯度《いど》の差を使って求める
ウ．　兵庫県明石市と東京の経度《けいど》の差を使って求める
エ．　兵庫県明石市と東京を飛行機で移動して、移動時間から求める

（８）新月が満月になる変化は①と②のどちらですか。また三日月《みかづき》とはア～エのどの形の月ですか。正しいものをそれぞれ選び、番号と記号で答えなさい。

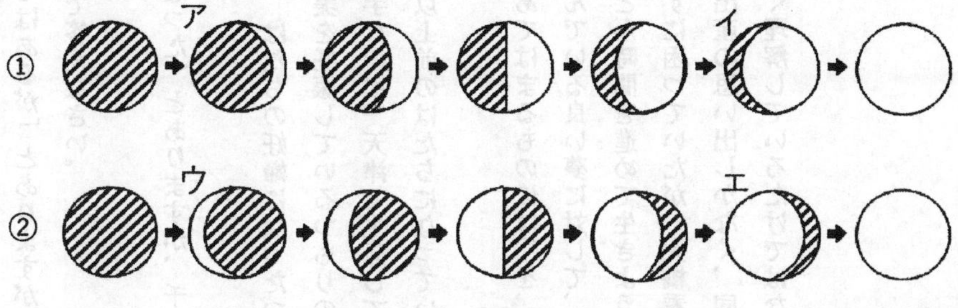

（９）次のア～ウの中で、かん電池が最も長持ちする回路はどれですか。正しいものをア～ウから１つ選び、記号で答えなさい。

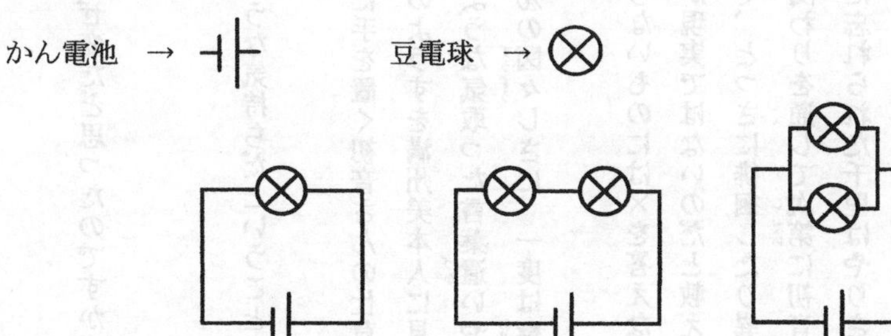

（10）右図のようなプロペラのついたモーターにかん電池をつなげると、プロペラが回転しました。かん電池のプラス極とマイナス極を逆にしてつなぎ直すと、プロペラが回転する向きはどうなりますか。説明しなさい。

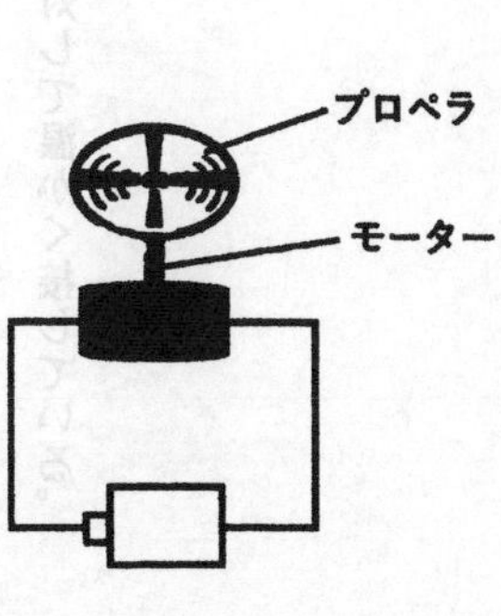

問七、〰〰線部ア・イの「彼女」は誰のことですか。もっともふさわしいものを次からそれぞれ選び、番号で答えなさい。

1、千里　2、大橋看護師　3、初音さん　4、満州美

問八、――線部⑤「今という言い方は変ではあるが」とありますが、千里はなぜ変だと思ったのですか。「～から。」につながるように、本文中のことばを使って十五字以上二十字以内で答えなさい。

問九、――線部⑥「千里は胸がむず痒くなった」とありますが、千里はどのような気持ちだということですか。もっともふさわしいものを次から一つ選び、番号で答えなさい。

1、本当は九十七歳のお年寄りなのに、はたちの妊婦になったつもりで腹に手を置く初音さんの仕草が面白くて仕方がない気持ち。

2、はたちの頃に戻って赤ん坊の満州美を妊娠しているつもりの初音さんのようすを満州美本人に見せたくて落ち着かない気持ち。

3、初音さんは灰色の眼で皺だらけの手なのに、天津で生活していた時のような気取った言葉遣《づか》いや仕草をするのを痛々しく思う気持ち。

4、三十代、四十代ではなく、七十年以上前のはたちになっていた初音さんの図々《ずうずう》しさに、一度は驚《おどろ》いたが納得《なっとく》している気持ち。

問十、次の1～5について、本文の内容にあてはまるものには○を、あてはまらないものには×を答えなさい。

1、認知症のお年寄りが現実と思い込んでいる良い夢に対して、周囲の人が現実ではないのだと教えてあげることが良い介護である。

2、認知症のお年寄りは未来へとどんどん時間を進めて生きようとするので、とっさに徘徊したり異常行動を起こしたりする。

3、千里は初音さんの行動が理解できずに困っていたが、大橋看護師との関わりを通して次第《しだい》に初音さんを理解することができた。

4、初音さんの記憶の中には満州美の出産の思い出しかなく、同じ娘なのに忘れられた千里はやりきれない気持ちを感じている。

5、大橋看護師は、認知症のことをよく理解しているだけではなく、認知症のお年寄りやその家族の悩《なや》みに対して温かく接している。

問二、――線部①「折り畳んだ紙を広げて皺を伸ばし、また折り畳むように」とありますが、どういうことですか。もっともふさわしいものを次から一つ選び、番号で答えなさい。

1、認知症であることを周囲の人に知ってもらい、豊かな人生になるよう協力してもらうこと。
2、以前失敗してやり残してきたことを、今度は成功するように方法を変えてやり直すこと。
3、自分の胸の中だけにしまっていた秘密を、年月が過ぎたので家族にばらしてしまうこと。
4、過去に生きてきた人生の時間も内容も元に戻し、もう一度過去と同じように生き直すこと。

問三、空らん Ⅰ ～ Ⅲ にあてはまることばとしてもっともふさわしいものを次から一つずつ選び、番号で答えなさい。ただし、同じ番号は二度以上使えません。なお、同じ記号の空らんには同じことばが入ります。

1、おろおろ　2、だんだん　3、とんとん　4、いよいよ　5、ずんずん　6、ひらひら

問四、――線部②「その木がどこにあるのか、年寄り本人も周囲もよくわからない」とありますが、どういうことですか。次の説明文の空らん（１）・（２）にあてはまるように（１）は本文中から二字でぬき出し、（２）は十字程度で自分で考えて答えなさい。

初音さん本人も、周囲の人々も、初音さんが（　１　）の（　　２　　）と思っているのかわからないということ。

問五、――線部③「率直に」の意味としてもっともふさわしいものを次から一つ選び、番号で答えなさい。

1、こわいと思いながら物事をすること。
2、かざりけがなく、ありのままなこと。
3、筋道が明らかですっきりしていること。
4、覚悟《かくご》を決めて物事をすること。

問六、――線部④「ものすごく鈍く動きながら散らばった数字をかき集めようとする」とありますが、何がかき集めようとしているのですか。十字程度で答えなさい。

「はたち」

「まあ、若い」

思わず溜息《ためいき》が出た。三十代か、あるいは四十代だろうかと千里は予想していたのだ。

「でも、あたくし、もう妊娠《にんしん》しておりますのよ」

「妊娠、ですか」

思わず千里は初音さんの腹に眼をやった。初音さんは両手をそろそろと自分の腹に置いた。皺だらけの手で抱《だ》いているような仕草である。ア彼女《かのじょ》の出産は二十一歳のときだから、すると今の初音さんはその前年ということになる。

けれど⑤今という言い方は変ではあるが。

すると初音さんの腹にいるのは赤《あか》ん坊《ぼう》の満州美である。イ彼女を※3胎内《たいない》で育てていることになる。

「まあ、おめでとうございます。初音さん」

どう言っていいのかわからない。

「赤ん坊はまだとても小さいのよ。小指の先くらいですってよ……」

天津の産科病院に行ったのだろう。そこで医者がそう言ったのを記憶しているのだ。

ああ。この様子を満州美に見せたかった。

⑥千里は胸がむず痒《がゆ》くなった。

（村田喜代子《むらたきよこ》『エリザベスの友達《ともだち》』設問の関係上、表記を改めている。）

※1『ひかりの里』……初音さんが入所している介護付き有料老人ホーム。

※2人語……人間のことば。

※3胎内……母親の腹の中。

問一、空らん［A］～［D］にあてはまることばとしてもっともふさわしいものを次から一つずつ選び、番号で答えなさい。ただし、同じ番号は二度以上使えません。

1、かえって　2、とっくに　3、もっと　4、たちまち　5、いったい　6、いっそ

「年齢《ねんれい》を尋ねるんですよ」

と大橋看護師は言う。

「初音さんのお齢《とし》は幾《いく》つですか？　教えてくださいって。二十歳とか、三十歳とかね、八十、九十のお年寄りが仰《おっしゃ》ることもあるんですよ。もっと小さい子どもの頃に還《かえ》っておられることだってあります」

認知症老人の意識は先へは進まない。過去へ過去へと後ずさりして生きているという。考えようによってはもう一度生き直している。①折り畳《たた》んだ紙を広げて皺《しわ》を伸《の》ばし、また折り畳むように。

「でも周囲の人たちはお年寄りとして扱《あつか》うでしょう。思うように昔へ帰れないお年寄りは　Ⅰ　と徘徊《はいかい》するんです。異常行動を起こしたりもする」

何だか初音さんは小鳥みたいだと千里は思う。過去の止まり木にチョコンと止まっているようだ。けれど②その木がどこにあるのか、年寄り本人も周囲もよくわからない。

「わたし、母に聞いてみます」

千里は励《はげ》まされて顔を上げた。そうだ、本人に③率直《そっちょく》に尋ねてみよう。今はまだ言葉は通じる。これは面白《おもしろ》いことになるかもしれない。とにかく初音さんは何とか※2人語の通じる世界に住んでいるのだ。

この頃は夕食の介添《かいぞ》えもして帰る。初音さんが食べ終えるとエプロンを外して口元を拭《ふ》いてやる。年寄りの顔をした不思議な幼《おさ》な子だ。千里は拭きながら初音さんの焦点《しょうてん》の合わない灰色の眼を眺《なが》める。この眼がかつては黒かったのだと不思議に思う。

初音さんは食後、ベッドの背を立ててやると凭《もた》れてテレビを観《み》ている。そのうち　Ⅱ　うとうとして眠りに入っていく。千里は閉じかけた瞼《まぶた》を眺めながら、布団《ふとん》の脇《わき》を　Ⅲ　軽く叩《たた》く。眠《ねむ》りがけのお呪《まじな》い。千里もこのお呪いを初音さんから昔にされたような気がする。

「ねえ初音さん、一つ聞いていい？」

そっと声を掛《か》けると、閉じかけた瞼が薄《うす》く開いて白眼《しろめ》がうなずく。蛙《かえる》の目と似ている。それでも自分の母である。

Ⅲ　しながら千里は言葉を続ける。

「初音さんのお齢は何歳ですか」

白眼が動く。脳味噌《のうみそ》が反応《はんのう》している。

「教えてくださーい」

④ものすごく鈍《にぶ》く動きながら散らばった数字をかき集めようとする。数字は白い羊が野原を逃《に》げるようにばらけていく。あたくしの齢は……。濁《にご》った白眼の動きが止まる。

五 次の文章を読んで、後の問いに答えなさい。（字数制限については、句読点・記号も一字と数えます。）

> 九十七歳《さい》の初音《はつね》さんは、第二次世界大戦後中国の都市天津《てんしん》から命からがら日本に引き揚《あ》げて来た。初音さんには、長女満州美《ますみ》と次女千里《ちさと》の二人の娘《むすめ》がいるが、初音さんが認知症《にんちしょう》になったことで、今では長女の顔もわからない状態になっている。初音さんの心は、戦前暮らした天津の外国人居留地での華《はな》やかな生活に戻《もど》っており、過去の記憶《きおく》の中で生活している。そんな初音さんを、長女満州美は体が不自由ながらも時々訪《おとず》れ、次女千里は戸惑《とまど》いながらも慣れない介護《かいご》を献身的《けんしんてき》に行っている。

初音さんが部屋を抜《ぬ》け出して裏の庭へ出た事件の後は、介護士たちも眼《め》が離《はな》せなくなった。常時、交替《こうたい》で部屋を覗《のぞ》きに行っている。千里もしばらくは一日置きに、※1『ひかりの里』に通って行くことにした。

あの体で裏庭に出てあんなふうに倒《たお》れ込《こ》んでしまうと、骨折の恐《おそ》れがあり、発見が遅《おく》れれば命取りになりかねない。

「普段、温和《おとな》しい方だけに、ねえ」

大橋《おおはし》看護師が初音さんの部屋の外で言う。

「［ A ］どこへ行こうとしてたんでしょうか」

と千里が首を傾《かし》げると、

「初音さんはもう［ B ］そっちへ行っておられますよ」

と大橋看護師は気の毒そうに微笑《ほほえ》んでみせた。

「そっちって？」

「昔です」

認知症老人の記憶《きおく》は過去へ過去へと後退する。

「その昔って、いつ頃《ごろ》なんでしょうね」

「［ C ］ご本人に尋《たず》ねてみられては？」

大橋看護師は真顔で言った。

まさか。

「尋ねたら、答えますか？」

もしそんなことが出来たら、認知症介護の苦労は［ D ］半減するだろう。

問八、本文中の〜〜線部イ「充電」と〜〜線部ロ「漏電」の違いは何ですか。次の説明文の空らん（　１　）〜（　３　）にあてはまることばを、（　１　）はひらがな五字、（　２　）は漢字一字とその送り仮名《がな》一字でそれぞれ自分で考えて答え、（　３　）は本文中から漢字一字でぬき出し、説明文を完成させなさい。

「充電」は、人が次の活動に備えて知識などを（　１　）ことのたとえで、「漏電」は、次の活動が決まっておらず、ためた知識などを（　２　）先がなくて、活動として（　３　）にならないで漏れ出しているたとえのこと。

問九、――線部⑦「それぞれに訪れる孤独の感性は自ずと違ったものになる」とありますが、十三、四歳からと五十歳以降の孤独はそれぞれどのような孤独ですか。十三、四歳は「〜という孤独。」に、五十歳以降は「〜ための孤独。」につながるようにそれぞれ五十字以内で本文中から探し、はじめと終わりの三字をぬき出しなさい。

問十、――線部⑧「挫折しかけた場合には、夢の方をちょっとずらしていくなど、大人の工夫が大事になる」とありますが、なぜですか。その理由を「〜から。」につながるように本文中から十四字で探し、ぬき出しなさい。

問十一、本文の内容としてもっともふさわしいものを次から一つ選び、番号で答えなさい。

1、十三、四歳の時に、家族との関係性が変わらず孤独力を養うことができなかったら、将来挫折をしてしまう。

2、トーベ・ヤンソンは、ムーミンの人柄《ひとがら》や行動の仕方を現代人が必要とすべき姿として紹介《しょうかい》している。

3、孤独を感じたり孤独を必要としたりすることが人生では何度かあるが、向き合い方を間違えてはいけない。

4、思春期や中年期に孤独を感じることで死を覚悟でき、人生と夢との折り合いがつくようになる。

問四、――線部④「それだけで、お互いの信頼感がよくわかる場面だ」とありますが、どのような場面であるということですか。もっともふさわしいものを次から一つ選び、番号で答えなさい。

1、春になってムーミン谷へ帰ってきたら、橋や川の様子が変わってしまったことに気づいたことを無言で受け止めている場面だということ。
2、久々の再会なのに、特別なことを何もしなくても、二人は心を許し合っていっしょに過ごせる関係であることがわかる場面だということ。
3、ムーミン谷の仲間たちは、旅から帰ってきたスナフキンの心のいらだちを理解して、何も話しかけないで寄りそっている場面だということ。
4、スナフキンは人からよく相談されて忙しいので、ムーミンと二人の時は特に何もせずにゆっくり過ごさせてあげている場面だということ。

問五、空らん［A］・［B］にあてはまることばとしてもっともふさわしいものを次から一つずつ選び、番号で答えなさい。ただし、同じ番号は二度以上使えません。

1、実用的　2、本格的　3、客観的　4、根本的　5、創造的

問六、――線部⑤「意外に人間は回転しているときが調子がいい」とありますが、「人間が回転しているとき」とはどのようなときを表していますか。本文を参考にして自分のことばで二つ答えなさい。

問七、――線部⑥「大切なのはどのようなスタイルで孤独と仲良くしていくかを自分なりに考えていくことだ」とありますが、どういうことですか。もっともふさわしいものを次から一つ選び、番号で答えなさい。

1、充電期間が長いと復帰するのが難しくなるので、いつも体調を気にかけることが大切だということ。
2、仲良くつき合っていく人数を決めるためには、自分の力量を確かめることが大切だということ。
3、どのような場合が充電なのか、漏電なのかを理解して孤独をなくしていくことが大切だということ。
4、孤独に浸る目的やそれに合った期間は、自分自身で考えて決めることが大切だということ。

年齢《ねんれい》によって人生と夢との折り合いのつけ方は変えた方がいい。それがうまくできないと、自分はだめな人間、夢を実現し切れなかった人間として、結局いつまでも自己否定してしまう。⑧挫折《ざせつ》しかけた場合には、夢の方をちょっとずらしていくなど、大人の工夫が大事になる。

自分の夢や孤独と仲良くできる人は、スナフキン的だ。スナフキン的な孤独を持つ大人の男には、※10高倉健《たかくらけん》や、故松田優作《まつだゆうさく》などがいる。その術《すべ》を身につけた人は、どこか深みのある人物として、スナフキンのように※11セクシーに見える。

（齋藤孝《さいとうたかし》『孤独のチカラ』設問の関係上、表記を改めている。）

※1 バイプレーヤー……脇役《わきやく》。
※2 差し出がましい……でしゃばった感じがする。
※3 哲学者……ものごとの、大もとのわけや、理由を研究している人。
※4 崇拝……えらいと思ってうやまうこと。
※5 束縛……自由な行動ができないようにすること。
※6 ステージ……ものごとの段階。
※7 折り合い……対立している者が、ゆずり合って解決すること。
※8 最期……死にぎわ。
※9 培う……力や性質などを育て養うこと。
※10 高倉健や故松田優作……昭和に活躍《かつやく》した俳優。
※11 セクシー……魅力のあるさま。

問一、――線部①「生きる上でのマナー」とありますが、どのようなことですか。本文中のことばを使って二十字以上三十字以内で答えなさい。

問二、――線部②「開かれた孤独の実践者である」とありますが、「開かれた」とはどのようなことを表していますか。「～こと。」につながるように本文中から十字で探し、ぬき出しなさい。

問三、――線部③「スナフキンの本質」とあります。「本質」とはいちばんもとになる性質のことですが、「スナフキン」の場合はどのような性質ですか。本文中から「～という性質。」につながるように三十字で探し、はじめと終わりの三字をぬき出しなさい。

いの信頼感《しんらいかん》がよくわかる場面だ。

　この童話には、スナフキンがひとりのときによく焚《た》き火をしている場面が出てくる。体を温めたりお茶を沸《わ》かしたり[A]な意味もあるだろうが、おそらくは炎《ほのお》を見つめているうちに心の中に非常に良いものが湧《わ》いてくるからだと思う。スナフキンを見ていると、人間には、率先《そっせん》して孤独になることが必要なのだとわかってくる。

　とはいえ、孤独は充電《じゅうでん》し過ぎてしまうと、今度は人とのつき合い方がわからなくなる。仕事も同じだ。充電期間と称《しょう》して仕事を辞《や》めてしまった後で、気持ちがなかなか復帰できないことがある。

　⑤意外に人間は回転しているときが調子がいい。動き続ける歯車を一度止めてしまって、あらためて「さあ、回しましょう」といっても、うまく回らないものだ。

　スナフキンのように季節まるまるいなくなってしまうことが、リフレッシュになるならそれもいい。だが、週末充電だけでもだいぶ違《ちが》う。⑥大切なのはどのようなスタイルで孤独と仲良くしていくかを自分なりに考えていくことだ。

　ちなみに私の青年期の孤独は、イ充電というよりロ漏電《ろうでん》に近かった。ただ漏《も》れて何の形にもならない。その間にいろいろな勉強をしたのでまったく無駄《むだ》だったと言い切ることはできないが、私自身は充電だと思ってやってはいなかった。いわば私という存在は、送電する先がないために、漏電するほかなかった非常に危険な発電所だった気がする。電気を動力エネルギーに変えるチャンスをじっと待つしかなかったあの悲しみを、本書の読者にはできるだけ味わってほしくないと思う。

　もっとも、誰にとっても孤独に浸《ひた》りたくなる時期というものもある。それが十代だ。中学一年ではまだ小学校の匂《にお》いが抜《ぬ》けないが、中学二年ぐらいからは[B]に心身の自立が始まる。それにつれて孤独というものを、どこか愛するようになる。家族の関係性も変わるし、一人部屋が欲《ほ》しくなる。孤独力を養う最初の期間なのだ。

　二十代、三十代は、むしろふつうに仕事を持っていれば、あまり孤独と向き合うことがないかもしれない。仕事に燃えたり、新しい家族を作ったりする※6ステージに差しかかるからだ。

　ところが五十歳《さい》を過ぎると再び、総じて誰もが孤独感を抱《かか》えることになる。秋が深まった後に必ず来る冬のような人生の寂《さび》しさを体験する。いわば、十三、四歳からと五十歳以降は人生の二大転機だ。だが、⑦それぞれに訪《おとず》れる孤独の感性は自《おの》ずと違ったものになる。

若い時期、たぶん中学生くらいになるとそれ以降は、なかなか親と夢を共有できない。自分の夢や希望をもつことで、自分というものの存在、自分自身の手応《てごた》えを強く感じたいと思うために、できるだけ親から離《はな》れたくなる。思春期には誰でも家出を夢見たりするのはそのためだ。

　一方、老いと死が見えてきた中年期以降の孤独とのつき合い方は、生と死の※7折り合い、つまりは※8最期《さいご》は自分一人で死んでいかなくてはいけないという覚悟《かくご》を※9培《つちか》うことである。

三 次の①～⑤の慣用句について、空らん□には体の部分を表す漢字一字が入ります。下の「意味」を参考にしてそれぞれふさわしい漢字一字を答えなさい。

① □が出る　意味……予算、収入をこえた支出になる。赤字になる。

② □をかかえる　意味……どうしたらよいのかわからなくなる。

③ □を出す　意味……他人の話に割りこんであれこれ言う。

④ □が立たない　意味……まったくかなわない。

⑤ □が高い　意味……じまんできる。

四 次の文章を読んで、後の問いに答えなさい。（字数制限については、句読点・記号も一字と数えます。）

放浪《ほうろう》と孤独《こどく》を愛することでいちばん有名なキャラクターは誰《だれ》か。

ムーミン童話に出てくるスナフキンだ。ムーミン谷の仲間たちはみなひとりの時間を大事にしていて、人との距離《きょり》の取り方もうまい。言い換《か》えれば、①生きる上でのマナーができている。

中でも、ムーミントロール（以下、ムーミン）の親友スナフキンは、※1バイプレーヤーなのに、孤独の達人としてとても人気が高い。自由と孤独を愛し、ひとりきりの時間がないとダメになってしまうという突出《とっしゅつ》したキャラクターだ。

スナフキンは※2差し出がましいことは一切《いっさい》言わないが、頭の切れる知的な人物として描《えが》かれている。村の真ん中ではなく、やや外れに住む半放浪人。村にいるときには人からよく相談もされるし、人ともきちんと関わる。礼儀《れいぎ》正しい。②開かれた孤独の実践者《じっせんしゃ》である。

ムーミンの作者トーベ・ヤンソンによれば、スナフキンは、※3哲学者《てつがくしゃ》で詩人で政治家だった、彼女《かのじょ》のかつての恋人《こいびと》がモデルだそうだ。それでこんなに魅力的《みりょくてき》に描かれているのかと即座《そくざ》に納得《なっとく》した。

スナフキンは、毎年春になると、ムーミンに会いにムーミン谷に帰り、秋になると、南へ旅立つのを習慣にしている。一方、ムーミンはそんなスナフキンを※4崇拝《すうはい》さえしている。本心ではずっと一緒《いっしょ》にいたいと思っているくらいの仲良しだが、ムーミンは③スナフキンの本質をよく理解し、決して彼の自由を※5束縛《そくばく》しない。旅に出ては戻《もど》ってくるスナフキンを、ムーミンは何度でも温かく受け入れるのだ。

再会した二人はどうするかというと、橋の手すりに腰《こし》をおろし、話をしたり、足をぶらぶらさせながら川の流れを見たりする。④それだけで、お互《たが》

2023年度 麹町学園女子中学校

【国　語】〈二月一日午前試験〉（四五分）〈満点：一〇〇点〉

一　次の①～⑤の――線部のカタカナを漢字で書きなさい。

① 君の意見をソンチョウする。
② ジョウホウを公開する。
③ テイアン理由を説明する。
④ 考えがカタまる。
⑤ 決定を他人にユダねる。

二　次の①～⑤の――線部の漢字の読み方をひらがなで書きなさい。

① 雑木林の中を歩く。
② 園児たちは一目散ににげた。
③ 得意気になってはしゃぐ。
④ この土地に店を構える。
⑤ 辺りが暗くなる。

2023年度

麹町学園女子中学校 ▶解説と解答

算　数　＜２月１日午前試験＞（45分）＜満点：100点＞

解　答

1 (1) 2071 (2) 54 (3) 50 (4) 1 (5) 140 2 (1) 5000cm (2) 23年後 (3) ６日 (4) 秒速20m (5) 108度 (6) ８％ 3 (1) 420円 (2) 24000円 (3) 24個 4 (1) 10通り (2) 14通り 5 (1) 7 (2) 9，27 6 (1) 40cm (2) 274.24cm^2

解　説

1 四則計算，計算のくふう

(1) 3761－1845＋155＝1916＋155＝2071

(2) 70－56÷７×２＝70－８×２＝70－16＝54

(3) 6.48＋12.24＋13.52＋17.76＝6.48＋13.52＋12.24＋17.76＝20＋30＝50

(4) $\left(2\frac{1}{6}+\frac{10}{3}\times 0.25\right)\div 2\frac{2}{5}-\frac{1}{4}=\left(2\frac{1}{6}+\frac{10}{3}\times\frac{1}{4}\right)\div\frac{12}{5}-\frac{1}{4}=\left(2\frac{1}{6}+\frac{5}{6}\right)\times\frac{5}{12}-\frac{1}{4}=3\times\frac{5}{12}-\frac{1}{4}=\frac{5}{4}-\frac{1}{4}=\frac{4}{4}=1$

(5) （120－□÷２）×0.4＝20より，120－□÷２＝20÷0.4＝50，□÷２＝120－50＝70，よって，□＝70×２＝140

2 単位の計算，年齢算，仕事算，通過算，多角形の角，濃度

(1) １km＝1000m＝100000cmより，0.05km＝0.05×100000＝5000(cm)である。

(2) 母と子どもの年齢《ねんれい》の差は，41－９＝32(才)である。２人の年齢の差は何年たっても一定なので，母の年齢が子どもの年齢の２倍になるときの差，２－１＝１(倍)も32才である。よって，子どもが32才になるときは，32－９＝23(年後)となる。

(3) 仕事全体を１とすると，こうじくんが１日に行う仕事は$\frac{1}{15}$，まちこさんが１日に行う仕事は$\frac{1}{10}$である。よって，この仕事を２人で行うと，$1\div\left(\frac{1}{15}+\frac{1}{10}\right)=1\div\left(\frac{2}{30}+\frac{3}{30}\right)=1\div\frac{5}{30}=1\div\frac{1}{6}=1\times 6=6$(日)かかる。

(4) 電車がトンネルに入り始めてから出終わるまでに走る道のりは，120＋400＝520(m)である。これに26秒かかったから，この電車の速さは，520÷26＝(秒速)20(m)となる。

(5) (多角形の角の和)＝180°×(辺の数－２)なので，正五角形の角の和は，180°×(５－２)＝540°となる。１つの角の大きさは，540°÷５＝108°である。

(6) ４％の食塩水150gにふくまれる食塩の重さは，150×0.04＝６(g)で，10％の食塩水300gにふくまれる食塩の重さは，300×0.1＝30(g)である。よって，混ぜた食塩水の濃《こ》さは，(６＋30)÷(150＋300)×100＝８(％)と求められる。

3 売買損益，つるかめ算

(1) 300円で仕入れて4割の利益をつけたので，300×(1＋0.4)＝420(円)である。

(2) 1個売れたときの利益は，300×0.4＝120(円)なので，すべてのお菓子《かし》が定価で売れたときの全体の利益は，120×200＝24000(円)となる。

(3) すべて定価で売れたときより減った利益は，24000－21984＝2016(円)である。定価の2割引きで売ると，420×(1－0.2)＝336(円)なので，1個あたりの利益は，420－336＝84(円)減る。よって，定価の2割引きで売ったお菓子の個数は，2016÷84＝24(個)と求められる。

4 場合の数

(1) 3けたの整数の作り方は，右の図のように18通りある。偶数《ぐうすう》は一の位が偶数である整数なので10通りできる。

(2) 右の図より，345以下の整数は，304，305，340，345の4通りなので，18－4＝14(通り)できる。

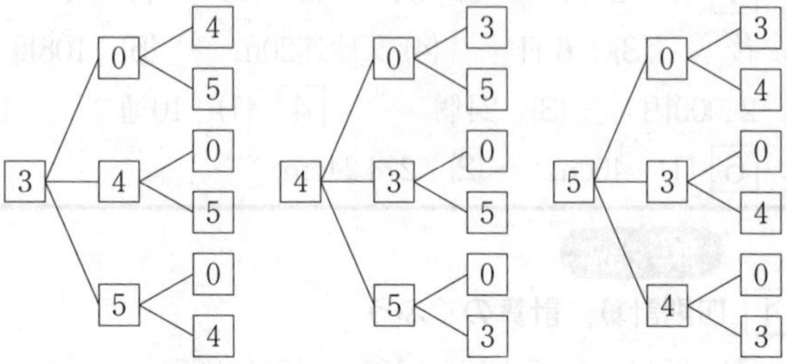

5 約束記号

(1) 2023÷21＝96あまり7なので，2023＊21＝7となる。

(2) 103÷35＝2あまり33なので，103＊35＝33である。(103＊35)＊□＝6，33＊□＝6となる。33をある数で割ったときにあまりが6となるのは，33－6＝27の約数のうち6より大きい数で33を割ったときである。27の約数は，1，3，9，27なので，あてはまる数は9，27である。

6 図形の移動によってできる道のり・面積

(1) 長方形の内側を半径2cmの円が転がって1周したとき，円の中心が通ったあとは，右の図のような長方形になる。よって，(8＋12)×2＝40(cm)である。

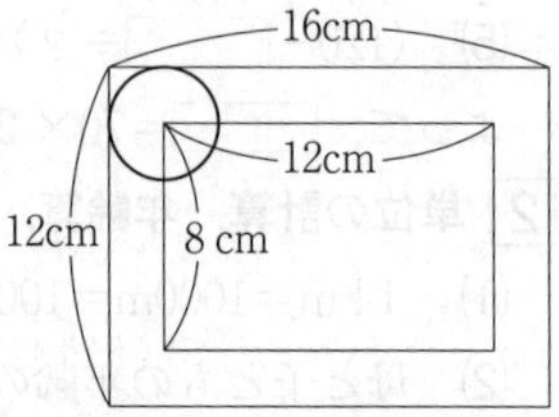

(2) 長方形の外側を半径2cm(直径4cm)の円が転がって1周したとき，円が通ったあとの面積は，右の図のような長方形4つと中心角が90度のおうぎ形4つをあわせた面積となる。長方形4つの面積は，4×16×2＋12×4×2＝224(cm^2)である。中心角が90度のおうぎ形4つの面積は，4×4×3.14÷4×4＝50.24(cm^2)となる。よって，224＋50.24＝274.24(cm^2)と求められる。

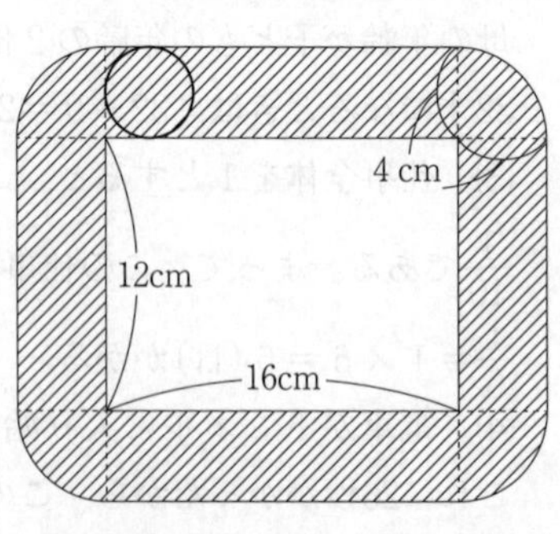

社 会 ＜2月1日午前試験＞（理科と合わせて50分）＜満点：50点＞

解 答

1 **問1** エ　**問2** 広島(県)　**問3** ウ　**問4** 東海道(新幹線)　**問5** イ　**問6** 成田国際(空港)　**問7** パリ協定　**問8** ア　**問9** 日本海　**2** **問1** 氏姓制度 **問2** 一所懸命〔一生懸命〕　**問3** 後醍醐天皇　**問4** ア(→)ウ(→)イ　**問5** 『平家物語』

問６　イ　**問７**　エ　**問８**　エ　**問９**　徳川吉宗　**3**　**問１**　イ　**問２**　期日前投票　**問３**　安倍晋三　**問４**　高度経済成長　**問５**　公明党　**問６**　ウ
4　**問１**　ウ　**問２**　３　**問３**　利根川　**問４**　イ　**問５**　イ　**問６**　**Ａ**　(例)　新型コロナウイルス感染症対策として緊急事態宣言が発出され，外出自粛要請が出ていたため。
Ｂ　(例)　大雪の影響で交通規制がかかることがあるため。

解　説

1　観光についての問題

問１　屋久島は1993年に白神山地(青森県・秋田県)とともに日本で初めて世界自然遺産に登録された。なお，アの奄美《あまみ》大島も鹿児島県に属しており，2021年に「奄美大島，徳之島，沖縄《おきなわ》島北部及《およ》び西表島」として世界自然遺産に登録された。また，イの小笠原《おがさわら》諸島は東京都に属しており，2011年に世界自然遺産に登録された。ウの佐渡《さど》島は新潟《にいがた》県に属している。

問２　広島県には厳島神社とともに原爆《げんばく》ドームが世界文化遺産に登録されている。

問３　山梨《やまなし》県の甲府盆地《こうふぼんち》ではぶどうとともにももの栽培もさかんで，どちらも国内生産量第一位をほこっている。なお，りんごは青森県，みかんは和歌山県，パイナップルは沖縄県が国内生産量第一位である。

問４　東海道新幹線は1964年に東京オリンピックが開催《かいさい》される直前に開通した。

問５　イの郵便局の地図記号は，かつて郵便局を管轄《かんかつ》していた「逓信《ていしん》省」の「テ」をデザイン化したものである。なお，アは消防署，ウは市役所や特別区の区役所，エは高等学校の地図記号である。

問６　成田国際空港は国際線を中心とする日本最大の国際空港で，「日本の空の玄関《げんかん》口」の役割を果たしている。

問７　パリ協定は1997年に採択《さいたく》された京都議定書の後をつぐ気候変動問題に関する国際的な枠組《わくぐ》みで，世界の平均気温上昇《じょうしょう》を産業革命以前と比べて２℃より十分低く保ち，1.5℃に抑《おさ》える努力をするために温室効果ガスの排出《はいしゅつ》を最新の科学に従って急激に削減《さくげん》することを目指している。排出削減義務は京都議定書では先進国だけだったが，パリ協定ではすべての国に課されている。

問８　イの会津塗《あいづぬり》は福島県，ウの南部鉄器は岩手県，エの曲げわっぱは秋田県の伝統的工芸品である。

問９　京都府北部は日本海に面しており，「海の京都」ともよばれる。日本三景の一つである天橋立が位置しており，観光資源となっている。なお，日本三景としては他に宮島(広島県)，松島(宮城県)がある。

2　「なまえ」についての問題

問１　「氏」は天皇に仕える血縁《けつえん》関係にもとづく集団，「姓《かばね》」は身分や地位を表す称号《しょうごう》である。天皇(大王)が氏の長に与《あた》える「姓」によって「氏」の序列が決まり，秩序《ちつじょ》が保たれていた。

問２　御家人《ごけにん》が命懸《いのちが》けで守ろうとした土地の領有権を将軍が保障することを「御恩《ごおん》」といい，この「御恩」に報い，さらに新しい領地を獲得《かくとく》しようと幕府のために命懸けで戦うことを「奉公《ほうこう》」という。武家社会は「御恩」と「奉公」による主従関係を基盤《きばん》として成り立っていた。

問３　後醍醐《ごだいご》天皇は足利尊氏らの協力を得て，鎌倉《かまくら》幕府を倒《たお》し，建武の新政に取り組んだ。しかし，貴族中心の政治に武士たちは反発し，足利尊氏が挙兵した。都を追われた後醍醐天皇は吉野《よしの》に南朝を開き，足利尊氏は京都に新しい天皇を立てたことから，2人の天皇が争う南北朝時代が始まった。

問4　アの版籍奉還《はんせきほうかん》が1869年，廃藩《はいはん》置県が1871年で明治時代初期，イの下関条約が1895年で明治時代後期，ウの大日本帝国《ていこく》憲法施行《しこう》と第1回衆議院議員総選挙が1890年で明治時代中期である。

問5　琵琶《びわ》法師は盲目《もうもく》の僧《そう》で，諸国をめぐり，琵琶を弾《ひ》きながら物語を語り広めた。

問6　中臣鎌足《なかとみのかまたり》の協力を得て大化の改新を断行した中大兄皇子が即位《そくい》して天智《てんじ》天皇となった。なお，アの聖武天皇は奈良時代に大仏造立の詔《みことのり》を出した天皇，ウの天武天皇は壬申《じんしん》の乱に勝利して天皇の座についた天智天皇の弟，エの文武《もんむ》天皇は天武天皇の孫にあたり，在位中に大宝律令が完成している。

問7　エの渡辺《わたなべ》だけが，藤原《ふじわら》氏と共通する「藤」の文字をふくんでいないことから推測できる。

問8　アは北条早雲，イは織田信長，ウは徳川家康について述べた文である。

問9　江戸《えど》の三大改革の将軍徳川吉宗《よしむね》による享保《きょうほう》の改革，老中松平定信による寛政《かんせい》の改革，老中水野忠邦《ただくに》による天保の改革は，いずれも「質素・倹約《けんやく》」によって財政再建を目指すものだった。

3　国政選挙についての問題

問1　Bの参議院の被《ひ》選挙権は満30歳《さい》以上である。なお，満30歳以上の被選挙権としては，他に都道府県知事がある。

問2　選挙当日に投票に行くことができない理由は仕事以外に旅行やレジャーなどでもよく，期日前投票の利用は広がっている。

問3　2023年4月現在，安倍晋三は内閣総理大臣としては連続在職日数，通算在職日数ともに歴代最長を記録している。2022年に銃撃《じゅうげき》されて死亡し，国葬《こくそう》が行われた。

問4　高度経済成長は，1973年の第四次中東戦争がきっかけとなって起きた石油危機(オイルショック)によって終わりを告げた。

問5　複数の政党で政権を担当することを連立政権という。日本は1955年に自由民主党が結党されて以降，長い間単独政権が続いたが，平成時代に入ってからは連立政権が続いている。

問6　各議院の総議員の3分の2以上の賛成によって憲法改正の発議が行われ，その後，国民投票で有効投票の過半数の賛成があれば，憲法は改正される。しかし，憲法改正に必要な条件が厳しいため，日本国憲法はこれまで一度も改正されたことがない。

4　碓氷峠《うすいとうげ》についての問題

問1　下線部の「群馬県と長野県との境」から判断する。なお，アは勿来《なこそ》の関，イは白河の関，エは箱根の関の位置で，いずれも碓氷と同じく関所が置かれていた。

問2　第3次産業とは，土地や海など自然に働きかける農林水産業などの第1次産業，自然のものを使って加工する工業や建設業などの第2次産業のいずれにもあてはまらない産業である。サービス業以外に，商業や運輸業，情報通信業などがあてはまる。

問3　利根《とね》川は「日本三大暴れ川」の一つで，他は「筑紫《つくし》次郎」とよばれる筑後《ちくご》川，「四国三郎」とよばれる吉野《よしの》川がある。

問4　最澄《さいちょう》は平安京に遷都《せんと》した桓武天皇の命令で遣唐使《けんとうし》船に同乗して唐に渡《わた》り，帰国後に天台宗を広めた。なお，アの承久の乱は鎌倉時代，ウの白村江《はくすきのえ》の戦いは飛鳥時代，エの国分寺建立の詔は奈良時代の出来事である。

問5　Bのお金を払《はら》う必要があった関所は室町時代の関所で，江戸時代の関所は江戸の治安を守るために置かれていた。

問６　**A**　「2020年の４月・５月」と年度を特定した表現であるため，その年に何が起こっていたのかを考える必要がある。2020年４月７日に感染者が増大する７都府県に出されていた緊急《きんきゅう》事態宣言は，４月16日には全国に対象を拡大し，５月14日に８都道府県を除く39県で解除，その後，段階的に５月中に解除された。　**B**　年度を特定していないことから，季節的な要因を考える必要がある。「上信越《じょうしんえつ》自動車道」の「上」は上州（群馬県），「信」は信濃《しなの》（長野県），「越」は越後《えちご》（新潟県）を表していることから，冬の積雪と結びつけて解答する。

理科　＜２月１日午前試験＞（社会と合わせて50分）＜満点：50点＞

解答

1　(1)　エ　(2)　二酸化炭素　(3)　**式**…（例）　$\frac{6}{6+20}\times100=23.0\cdots$　**答**…23％　(4)　ウ　(5)　砂糖水／**理由**…（例）　水の中の粒が少ないから。　(6)　食物連さ　(7)　ア

2　(1)　エ　(2)　①　葉　②　くき　③　くき　(3)　イ　(4)　塩酸　(5)　（例）　球がぼう張して，体積が大きくなったから。　(6)　ア，イ，ウ，エ　(7)　ウ　(8)　①，ア　(9)　イ　(10)　（例）　逆向きになる。

解説

1　お菓子《かし》作りを題材とした総合問題

(1)　ホットケーキを膨《ふく》らませる原因が砂糖なのか重そうなのかを調べるので，砂糖が入っていて重そうは入っていない生地《きじ》と，重そうが入っていて砂糖は入っていない生地の２つを用意して，同じように加熱するのがよい。ア，イ，ウでは，砂糖と重そうの両方が入っているので，どちらが膨らませる原因となっているかがわからない。

(2)　石灰水を白くにごらせる気体なので，二酸化炭素とわかる。重そうは炭酸水素ナトリウムという物質のことで，加熱すると炭酸ナトリウムと水と二酸化炭素に分解する。

(3)　水よう液の濃《こ》さ（％）は，$\frac{\text{とけている物質の重さ}}{\text{とけている物質の重さと水の重さの和}}\times100$で求められる。よって，$\frac{6}{6+20}\times100=23.0\cdots$より，23％とわかる。

(4)　砂糖の一粒《つぶ》と食塩の一粒の重さの比は６：１だから，同じ重さの砂糖と食塩にふくまれる粒の数の比は１：６になる。さらに，食塩の粒は水中で２つに分かれるので，ウが適当である。

(5)　(4)で選んだウのモデル図より，砂糖水には砂糖が一粒しか入っていないのに対し，食塩水には食塩の粒が２つに分かれたものが12個入っている。同じ量の水に対して入っている粒の数が多いほど凍《こお》りにくいと考えられるので，先に凍ったのは粒の数が少ない砂糖水の方となる。

(6)　生き物どうしは食べる・食べられるの関係で複雑に結びついており，この関係を食物連さという。

(7)　こん虫は，からだが頭・むね・腹の３つの部分に分かれている。また，あしが６本あり，すべてむねから出ている。

2　小問集合

(1)　肺は，図にある肺胞《はいほう》がたくさん集まったつくりをしていて，表面積がとても広くなっている。

これは，吸いこんだ空気から酸素を取り入れたり，体内の二酸化炭素を排出《はいしゅつ》したりするのを効率よく行うのに都合がよい。

⑵ ① シソでは，おもに葉を食べている。刺身《さしみ》といっしょに食べたり，梅干しを漬《つ》けるときに混ぜたりする。 ② アスパラガスは，地上に出てきた若芽（くき）が食用となる。出てきた若芽を光を当てずに育てると，くきが白くなってホワイトアスパラガスになる。 ③ レンコンは，池などに生えるハスのくきである。水底の地中にくき（地下けい）をのばし，水面上に葉や花を開く。

⑶ 水を入れたメスシリンダーの目盛りを読み取るときは，水面の真ん中付近のへこんだ部分に対して目線の高さを同じにする。ななめ下から見たりななめ上から見たりしないようにする。

⑷ 塩酸，炭酸水，食塩水のうち，においがあるのは塩酸だけである。

⑸ 金属は，温度が高くなるとぼう張して体積が大きくなる。図のように，金属の球を温めると，金属の球の体積が大きくなるため，輪を通りぬけることができなくなる。

⑹ 北極星や，その近くを回っている星や星座は，一年を通して観察することができる。カシオペヤ座は，北極星の近くでそのまわりを回っていて，北極星を探すときの手がかりとなる。こぐま座は，こぐまのしっぽに当たる位置に北極星がある。おおぐま座にはひしゃくの形をした北斗七星がふくまれていて，その北斗七星は北極星を探すときに使われる。なお，わし座などほぼ東から昇ってくる星座についても，一年を通して観察することができる。

⑺ 日本では，兵庫県明石《あかし》市を通る東経135度を基準にして時刻を定めている。明石市で太陽が南中した瞬間《しゅんかん》（太陽が真南に来る時刻《じこく》）を正午としていると考えてよい。ここで，東京はおよそ東経139度にあり，明石市よりも経度で４度ぶん東に位置している。経度が１度ちがうと南中時刻は４分ずれるので，東京で太陽が真南に来るのは正午より約16分早くなる。

⑻ 月の満ち欠けでは，向かって右側から満ちていき，向かって右側から欠けていく。よって，新月から満月になる変化は①のようになる。また，三日月は新月から２～３日後の月で，アのように向かって右側が細く光った形をしている。

⑼ アの回路の豆電球に流れる電流の強さを１とすると，イの回路では，豆電球が２個直列つなぎとなっているので，どちらの豆電球にも0.5の強さの電流が流れる。ウの回路では，豆電球が２個並列つなぎになっているから，どちらの豆電球にも１の強さの電流が流れる。よって，かん電池から流れ出る電流の強さは，アの回路では１，イの回路では0.5，ウの回路では，１＋１＝２となる。かん電池から流れ出る電流の強さが弱いほど，かん電池が長持ちするので，かん電池が最も長持ちするのはイの回路とわかる。

⑽ かん電池のつなぎ方を逆にして，プロペラのついたモーターに流れる電流の向きを逆にすると，プロペラの回転が逆向きになる。

国語 ＜２月１日午前試験＞（45分）＜満点：100点＞

解答

一 ①～⑤ 下記を参照のこと。 二 ① ぞうきばやし ② いちもくさん ③ とくいげ ④ かま(える) ⑤ あた(り) 三 ① 足 ② 頭 ③ 口 ④ 歯 ⑤ 鼻 四 問１ （例） ひとりの時間を大事にしていて，人と上手に距離を取ること。

問２　人ともきちんと関わる(こと。)　**問３**　**はじめ**　自由と　～　**終わり**　しまう(という性質。)　**問４**　2　**問５**　**Ａ**　1　**Ｂ**　2　**問６**　**一つ目**　(例)　人とつき合っているとき　**二つ目**　(例)　仕事をしているとき　**問７**　4　**問８**　**１**　(例)　たくわえる　**２**　(例)送る　**３**　形　**問９**　(十三，四歳からは,)**はじめ**　自分と　～　**終わり**　くなる(という孤独。)／　(五十歳以降は,)**はじめ**　生と死　～　**終わり**　を培う(ための孤独。)　**問10**　いつまでも自己否定してしまう(から。)　**問11**　3　五　**問１**　**Ａ**　5　**Ｂ**　2　**Ｃ**　6　**Ｄ**　4　**問２**　4　**問３**　**Ⅰ**　1　**Ⅱ**　2　**Ⅲ**　3　**問４**　**１**　過去　**２**　(例)　どの時代で生きている　**問５**　2　**問６**　(例)　初音さんの脳味噌　**問７**　**ア**　3　**イ**　4　**問８**　(例)　今の初音さんははたちではなく九十七歳だ(から。)　**問９**　2　**問10**　**１**　×　**２**　×　**３**　○　**４**　×　**５**　○

●漢字の書き取り

一 ①　**尊重**　②　**情報**　③　**提案**　④　**固(まる)**　⑤　**委(ねる)**

解　説

一　漢字の書き取り

①　尊いものとして重んずること。　②　ある物事の事情についての知らせ。あるいは知識を得られるもの。　③　考えを提出すること。提出されたその案。　④　まとまった状態になること。　⑤　任せること。

二　漢字の読み

①　無造作《むぞうさ》に木が生えている林。　②　わきめもふらずに一生懸命《いっしょうけんめい》に走っていくさま。　③　得意そうな様子。　④　店を実際に作ること。　⑤　周辺。

三　慣用句の完成

①「足が出る」は想定よりも多くなること。　②「頭をかかえる」は悩むこと。　③「口を出す」は他人の話に割り込んでいくこと。　④「歯が立たない」はかなわないこと。　⑤「鼻が高い」は自慢《じまん》げであるということ。

四　出典は齋藤孝《さいとうたかし》の『孤独《こどく》のチカラ』による。スナフキンの姿を例に，孤独とは何か，どういう孤独が望ましいのかについて述べた文章である。

問１　直前に「言い換えれば」とあるため，その前の部分を字数内にまとめて解答すればよい。

問２　「開かれた孤独」とはどういうことかがポイントとなるため，スナフキンに関する内容をよく読んで考える。スナフキンは村の外れに住んでいるものの「人からよく相談」されるし「礼儀正しい」と書かれている。ここから「開かれた孤独」とは，他人と全く関わらずひとりぼっちでいることではなく，必要に応じて人との関わりを持ったうえで，ひとりでいるという内容になる。この内容を表しているのは直前の「人ともきちんと関わる」である。

問３　三段落目でスナフキンは「自由と孤独を愛し，ひとりきりの時間がないとダメになってしまう」と述べられている。

問４　直前で説明されている「橋の手すりに腰をおろし，話をしたり，足をぶらぶらさせながら川の流れを見たりする」場面がどういうものかを考える。ムーミンとスナフキンは久しぶりの再会にもかかわらず，ただ会話をしたり川の流れを見たりするだけだということである。これは選択肢《せんたくし》2

の「特別なことを何もしなくても，二人は心を許し合っていっしょに過ごせる関係」の部分と合う。

問５　Ａは直前の「体を温めたりお茶を沸《わ》かしたり」という内容をふまえて「実用的」という選択肢が合う。Ｂは中学二年からだんだんと心身の自立が始まっていくことをふまえた内容である。こちらには「本格的」という選択肢がふさわしい。

問６　問題文に「本文を参考にして」とあるので，文章内からヒントを探す。「回転している」「動き続ける歯車」ということと，「充電(期間)」が対比になっていることに注意。直前では「充電」＝人との関わりをなくすことや，仕事をしないことの問題点が書かれていることもふまえよう。「回転しているとき」は「充電(期間)」とは反対の意味にあたるため，人と関わりを持つ状態や仕事をしている状態のことだとわかる。

問７　筆者はスナフキンの孤独とのつき合い方を良いものだと評価しているため，スナフキンの例に着目して考える。１は「体調を気にかける」，２は「人数を決める」，そして３は「孤独をなくしていく」がそれぞれ本文と合わない。

問８　「充電」とは「ため込む」といった意味である。そして「漏電《ろうでん》」は「目的なく出ていってしまう」ことを表す。したがって，漏電している状態では活動ができていない状況になる。３は本文からの抜き出しなので，波線部直後の「漏《も》れて何の形にもならない」から「形」を抜《ぬ》き出す。

問９　それぞれの内容は傍線《ぼうせん》部の後の二段落に説明されている。十三，四歳の孤独は直後の段落から「自分というものの存在，自分自身の手応《てごた》えを強く感じたいと思うために，できるだけ親から離れたくなる」という部分を抜き出す。五十歳以降の孤独は二つ目の段落で「生と死の折り合い，つまりは最期《さいご》は自分一人で死んでいかなくてはいけないという覚悟を培《つちか》う」という部分を抜き出す。

問10　「夢の方をちょっとずらしていくなど，大人の工夫」とは，二文前を参考に言い換えると「人生と夢との折り合いのつけ方を変える」ということである。これができなかったら，自分がだめな人間だという感じを抱いたり，自己否定につながったりすると述べられている。

問11　１は「孤独力を養うことができなかったら，将来挫折をしてしまう」が誤り。２は「ムーミンの人柄や～紹介している」とあるが，この文章で注目しているのはスナフキンの姿であるため，誤り。４は「思春期や～死を覚悟でき」とあるが，死を覚悟するのは中年期の話であるため，誤り。

五　出典は村田喜代子《むらたきよこ》の『エリザベスの友達』による。戦争を経験し，現在は認知症を患《わずら》ってしまっている「初音さん」と，その娘たちとのやりとりを描いた文章である。

問１　Ａは疑問の文の中で使われているため５の「いったい」が合う。Ｂは直前に「もう」という言葉があるため２の「とっくに」が合う。Ｃは本人に聞くことが難しい質問をされたときに，「ご本人に尋ねてみられては？」と言っていることから６の「いっそ」が合う。Ｄは，もし認知症の人が質問に答えられたら，介護士の苦労は半分になるということを言おうとしているため，４の「たちまち」がふさわしい。

問２　傍線部は直前の文「もう一度生き直している」にかかる部分である。そして，この段落の内容は認知症の老人が，「過去へ過去へと後ずさりして生きている」ということを述べた部分であることを考えると，この傍線部も同様の意味でとらえればよいとわかる。４の選択肢の「もう一度過去と同じように生き直す」という部分が合う。

問３　Ⅰは「徘徊《はいかい》する」(＝うろうろとさまよう)を説明する言葉を入れる。Ⅱは「眠りに入っていく」という内容から，「次第に」という意味の言葉を入れる。Ⅲは「軽く叩《たた》く」という内容から，

「とんとん」を入れればよい。

問４　傍線部の「その木」とは直前の「過去の止まり木」のことで，初音さんの生きる過去をたとえた表現である。したがって，「その木がどこにあるのか」わからないという内容は，初音さんがどの時代を生きているかわからないという意味に読み取れる。これらをふまえて解答をまとめる。

問５　「率直」とは自分の気持ちなどを飾ることなく，ありのままであること，という意味である。

問６　「何がかき集めようとしているのですか」とあるため，傍線部の主語を考える問題であることに注意。「散らばった数字」とは年齢のこと。直前に「脳味噌《のうみそ》が反応している」とあることから，傍線部は初音さんの脳味噌が自分の年齢を答えようとして数字を探しているという意味になる。十字程度という指定があるため「誰の」に当たる内容も補って答えよう。

問７　アは「彼女《かのじょ》の出産」とあるので，「初音さん」である。イは直前も含めると「赤ん坊の満州《ます》美《み》である。彼女を胎内で育てている」とあるため「満州美」である。

問８　ここでの「今」とは，過去に戻《もど》った「はたち」の初音さんにとっての「今」である。しかし現在の初音さんは九十七歳である。このズレを説明すればよい。

問９　直前の「ああ。この様子を満州美に見せたかった」に注目する。「初音さん」が「満州美」を妊娠していたころに戻り，いつくしんでいる姿をきっかけとして，傍線部の内容に続いていくことをふまえよう。１は「面白くて仕方がない」という点が，３は「気取った言葉遣い～痛々しく思う」が，４は「図々しさに，一度は驚いたが納得している」が誤り。

問10　１は「周囲の人が現実ではないのだと教えてあげることが良い介護」が誤り。２は「未来へとどんどん時間を進めて生きようとする」が誤り。３は本文の内容と合う。４は「同じ娘なのに忘れられた千里はやりきれない気持ちを感じている」という点が誤り。５は本文と合う。

2023年度 麹町学園女子中学校

【算　数】〈２月１日午後特待試験〉（45分）〈満点：100点〉

［注意事項《ちゅういじこう》］途中《とちゅう》の計算を消さないこと。

1 次の□にあてはまる数を求めなさい。

(1) $4503-2925+1175=\square$

(2) $36\div6\div2\times3+9\times5-3=\square$

(3) $100-50.04\div0.3\times0.5=\square$

(4) $\left(0.5-\frac{1}{3}\right)\times\frac{3}{4}\div0.25+2\frac{1}{6}=\square$

(5) $2\div\left\{2-1\div\left(1-\square\right)\right\}=8$

2 次の□にあてはまる数を求めなさい。

(1) 0.0007ｔは□ｇです。

(2) キウイ３個とみかん４個を買うと700円，キウイ２個とみかん２個を買うと420円です。このとき，みかん１個の値段は□円です。

(3) ある年の３月３日が月曜日のとき，この年の６月６日は□曜日です。

(4) ある規則《きそく》にしたがって，次のように数が並んでいます。
1，4，10，19，□，46

(5) 図のように１辺10cmの正方形に円をぴったり入れたとき，斜線《しゃせん》部分の面積は□cm^2です。ただし，円周率は3.14とします。

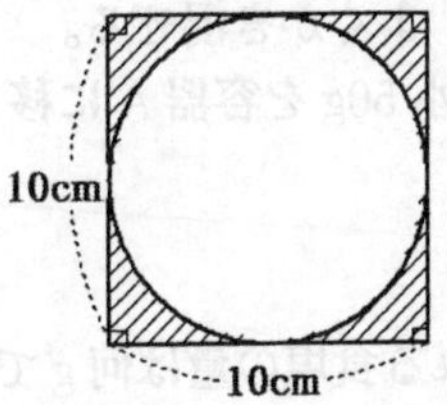

(6) 歯数32の歯車Aと歯数48の歯車Bがかみ合っているとき，歯車Aが12回転すると歯車Bは□回転します。

3 K中学校の１年生120人の中で，メガネとコンタクトレンズの使用状況を調べたところ，メガネもコンタクトレンズも使わない人は全体の $\frac{2}{5}$ でした。メガネを使う人は52人，コンタクトレンズを使う人は45人でした。このとき，次の問いに答えなさい。

(1) メガネもコンタクトレンズも使わない人は何人ですか。

(2) メガネとコンタクトレンズの両方を使う人は何人ですか。

4 兄は自宅から公園まで走り，２分間休憩《きゅうけい》した後，自宅まで戻り，３分間休憩した後，再び公園まで走りました。また妹は兄と同じ時刻に自宅を出発し，兄と同時に公園に着きました。右のグラフは，そのときの２人のようすを表したものです。兄と妹の速さがそれぞれ一定のとき，次の問いに答えなさい。

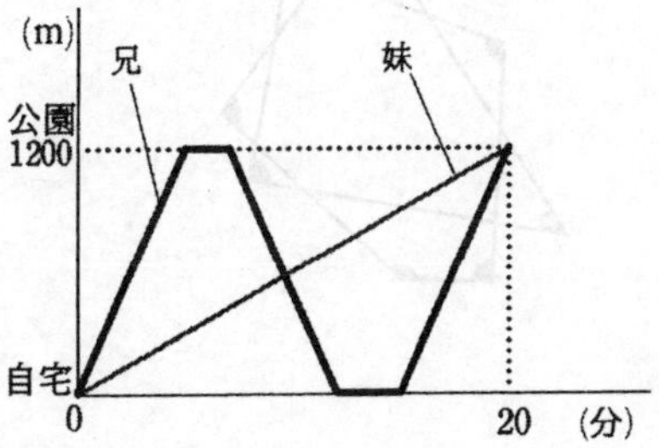

(1) 妹の速さは分速何mですか。

(2) 兄の速さは分速何mですか。

(3) 兄と妹がすれ違った場所は，自宅から何mのところですか。

5 12％の食塩水200gが入った容器Aと，7％の食塩水200gが入った容器Bがあります。
次のような操作をしました。

操作［1］： 容器Aの中の食塩水50gを容器Bに移し，よくかき混ぜる。
操作［2］： 操作［1］を終えた後，容器Bの中の食塩水50gを容器Aに移し，よくかき混ぜる。

このとき，次の問いに答えなさい。

(1) 操作［1］で，容器Aから容器Bに移した食塩水にふくまれる食塩の量は何gですか。

(2) 操作［2］を行った後，容器Aの食塩水の濃度《のうど》は何％になりますか。

6 次の問いに答えなさい。

(1) 下の図で，直線①と直線②は平行です。このとき，角アの大きさを求めなさい。

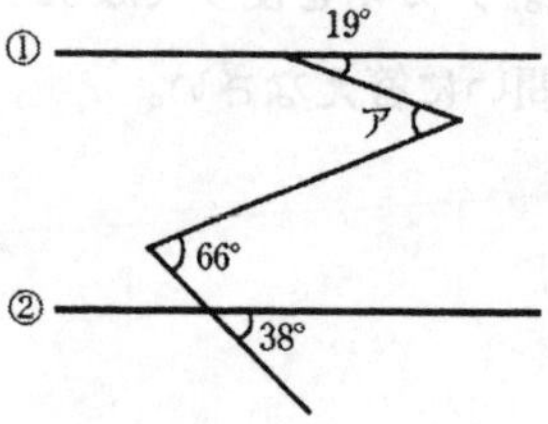

(2) 下の図で，印のついた角をすべてたすと，何度になりますか。

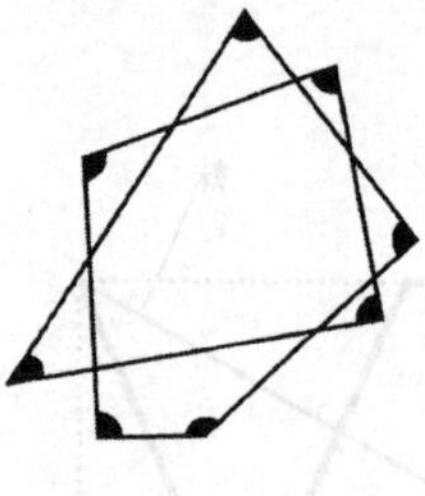

【社　会】〈2月1日午後特待試験〉（理科と合わせて50分）〈満点：50点〉

1　次の文章を読んで、問いに答えなさい。

新型コロナウイルス感染症の影響で、日本各地の伝統行事が中止や縮小を余儀なくされてきましたが、2022年の夏には感染対策を工夫した上で、様々なお祭りが再開されました。例えば7月には①京都市で2年ぶりに祇園祭《ぎおんまつり》の山鉾巡業《やまぼこじゅんぎょう》がおこなわれました。祇園祭は②八坂神社の祭礼で、山鉾は車の上に人形や大きな建物を乗せ、人がひきまわすものです。山鉾は豪華な③織物などで装飾され、「動く美術館」ともいわれます。祇園祭の山鉾巡業は2009年に（　④　）の無形文化遺産に登録されています。

⑤東北三大祭りのうち2年間中止されていた「⑥青森ねぶた祭」と「⑦秋田竿燈《かんとう》まつり」も再開され、規模を縮小しておこなわれていた「⑧仙台七夕まつり」も以前通りの規模で開催されました。

お祭りの本来の目的は神様に感謝することです。日本では古くからすべてのものに神が宿ると考えられてきました。豊作や⑨豊漁を願うこと、人々が健康で安全に生活できることを祈《いの》っておこなわれてきたお祭りですが、近年は一部の地方でその存続が難しくなってきています。有名な⑩徳島県の阿波踊りも、開催《かいさい》にかかる費用の赤字がふくらみ大きな話題になりました。日本の文化であり、人々を結び付けていくお祭りを、これからどうつないでいくかが課題です。

問1.

下線部①について、京都市がある京都府は日本海に面した舞鶴湾があります。舞鶴湾に見られるのこぎりの歯のように入り組んだ海岸を何というか答えなさい。

問2.

下線部②について、神社の地図記号を下の選択肢から1つ選んで、記号で答えなさい。

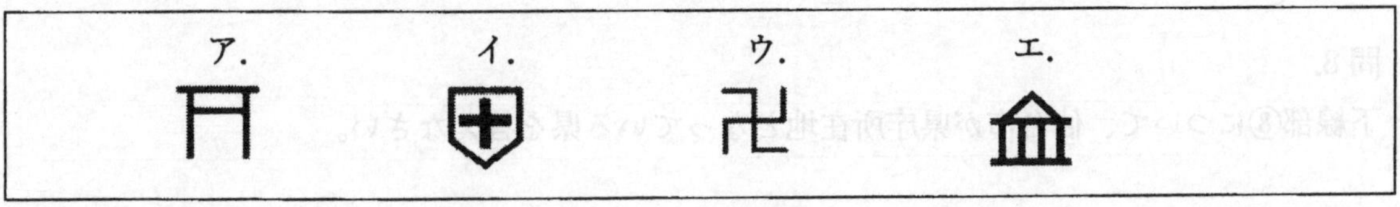

問3.

下線部③について、京都の伝統的な織物を下の選択肢から1つ選んで、記号で答えなさい。

ア. 加賀友禅　　イ. 小千谷ちぢみ　　ウ. 西陣織　　エ. 近江上布

問4.

(④)にあてはまる、世界遺産を選定するなどの活動をおこなっている国連の専門機関をカタカナで答えなさい。

問5.

下線部⑤について、東北地方では高速道路沿いにコンピューターの部品であるIC(半導体)の工場が多く集まり発展しました。このことから、東北地方はアメリカの世界的なIC生産地にちなんで「(　　)ロード」と呼ばれていました。(　　)にあてはまる語句を答えなさい。

問6.

下線部⑥について、青森市のある青森県と秋田県には世界自然遺産である白神山地がまたがっています。この白神山地で広く見られる原生林の樹木の種類を下の選択肢から1つ選んで、記号で答えなさい。

ア. スギ　イ. マツ　ウ. ヒノキ　エ. ブナ

問7.

下線部⑦について、秋田市の気候を説明した文としてもっとも適切なものを、下の選択肢から1つ選んで、記号で答えなさい。

ア. 冬が長く寒さが厳しいです。梅雨がないため、年間降水量は比較的少ないです。
イ. 一年を通して気温が高い上、台風の通り道にあたることから降水量が多いです。
ウ. 山地にはさまれているため降水量が少なく、晴れの日が多いです。
エ. 北西から吹いてくる冬の季節風の影響で、降雪量が多いです。

問8.

下線部⑧について、仙台市が県庁所在地となっている県を答えなさい。

問9.

下線部⑨について、日本の漁業において重要な漁場である排他的経済水域とは、沿岸から何海里の範囲を指すか数字で答えなさい。

問 10.

下線部⑩について、徳島県の位置を、下の地図中の選択肢から１つ選んで、記号で答えなさい。

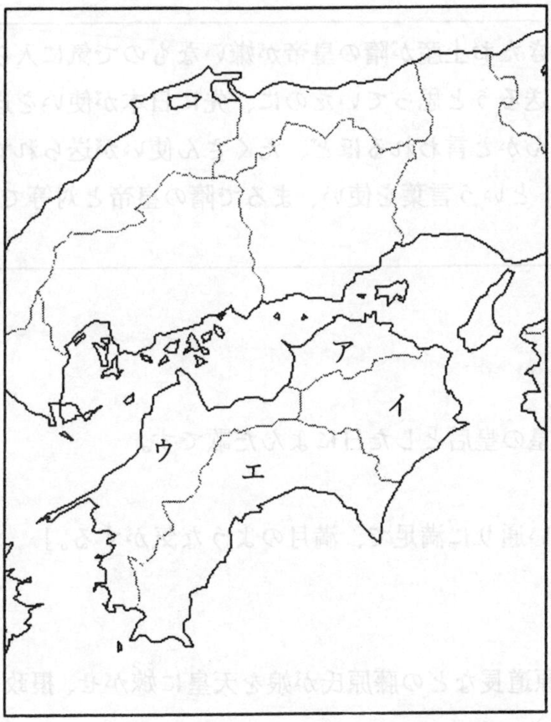

2　次の資料を読んで、問いに答えなさい。なお、資料はわかりやすいように作問者が編集しているものもあります。＊参考資料　新訂資料カラー歴史（浜島書店）

あ.

（説明）

隋の煬帝《ようだい》という皇帝の時代に、倭（＊当時の日本をあらわす名称）の王が①使いを送り、その使いが差し出した国書の内容です。

（資料）

「太陽の昇る東方の国の天子が、国書を太陽の沈む西方の天子に差し上げます。おかわりありませんか。」

問 1.

下線部①について、この隋への使いとして送られた人物を答えなさい。

問 2.

この資料にしるされた内容の国書は、隋の皇帝の怒りをかったとされています。その理由として適切なものを、下の選択肢から１つ選んで、記号で答えなさい。

ア．日本の王がもってきたお土産が隋の皇帝が嫌いなもので気に入らなかったから。
イ．隋の方から使いを送ろうと思っていたのに、先に日本が使いを送ってきたから。
ウ．おかわりありませんかと言われるほど、たくさん使いが送られていなかったから。
エ．日本の王が「天子」という言葉を使い、まるで隋の皇帝と対等であるかのようだったから。

い.

（説明）

②藤原道長が三女を天皇の皇后とした日によんだ歌です。

（資料）

「この世はすべてが思い通りに満足で、満月のような気がする。」

問 3.

下線部②について、藤原道長などの藤原氏が娘を天皇に嫁《とつ》がせ、摂政や関白としておこなった政治の名称を答えなさい。

問 4.

藤原道長は「満月」で何を表現しようとしたか、説明している文としてもっとも適切なものを下の選択肢から１つ選んで、記号で答えなさい。

ア．自分の存在が満月のように輝いていることを表現しました。
イ．自分の権力が欠けていない満月のように完璧であることを表現しました。
ウ．自分の娘が満月のように光り輝くように美しいことを表現しました。
エ．自分の娘が満月のようにかわいらしく愛おしいことを表現しました。

う.

(説明)

江戸時代の③松平定信による改革について人々がよんだ歌です。

(資料)

白河の清きに魚のすみかねて　もとの濁りの田沼恋しき

問5.

下線部③について、この改革の名称を下の選択肢から1つ選んで、記号で答えなさい。

ア. 安政の改革	イ. 寛政の改革	ウ. 享保の改革	エ. 天保の改革

問6.

この資料で表現されていることについて述べた文で、もっとも適切なものを下の選択肢から1つ選んで、記号で答えなさい。

ア. 松平定信の改革への失望	イ. 松平定信の改革への期待
ウ. 田沼意次の改革への批判	エ. 田沼意次の改革への絶望

え.

(説明)

この条約は、江戸時代末期に老中の井伊直弼が朝廷のゆるしを得ないで、④アメリカと調印をした条約です。

(資料)

「日本に輸出入されるすべての品物は、別冊の通り、日本の役所に関税を納めること。」

＊別冊には関税は日米が協定して決めることが定められています。

「⑤日本人に罪を犯したアメリカ人は、アメリカ領事裁判所で取り調べの上、アメリカの法律によって罰すること。」

問7.

下線部④について、1858年に結んだこの条約の名称を答えなさい。

問8.

下線部⑤について、このような取り決めで日本がアメリカに認めた権限の名称を答えなさい。

お．

（説明）

板垣退助などが議会を開いて国民が政治に参加できる政治を目指して民撰議院設立の建白書を政府に提出しました。

（資料）

「現在政権を握《にぎ》っているのは、上は天皇でもなく、下は人民でもない。一部の役人が独占《どくせん》している。世論を尊重し、公平な議論をおこなうことが必要であり、それには⑥民撰議院を設立することしかない。」

問９．

下線部⑥について、下の文はこの後開設された民撰議院（帝国議会）で成立した法律の説明です。下の文で述べられた法律の成立した時代が古い順に並べ替えて、記号で答えなさい。

ア．政府は衆議院議員選挙法を改正して、女子にも選挙権をあたえました。
イ．普通選挙法成立にあたり、政府は社会運動を抑えるため治安維持法を成立させました。
ウ．日中戦争が長期化すると、政府は物資などを確保するために国家総動員法を成立させました。

か．

（説明）

この歌は日露戦争の戦場へ行く弟を思って、与謝野晶子がよんだ歌です。

（資料）

ああ弟よ君を泣く/君死にたもうことなかれ/末に生まれし君なれば/親の情けはまさりしも親は刃をにぎらせて/人を殺せと教えしや/人を殺して死ねよとて/二十四まで育てしや

問10．

この資料の与謝野晶子の歌について述べた文としてもっとも適切なものを、下の選択肢から１つ選んで、記号で答えなさい。

ア．愛する弟を戦場に兵士として送り出すことに対する、誇らしさを表現しています。
イ．戦争で人を殺せと教えてきた家庭での教育の成果を待ち望む気持ちを表現しています。
ウ．弟が戦場に送られることから生まれた、戦争に反対する気持ちを表現しています。
エ．弟の代わりに自分が戦場で活躍したいという弟をうらやむ気持ちを表現しています。

3 次のまち子さんと先生の会話文を読んで、問いに答えなさい。

（先　生）最近気になるニュースはありましたか？
（まち子）ニュースで日本の①防衛費が増額されると報じられていました。なぜ増額する必要があるのか気になります。
（先　生）政府の方針では、ロシアによる②ウクライナの軍事侵略などをふまえて防衛力の強化を目指しているようです。
（まち子）防衛力を強化するってことは、日本の③自衛隊がこの戦闘に参加する可能性があるってことですか？
（先　生）④戦闘に参加する可能性はきわめて低いです。政府はウクライナに支援物資を送ったり、ウクライナからの避難民への支援をしたりしています。
（まち子）日本は（　⑤　）の構成国と連携することも重要になりそうですね。
（先　生）その通りですね。国連の⑥司法機関である国際司法裁判所がロシアに対して軍事行動への責任を追及《ついきゅう》することも重要になりそうです。

問 1.

下線部①について、防衛費は国家予算からあてられます。右のグラフは、2022 年度の国の予算（総額約 107.6 兆円）の歳入の構成を示しています。グラフの（　＊　）には、税収入のうち、最大の割合である間接税があてはまります。（　＊　）にあてはまる税の名称を答えなさい。

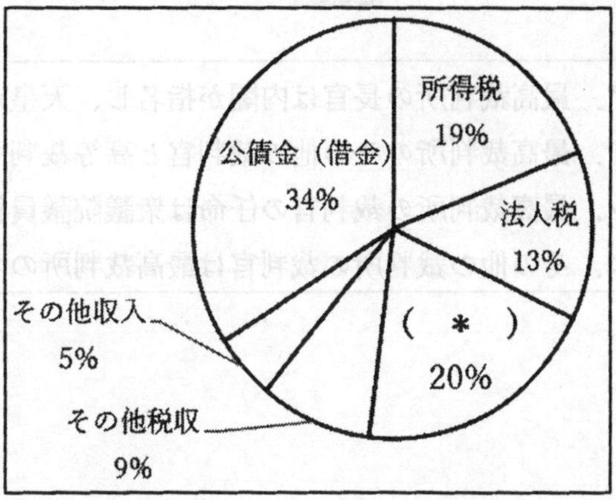

（財務省 HP のデータより出題者が作成）

問 2.

下線部②について、ウクライナに対する軍事侵略は 2022 年 2 月 24 日にはじまりました。この時点でのウクライナ大統領の名前を、下の選択肢から１つ選んで、記号で答えなさい。

ア．プーチン　　イ．バイデン　　ウ．ゼレンスキー　　エ．マクロン

問3.

下線部③について、自衛隊は日本の防衛任務、災害救助のほか、世界の平和や安全を維持するための活動もおこなっています。この活動を何というか答えなさい。

問4.

下線部④について、日本が戦闘に参加する可能性がきわめて低い理由として、憲法第 9 条において徹底《てってい》した戦争の放棄・戦力の不保持・交戦権の否認をさだめていることがあげられます。このような考え方をもつ、日本国憲法の三原則の一つを答えなさい。

問5.

（ ⑤ ）には、フランス、アメリカ、イギリス、ドイツ、日本、イタリア、カナダで構成される首脳会議があてはまります。この首脳会議の名称を答えなさい。

問6.

下線部⑥について、日本の裁判官の任命に関する説明として適切でないものを、下の選択肢から１つ選んで、記号で答えなさい。

ア．最高裁判所の長官は内閣が指名し、天皇が任命します。
イ．最高裁判所のその他の裁判官と高等裁判所長官は内閣が任命し、天皇が認証します。
ウ．最高裁判所の裁判官の任命は衆議院議員総選挙における天皇の審査にもとづきます。
エ．その他の裁判所の裁判官は最高裁判所の名簿によって内閣が任命します。

4　下は中学1年生のまち子さんの日誌です。これを読んで問いに答えなさい。

今日テレビ番組で、①長崎県にはしっぽの曲がった「尾《お》曲《ま》がり猫《ねこ》」がたくさんいるというニュースを見ました。私は猫が好きなので、興味をもってさらに調べてみました。

ある大学教授の調査、研究によると、地域猫（野良猫）の中の「尾曲がり猫」の割合は、日本全国で約4割ほどであるのに対し、長崎県では約8割にものぼるとのことです。そして同じような「尾曲がり猫」は②インドネシアに多く見られ、野良猫の9割以上が「尾曲がり猫」である地域さえ存在するそうです。

一方、長崎県は地域猫が多いため、処分される頭数も多いという問題があったようです。県庁所在地の③長崎市では処分される動物を減らすため、県内初の動物愛護（　④　）を制定し、地域の人々がエサをあげるときのルールなども定めました。

インドネシアに多くいる「尾曲がり猫」がなぜ長崎県にも多く見られるのか、その理由をさらに詳しく調べてみようと思っています。—⑤

問1.

下線部①について、長崎県の西側には日本海に流れ込む温かい海流が流れています。この海流を何というか答えなさい。

問 2.

下線部②について、日本とインドネシアの位置を示した地図からわかることとしてもっとも適切なものを、下の選択肢から1つ選んで、記号で答えなさい。

ア. 日本から見てインドネシアは北の方角にあります。
イ. インドネシアは赤道の近くなので、気温が高いです。
ウ. インドネシアと日本では約半日の時差が発生します。
エ. インドネシアはヨーロッパに属する国です。

問 3.

下線部③について、1945 年、長崎市は広島市に続いて原子爆弾を投下されました。この日は何月何日か答えなさい。

問 4.

（　④　）には地方自治体で制定される法を表す語句が入ります。（　④　）にあてはまる語句を答えなさい。

問 5.

⑤について、まち子さんが引き続き調べた結果、下の２つのことがわかりました。これらと、今まであなたが学習してきたことを踏まえて、「尾曲がり猫」がなぜ長崎県に多くいるか説明しなさい。

・インドネシアは、日本の江戸時代にはオランダの植民地でした。
・貿易船では積み荷がねずみに食い荒らされるのを防ぐために猫を乗せていました。

【理　科】〈２月１日午後特待試験〉（社会と合わせて50分）〈満点：50点〉

〈編集部注：実際の試験問題では，**1**の図はカラーです。〉

1

下の図および雲に関する［文１］、［文２］を読み、あとの問いに答えなさい。

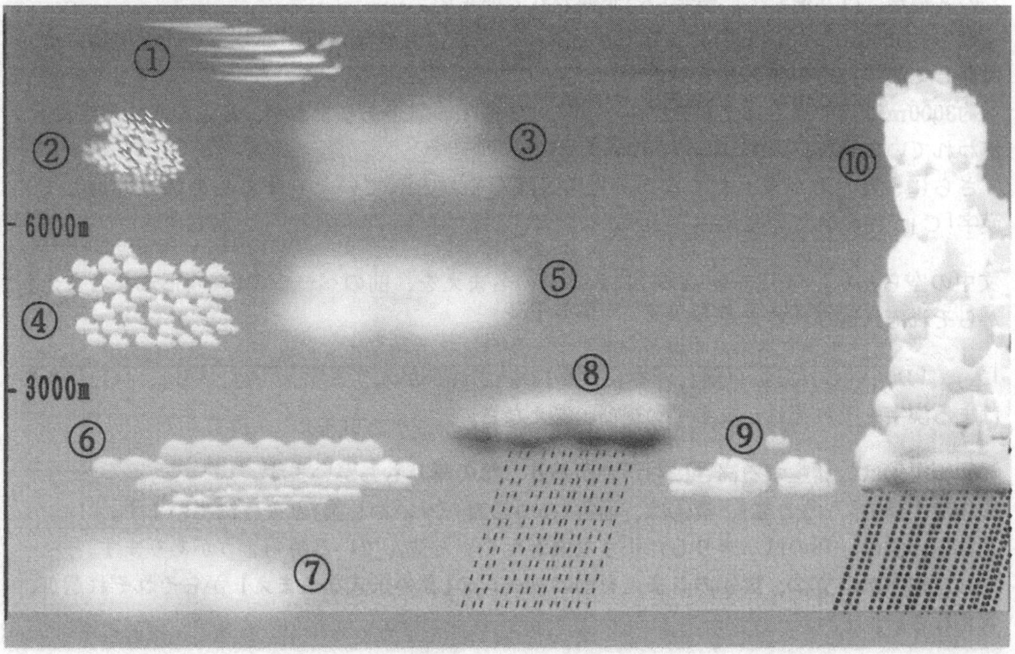

［文１］　上の図の①～⑩の雲は、「十種雲形《うんけい》」という基本的な10種類の雲をえがいたものです。雲①～⑧ は″横″ に広がる雲、雲⑨、⑩ は″たて″にのびる雲であり、大きく２つに分けられます。これらの10種類の雲の正式な名まえは、下に書かれているもののいずれかです。

【雲の正式な名まえ】

積雲《せきうん》	層雲《そううん》	巻雲《けんうん》	層積雲《そうせきうん》	高積雲《こうせきうん》	巻層雲《けんそううん》	高層雲《こうそううん》	巻積雲《けんせきうん》	乱層雲《らんそううん》	積乱雲《せきらんうん》

名まえに使われている漢字はその雲の特ちょうと深い関係があります。また、それぞれの雲には、これらの名まえとは別に「通　称《つうしょう》」も使われています。

雲⑩は夏の季節によく見られる有名な雲です。雲の真下では激しい雨や風、時にかみなりも発生させる雲です。この雲の正式な名まえは「積乱雲」、通称は「入道雲」です。

この「積乱雲」の名まえに使われている漢字「積」は、かたまり状の形のはっきりとした雲の名まえに用いられます。もう１つの漢字「乱」は、雨を降らせる雲に用いられます。

雲の名まえに用いられている漢字は、この「積」「乱」のほかに、高さのちがいを表す漢字「A」と漢字「B」、全体の姿を表す漢字「C」が使われています。

では、ほかの雲①～⑨の名まえを考えましょう。

たてにのびる雲の一種の雲⑨は、通称「わた雲」とよばれ、晴天時によく見られます。正式な名まえは、かたまり状の形のはっきりした雲であるところから、“ 雲 ”と漢字一文字を用いて「（　ア　）」とよばれています。

次に、横に広がる雲①～⑧の中で、雨を降らせる雲の一つである雲⑧は、通称「あま雲」とよばれ、シトシトとした雨を降らせます。この雲の正式な名まえは「（　イ　）」です。

雲①～⑦は、発生する高さにより3つのグループに分けられます。

図からわかるように、約6000m以上の高さにできるグループには3種類の雲があります。この3種類には共通して、漢字「A」が使われています。

高さ約3000m～6000mの高さにできるグループには2種類の雲があり、この2種類には共通して漢字「B」が使われています。

約3000m以下の高さにできるグループには3種類の雲がありますが、高さを表す漢字は使われていません。

さらに、雲の形がまったくなかったり、ぼんやりとしていたりするものには共通して、漢字「C」が使われています。

（1）文中の空らん（　ア　）、（　イ　）に入る雲の名まえを、前のページの【雲の正式な名まえ】からそれぞれ選び、答えなさい。

（2）「A」、「B」、「C」には、「層」、「巻」、「高」のいずれかが入ります。「A」、「B」、「C」にあてはまる漢字をそれぞれ一文字ずつ選び、答えなさい。

（3）雲②、雲④は、発生する高さにちがいがあり、雲の厚みもちがいます。
雲②は、通称「うろこ雲」、雲④は、通称「ひつじ雲」や「いわし雲」とよばれています。
これらの雲は、形のはっきりした小さな雲がたくさん並んでいる特ちょうがあります。
これを参考に、雲②、雲④の名まえを前のページの【雲の正式な名まえ】からそれぞれ選び、答えなさい。

（4）雲③、雲⑤、雲⑦は、発生する高さにちがいがあり、雲の厚みもちがいますが、いずれも輪《りん》かくがはっきりとしないぼんやりとした雲です。
これを参考に、雲③、雲⑤、雲⑦の名まえを前のページの【雲の正式な名まえ】からそれぞれ選び、答えなさい。

（5）雲①は、巻いた毛をはけでかいたような形の雲です。
この特ちょうを参考に、雲①の名まえを前のページの【雲の正式な名まえ】から選び、答えなさい。

［文2］　雲の正体は、空中に浮《う》いた（　ウ　）の粒《つぶ》や（　エ　）の粒《つぶ》です。

雲④～雲⑩は、基本的には(ウ)が空に浮《う》いたものですが、この(ウ)の粒《つぶ》どうしが集まり落ちてくることがあります。これが雨です。「温かい雨」ともよばれます。

また、雲の中で強く上昇する風が発生し上空で冷やされて(エ)となる場合、これが成長しあられやひょうとなったのちに地上に降ってくることもあります。地上に着くまでにとければ雨となり、「冷たい雨」ともよばれます。

冬場に衣類どうしがこすれ合って発生する（　オ　）は、雲⑩の内部でもあられやひょうがこすれ合うことによって発生します。これがかみなりのもととなります。

（6）［文2］の空らん(ウ)～(オ)に入ることばを答えなさい。

2

（１）次の文章の空らん（ Ａ ）、（ Ｂ ）に入る最も適当な言葉を答えなさい。なお、順番は問いません。

植物は私たちとちがい、ほかの動物や植物を食べることはほとんどありません。その代わりに根を使い、土から（ Ａ ）や（ Ｂ ）を吸収したり、葉やくきの一部で栄養をつくったりすることで生きています。

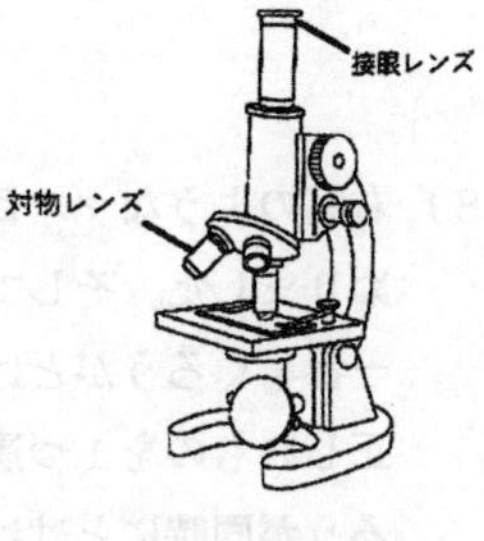

（２）けんび鏡を組み立てるときは、必ず接眼レンズをつけてから対物レンズを取りつけなくてはいけません。このようにするのは何を防ぐためですか。簡単に説明しなさい。

（３）植物の種子が発芽するために必要な３つの条件をすべて答えなさい。

（４）水にミョウバンを完全にとかしました。このミョウバンの水よう液からミョウバンをとり出す方法を簡単に答えなさい。

（５）二酸化炭素を通すと白くにごる性質をもつ水よう液の名まえを答えなさい。

（６）夏至《げし》の日とはどのような特ちょうをもっていますか。正しいものをア～エから１つ選び、記号で答えなさい。

ア．　必ず１年で最も気温が高くなる

イ．　７月下旬であることが多い

ウ．　おおいぬ座が夜中に南の空に見える

エ．　この日の前後に、１年で最も日の出の時刻が早くなる

（７） 地層ができる主な原因として正しいものをア～エから２つ選び、記号で答えなさい。

ア． 土砂《どしゃ》が川の流れによって運ばれ、たい積するから
イ． 大量の土砂が風によって運ばれ、たい積するから
ウ． 土砂が動物によって運ばれ、たい積するから
エ． 火山の噴火《ふんか》でふき出した火山灰がたい積するから

（８） 右図のようなマス目を引いた金ぞくの板を用意し、全体にろうをぬりました。そして図の×の場所をアルコールランプで熱しました。一番早くろうがとけはじめたのは ア～エ のどの場所ですか。正しいものを１つ選び、記号で答えなさい。ただし、全ての場所のろうが同時にとけはじめる場合は“オ”と答えなさい。

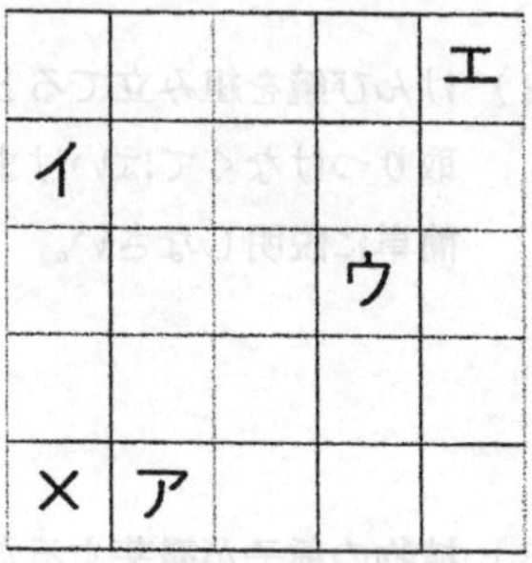

（９） もとの長さ 10cm のばねがあります。このばねは 10ｇのおもりをつるすと３cmのびます。下図のようにおもりをつるしました。Ａの長さは何 cm になりますか。ただし、ばねや糸の重さは考えないものとします。

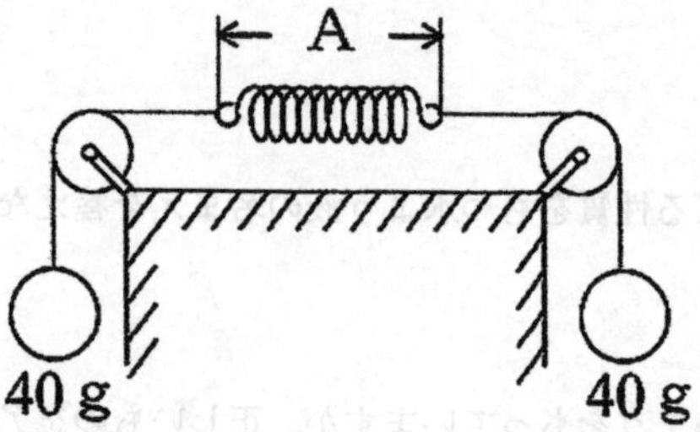

（10） 下図のピンセットのア～ウの点のうち、支点はどこですか。正しいものをア～ウから１つ選び、記号で答えなさい。

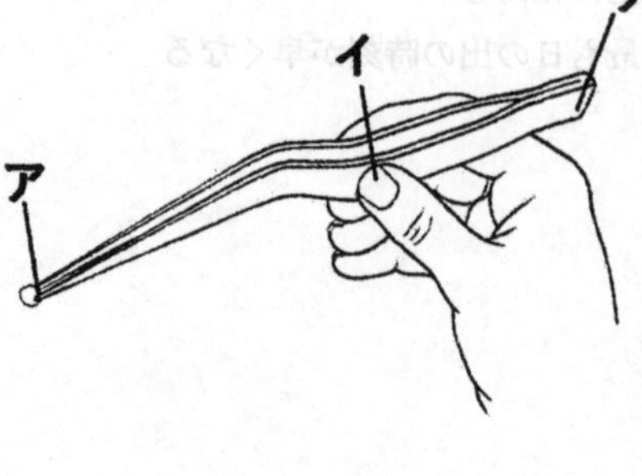

問六、―――線部④「語尾が少し震えていた」とありますが、この時の恵子の状況《じょうきょう》としてもっともふさわしいものを次から一つ選び、番号で答えなさい。

1、亡くなった母の話題に触《ふ》れたくなかったのに、ことばにしてしまったことで泣きそうになる気持ちを懸命《けんめい》にがまんしている。

2、母を亡くした悲しみを、無意識の発言だったふりをして思い出させた雅夫への怒《いか》りの気持ちを表に出さないようにこらえている。

3、自転車の乗り方を教えてくれた時にはやさしかった母が、亡くなる時にはその見るかげもなくなっていた恐怖《きょうふ》を思いだしてしまっている。

4、母を亡くした悲しみを忘れることのできない自分たち姉妹《しまい》の前で、母の話題を何の気なしに持ち出してくる雅夫の無神経さにあきれている。

問七、―――線部⑤「恵子ちゃんは何かをこらえるように歯を食いしばり、立ち尽くしていた」とありますが、この時の恵子の思いはどのような思いですか。「～という思い。」につながるように、二十五字以上三十五字以内で答えなさい。

問八、恵子と雅夫との学年の差はいくつですか。数字で答えなさい。漢数字・算用数字のどちらで解答してもかまいません。

問九、この文章の特徴《とくちょう》や内容としてふさわしいものを次から二つ選び、番号で答えなさい。

1、最後の美子・広子・雅夫が泣く場面では、全員同じ理由で泣いている。

2、多くの会話を用いることで、各登場人物の気持ちがわかりやすくなっている。

3、雅夫が自転車に乗れるようになったことを通じて、雅夫の心の成長を描《えが》いている。

4、同じ「姉」という立場でも、恵子と広子は全体を通じて対照的に描かれている。

5、恵子は、雅夫の実の姉の広子よりもやさしい人物として描かれている。

6、雅夫が自転車に乗れるようになったアドバイスは、恵子と美子が行った。

問一、═══線部ア～ウのことばの本文中での意味としてもっともふさわしいものを後から一つずつ選び、番号で答えなさい。

ア「神妙な」　１、理解した　２、使命に燃えた　３、不思議そうな　４、深刻な

イ「はにかんで」　１、人見知りして　２、はずかしがって　３、ほほえみあって　４、不安そうにして

ウ「仲裁」　１、指示すること　２、審判《しんぱん》をすること　３、間を取りもつこと　４、グループを率いること

問二、――線部①「あの子らの前で『お母さん、お母さん』って甘えたらあかんよ」とありますが、なぜ恵子と美子の前では母に甘えてはいけないのですか。三十字以上四十字以内で答えなさい。

問三、――線部②「わかった」とありますが、この時の広子の思いとしてもっともふさわしいものを次から一つ選び、番号で答えなさい。

１、親戚たちからしっかりした子どもだと思われるようにしようと思っている。
２、弟が母親の膝に載らないようにきちんと見張っていようと思っている。
３、いつものように母親に甘えたいけれども、今日だけはがまんしようと思っている。
４、いとこの恵子と美子に気をつかって行動するようにしようと思っている。

問四、……線部全体で「問題にもしないで」という意味になります。空らん[A]にあてはまることばをひらがな二字で答えなさい。

問五、――線部③「それ」とありますが、雅夫は恵子から「それ」を教えられたことで、自転車に乗る時にどのようなことに気をつけるようにしましたか。具体的に三点あげなさい。なお、それぞれ十字以内とし、文末を「～こと。」で終わるようにすること。

やんの声が背中に降りかかる。
境内《けいだい》の端《はし》まで行き、ブレーキをかけて止まった。雅夫は初めての経験に興奮した。とうとう自転車に乗れた。
「凄いねえ、雅夫君。すぐに乗れたやないの。やっぱ運動神経がええからやわ」
恵子ちゃんが大袈裟《おおげさ》に褒《ほ》めてくれる。姉と美子ちゃんも「凄い、凄い」と笑顔《えがお》で驚《おどろ》いていた。
「わたし今、絵を習っとるけど、何でも一人でやるより先生に習ったほうが近道なんやよ」
「へえー」
「自転車の練習だって、わたし、自分が教わったときのこと思い出して、③それを雅夫君に教えただけやもん」
「ふうん」雅夫は何気なく聞いた。「恵子ちゃんは誰に教わったの？」
恵子ちゃんが黙《だま》った。表情がさっと硬《かた》くなり、少し間を置いて、「お母さん」と答えた。④語尾《ごび》が少し震《ふる》えていた。雅夫は返事が出来なくなり、黙った。
それから五秒ぐらいして、美子ちゃんが声を上げて泣き出した。
恵子ちゃんがすかさず言った。「美子、泣いたらあかんて。お姉ちゃんと約束したやないの」
そう言い終わらないうちに、姉も泣き出した。
「どうしたの、広子ちゃんまで、泣いたらあかんて」
つられて雅夫も泣いた。三人揃《そろ》って、わんわん泣いている。
「あかんやないの、泣いたら」
⑤恵子ちゃんは何かをこらえるように歯を食いしばり、立ち尽《つ》くしていた。
子供たちの泣き声は、蝉《せみ》との合唱になって、しばらく境内の森の中に響《ひび》いた。

（奥田英朗《おくだひでお》「夏のアルバム」設問の関係上、表記を改めている。）

※１　下川君や伊藤君……雅夫と仲のよい同級生で、二人はすでに補助輪なしの自転車を乗りこなしている。
※２　自然と乗れるようになるから……伊藤君から借りた補助輪なしの自転車を乗りこなせない雅夫に対する、下川君と伊藤君のことば。
※３　在所……郷里、ふるさと。
※４　納屋……物置小屋。
※５　『ものしり博士』のケペル先生……『ものしり博士』は子ども向けテレビ番組のタイトル。ケペル先生はその登場人物。

「もう載らんて。家でも載らんやん」
「広子ちゃんもわかっとる？」
「②わかった」
母が真剣《しんけん》に言うので、姉もア神妙《しんみょう》な顔でうなずいた。
父が運転する車で出かけた。在所に着くと、父はたくさんの親戚に挨拶《あいさつ》し、少しいただけで帰っていった。こうなると子供天国だ。
最初は久しぶりに会ういとこ同士、少しイはにかんでいたが、すぐに緊張《きんちょう》も解け、遊びが始まった。
一番に行くのはお寺だ。子供が五人がかりで手をつないでも輪を作れない巨木《きょぼく》があって、そこでだるまさん転んだをやるのが手始めだ。
雅夫はついでに自転車の練習もしたかったので、在所の納屋にあった子供用自転車を借りて引いて行った。古びたポンコツなので、練習にはちょうどいい。油が足りないのか、動かすとキーキー音がした。
いとこたちのリーダーは恵子ちゃんだった。恵子ちゃんが仕切ったり、ウ仲裁《ちゅうさい》したりして、みんなでにぎやかに遊ぶ。
だるまさん転んだが一段落したところで、雅夫は恵子ちゃんに自転車の練習を手伝って欲《ほ》しいと頼《たの》んだ。サドルの位置が高かったので、足がちゃんとつかず、誰《だれ》かにうしろで持っていてもらわないと漕《こ》ぎ出せないのだ。
「うん、いいわよ」恵子ちゃんはやさしく応じてくれた。
姉と美子ちゃんもそばで見守った。
「雅夫君、肩《かた》に力が入り過ぎ。もっと力を抜《ぬ》いて」
「背筋を伸《の》ばして。そうそう、重心を腰《こし》に乗せる感じ」
恵子ちゃんは先生みたいだった。さすが六年生は頼りになる。
十分ほど練習を続けたところで、恵子ちゃんが高らかに言った。
「わかった。雅夫君の欠点がわかった」
※5『ものしり博士』のケペル先生のように、右の拳《こぶし》を左のてのひらに打ち付けている。
「あのね、雅夫君。すぐ下を向くからあかんの。もっと遠くを見るの。やってみて」
雅夫はその通りやってみることにした。遠くを見る。そして肩の力を抜き、背筋を伸ばして漕ぎ出す。
自転車はするすると進んだ。「凄《すご》い、凄い。そのまま漕いで、漕いで」恵子ちゃんが小走りについてくる。
「下を向いたらあかんよ。そのまま真正面を見て」
自転車はふらつかなかった。どんどん加速する。石の段差があったが、A ともせず、乗り越《こ》えた。「やった、やった。乗れた、乗れた」恵子ち

五 次の文章を読んで、後の問いに答えなさい。（字数制限については、句読点・記号も一字と数えます。）

小学校二年生の雅夫《まさお》は、補助輪なしで自転車に乗れるようになりたいと思っているが、まだ雅夫が幼く危ないことを理由に、母から許可されていない。雅夫は、母にかくれて友人の補助輪なしの自転車を借りて練習中である。また、母の姉である伯母《おば》には二人の娘（恵子《けいこ》とその妹の美子《よしこ》）がいる。二人は、雅夫の二歳上の姉・広子《ひろこ》と仲が良い。梅雨《つゆ》のころに、伯母が病気で亡《な》くなってしまった。次は、それからしばらくたったお盆《ぼん》の時期の場面である。

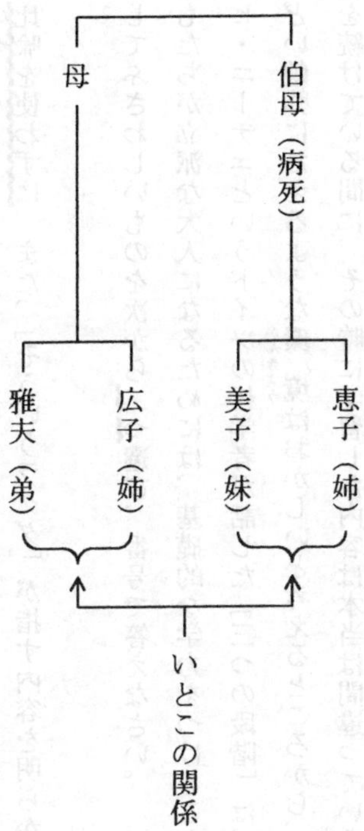

夏休みに入ったら、雅夫の毎日はプール通いが中心になった。午後一時に小学校に行って、二時半まで低学年用プールで遊んで、そのまま※1下川《しもかわ》君や伊藤《いとう》君と夕方まで校庭で遊ぶ。学校へは徒歩で行くのが決まりなので、自転車にはあまり乗っていなかった。雅夫の中で焦《あせ》っていた気持ちが、なんとなく緩《ゆる》んだ。※2自然と乗れるようになるから――。今はこの言葉に頼《たよ》り切りだ。

そんな中、母の※3在所《ざいしょ》に行くことになった。毎年お盆は親戚《しんせき》が全員集まる。母は八人兄妹《きょうだい》なので、いとこは二十人近くいた。赤ん坊《ぼう》から高校生までいる。いとこたちの多くはお盆をはさんで一週間近く泊《と》まっていった。母の在所は農家だから家は広い。※4納屋《なや》も鶏小屋《とりごや》もある、近くには山があり、川があり、大きなお寺もあった。西瓜《すいか》は食べ放題、夜には庭で花火。雅夫にはこれこそが夏休みだった。

在所へ行く日、風呂敷《ふろしき》に着替《きが》えを包みながら、母は何度も雅夫と姉に言い聞かせた。

「あのね、在所には恵子ちゃんと美子ちゃんも来るけど、あんたら、①あの子らの前で『お母さん、お母さん』って甘《あま》えたらあかんよ」

「うん、わかった」

「ほんとにわかっとる？　雅夫君、お母さんのところに来ても、膝《ひざ》には載《の》せたらんでね」

問四、――線部④「最後に子どもになれる人は、ほんとうに立派な人生を送ってきた人です」とありますが、なぜそのようにいえるのですか。もっともふさわしいものを次から一つ選び、番号で答えなさい。

1、つらいと思いながらも勉強をがんばり、知識を深めながら、最後には自分なりの考えを作っていけるようになった人だから。
2、ラクダやライオンのような動物としての知能ではなく、人間らしい知能を身につけるためにがんばったといえるから。
3、ラクダのようにねばり強くどんなつらさにもたえることができたら、それは人としてすばらしい人生を歩めるということだから。
4、大きく強いラクダやライオンとは違い、人間の子どものような弱い立場を知っている人は、視野の広い人だといえるから。

問五、――線部⑤「批判する」とありますが、具体的にどのように行動することですか。本文中から一文で探し、はじめの五字を答えなさい。

問六、空らん ※ に入る文を、自分で考えて十五字以内で答えなさい。なお、解答には必ず「縄文人」ということばを用いること。

問七、――線部⑦「そういうラクダじゃないといけません」とありますが、「そういうラクダ」でないと大人になった時にどうなってしまうと筆者は述べていますか。比喩《ひゆ》を使わずに、また、「そういうラクダ」が指す内容を明らかにし、五十字以上六十字以内で答えなさい。

問八、この文の内容としてふさわしいものを次から二つ選び、番号で答えなさい。

1、小学生の子どもたちが立派な大人になるためには、基礎的な学力をつけることだけできれば、他の能力をつける必要はない。
2、フリードリッヒ・ニーチェというドイツの哲学者が話した「三つの段階」は、おもしろい観点の話ではあるが、実用的でない。
3、子どもがしんどい勉強にたえるような環境《かんきょう》はおかしいと考えるところから、ニーチェが大切だとする批判精神は育っていく。
4、一生懸命勉強を続けている間に、その時に学習した内容は本当は間違っているのではないかと考えるようになることは重要だ。
5、筆者は、作品「太陽の塔」を作った岡本太郎氏の、縄文時代の土偶をヒントにして作った創造性がすばらしいと述べている。
6、筆者の授業を受けている小学生たちのことを、筆者は「ラクダの段階」であるとして、しんどいことにたえる重要性をうったえている。

問一、空らん ア ～ エ にあてはまることばとしてもっともふさわしいものを次から一つずつ選び、番号で答えなさい。ただし、同じ番号は二度以上使えません。

1、そうして　2、だから　3、ところで　4、では

問二、――線部①「すそ野が広くなければならない」とありますが、「すそ野を広くしておくこと」とは何をすることの比喩《ひゆ》ですか。本文中から十字で探し、ぬき出しなさい。

問三、――線部②『ラクダ―忍耐』、⑥『赤ん坊―創造』とありますが、③「ライオン」について黒板に書く（板書する）としたらどのように書くことがふさわしいですか。左の図の空らん ★ ・ ☆ にあてはまることばを、 ★ は五字以内で、 ☆ は二字で本文中から探し、ぬき出しなさい。

ラクダ―忍耐
★ ― ☆
赤ん坊―創造

ることはできませんよ。

人間の一生においては、やっぱり創造が大事です。

▼硬直した人間の真似をして歩く。

みんな、将来、なにになりますか？

お役人になったり、実業家になったり、あるいはラーメン屋さんになったり、喫茶店《きっさてん》の経営者になったりしますね。そういう場合でも、やはり創造が大事ですね。

ラーメン屋をやるんでも、どうしたらおいしいラーメンをつくれるか考える。とんこつラーメンだけでなく、また新しいラーメンができるためには創造が必要です。

みなさんは、まだラクダだから、勉強はしんどい。だけど、将来、赤ん坊になるために、勉強しなければならない。

そういうふうに、私は考えています。

（梅原猛「学問の楽しさ」　河合隼雄《かわいはやお》・梅原猛『小学生に授業』　設問の都合上、一部表記を改めている。）

※１　しんどい……つらい。
※２　板書……黒板に書かれたもの。
※３　岡本太郎……一九一一年～一九九六年。日本の芸術家。
※４　太陽の塔……岡本太郎氏の代表的な作品。（下図）
※５　硬直……考えなどが固くなって柔軟《じゅうなん》でなくなること。

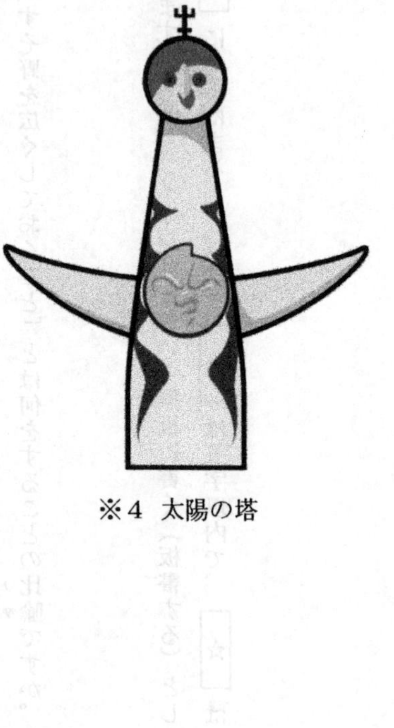

※４　太陽の塔

▼**板書の⑥「赤ん坊―創造」を指し示し、赤ん坊の真似をする。**

赤ん坊はいつも新鮮《しんせん》な目でモノを見るね。そういう赤ん坊の精神がないと、モノはつくれません。

最後には、モノをつくらなければいけないよ。

人生においては、創造することが大事なんです。

学者にも創造が必要です。学者は新しい真理に挑戦《ちょうせん》して、創造しなければならない。

しかし、創造が必要なのは、学者や芸術家にとってだけではないね。人生は、最後はやはり創造ですよ。

〈中略〉

※3岡本太郎《おかもとたろう》さん。この間亡《な》くなりましたが、「芸術は爆発《ばくはつ》だ」と言った人です。みんな知っているでしょう？

▼**「芸術は爆発だ」というところで、岡本太郎さんの感じを出す。子どもたちは笑う。**

万博《ばんぱく》公園に「※4太陽の塔《とう》」がありますね。あれは岡本太郎さんがつくりました。

みんなは、縄文《じょうもん》時代を知っていますか。

日本の昔の縄文時代に土偶《どぐう》がつくられましたが、「太陽の塔」の顔は、そのハート型土偶の顔にそっくりなのです。

だから私は、岡本さんに、「縄文時代の土偶に影響《えいきょう》されて、ああいう顔をつくったんですか」と聞いてみました。

そうしたら、岡本さんはどう答えたと思いますか？

「そうだろう、梅原君。縄文時代からね、僕《ぼく》を真似るやつがいたんだよ」。

▼**岡本さんの身振《みぶ》り手振りで言う。子どもたちは爆笑《ばくしょう》する。**

おかしいでしょう。縄文時代というのは五千年も昔なのだから、現代に生きている岡本太郎を真似ることはできない。普通は、「［　※　］」と考えないといけないわけです。

それなのに、「おれは天才だからなんだろうな。天才には、五千年前から真似するやつがいるんだよ」と答える無邪気さ。私は、そういう無邪気さが大好きです。

子どもらしさというのは、やはり創造するための大きな条件ですね。

みなさんはいま、「ラクダの勉強」をしています。だけど将来は、ライオンにもなり、赤ん坊にもなる。⑦そういうラクダじゃないといけません。

塾に行って、チャカチャカ勉強だけしていては※5硬直《こうちょく》した人間になります。最後までラクダです。知識を詰《つ》め込《こ》むだけでは、自分でモノをつく

▼※2板書の②「ラクダー忍耐《にんたい》」を指さし、「ラクダの真似《まね》をする。

次には、③ライオンになる。

▼ライオンの真似をする。

そして、最後には子どもになる。

④最後に子どもになれる人は、ほんとうに立派な人生を送ってきた人です。

これで、どういうことが言えるかな?

ラクダは忍耐です。ラクダは重い荷物を背負って、砂漠《さばく》を歩きます。だから、忍耐がラクダの精神ということになる。

勉強はしんどいですね。学校もしんどい。塾《じゅく》に行っている人もいると思うけど、塾に行っていると、ものすごくしんどいね。

勉強するということは、ラクダが重い荷物を背負って歩くのと同じように、一生懸命《けんめい》、知識を蓄《たくわ》えておくことです。

算数は自然科学の基礎《きそ》だから、みんな算数を勉強しなければならないね。算数という知識が必要だから人類は算数をつくったのです。

国語も勉強しないといけないね。どうして国語を勉強しなければならないかというと、日本語をちゃんと勉強して、読み書きできるようにならなくてはいけないからです。

このことは、人類がいままで培《つちか》ってきた重い知識を背負って砂漠を歩くことと同じなわけです。まさに忍耐ですね。みなさんはいま、「ラクダの時代」なんですよ。

勉強はしんどい。でも、急《せ》いたらあかんね。

ほんとうのことを言うと、おじさんは子どものとき、あんまり勉強しなかった。いなかに住んでいて、なにをやっていたかというと、ドジョウすくいばかりやっていた。だから、ドジョウすくいは上手だよ。

だけど、勉強も必要なんだ。ラクダの勉強。ラクダの忍耐。

それからどうなるかというと、ラクダが突然《とつぜん》ライオンになります。

ライオンというのは批判精神です。

やっぱり、学問というのは少しやると、批判精神を持たないと一人前になれないことがわかってくるのです。

それまで教えられていたことが正しいことだけではないんじゃないか、間違《まちが》ってることもあるんじゃないか、と考える。

それをニーチェは、「ラクダが突然にライオンに変身した」というふうに言っているわけです。わかったかな?

しかし、ライオンになればいいかというと、それだけでは人生はいけないんだ。⑤批判するだけではダメです。

最後は、自分でモノをつくり出さなければならない。それには、赤ん坊《ぼう》の無邪気《むじゃき》さが必要になります。

三　次の文章中の――線部①～⑤のことばを、【　】内に示された字数でふさわしい敬語に直し、解答らんにあてはまるように、すべてひらがなで答えなさい。

先日、職員室の先生のところに①行っ【四字】たら、先生が私に「今度の試験で、努力が実るようにいのっているよ。」と②いい【五字】、はげましの声をかけて③くれ【四字】た。そして、私は先生から手作りのお守りを④もらっ【四字】た。私は「ありがとうございます。がんばります。」と先生に⑤いい【五字】、ご期待にこたえられるようにベストをつくそうと思った。

四　次は、語り手の梅原猛《うめはらたけし》氏が小学校で授業をしているようすを文章にしたものです。この文章を読んで、後の問いに答えなさい。なお、「▼」で記されている行は、授業での場面のようすを説明したものです。（字数制限については、句読点・記号も一字と数えます。）

みんな、学校の勉強はおもしろいか？　おもしろい人は手を挙げてみよう。

▼だれも手を挙げない。

勉強というのは※1しんどい。お母さんが言うからやっている人が多いけど、ほんとうは遊びたいね。

勉強だけしたいと思う人はいるかな？

いないだろう。いたらおかしい。遊びたいのが普通《ふつう》だね。だけど、勉強しなくちゃならない。

［ア］、なぜ勉強しなくちゃならないか。それは、みなさんが立派な人にならなければならないからです。

山は高くなるためにすそ野が広くないといけないけど、立派な人になるためには、やっぱり①すそ野が広くなければならない。

［イ］、みなさんは広いすそ野をつくるために、算数も国語も、社会も理科も、あるいは体操も美術も勉強しなければなりません。

［ウ］最後には、人は高い山をつくらなければならないのです。

西洋の哲学《てつがく》者は、難しいことを勉強しているので頭でっかちで、現実のことにはぼんやりしている人が多いのです。

［エ］、ドイツの哲学者で、フリードリッヒ・ニーチェという偉《えら》い人がいます。そのニーチェがおもしろいことを言っているのです。

人生には三つの段階がある、と言っています。

最初は、ラクダ。

みんな、ラクダを知っているだろう。背中に山のあるラクダです。

2023年度

麹町学園女子中学校

【国　語】〈二月一日午後特待試験〉（四五分）〈満点：一〇〇点〉

一　次の①～⑤の――線部のカタカナを漢字で書きなさい。

① 今夜はマンゲツだ。
② 妹がしかられて気のドクだった。
③ 平安時代のオウチョウについて調べる。
④ マラソンの応援《おうえん》でハタをふる。
⑤ 心配で身がホソる思いだ。

二　次の①～⑤の――線部の漢字の読み方をひらがなで書きなさい。

① 試験時間は正味四十五分である。
② 呼ばれたような気がしたが空耳だった。
③ 字画に気をつけて文字を書く。
④ 的に向かって矢を放つ。
⑤ 球根が根を生やす。

2023年度

麹町学園女子中学校　▶解　答

算　数　＜２月１日午後特待試験＞（45分）＜満点：100点＞

解　答

1 (1) 2753　(2) 51　(3) 16.6　(4) $2\frac{2}{3}$　(5) $\frac{3}{7}$　2 (1) 700g　(2) 70円　(3) 金曜日　(4) 31　(5) 21.5cm^2　(6) 8回転　3 (1) 48人　(2) 25人　4 (1) 分速60m　(2) 分速240m　(3) 576m　5 (1) 6g　(2) 11%　6 (1) 47度　(2) 720度

社　会　＜２月１日午後特待試験＞（理科と合わせて50分）＜満点：50点＞

解　答

1 **問１**　リアス(海岸)　**問２**　ア　**問３**　ウ　**問４**　ユネスコ　**問５**　シリコン　**問６**　エ　**問７**　エ　**問８**　宮城(県)　**問９**　200(海里)　**問10**　イ　2 **問１**　小野妹子　**問２**　エ　**問３**　摂関政治　**問４**　イ　**問５**　イ　**問６**　ア　**問７**　日米修好通商条約　**問８**　領事裁判権〔治外法権〕　**問９**　イ(→)ウ(→)ア　**問10**　ウ　3 **問１**　消費税　**問２**　ウ　**問３**　PKO〔国連平和維持活動〕　**問４**　平和主義　**問５**　G７〔先進７か国首脳会議・主要国首脳会議〕　**問６**　ウ　4 **問１**　対馬(海流)　**問２**　イ　**問３**　8(月)9(日)　**問４**　条例　**問５**　(例)　江戸時代，幕府は鎖国政策をとっていた中でオランダとは長崎で貿易をおこなっており，オランダ船が植民地であるインドネシアを経由して長崎に入ってきたとき，船に乗せられていた猫も日本に上陸したと考えられるから。

理　科　＜２月１日午後特待試験＞（社会と合わせて50分）＜満点：50点＞

解　答

1 (1) **ア**　積雲　**イ**　乱層雲　(2) **A**　巻　**B**　高　**C**　層　(3) **雲**②…巻積雲　**雲**④…高積雲　(4) **雲**③…巻層雲　**雲**⑤…高層雲　**雲**⑦…層雲　(5) 巻雲　(6) **ウ**　水　**エ**　氷　**オ**　静電気　2 (1) **A**　水　**B**　養分　(2) (例)　ほこりが入るのを防ぐため。　(3) 水，空気，(適切な)温度　(4) (例)　冷やして，ろ過する。(加熱して，水を蒸発させる。)　(5) 石灰水　(6) エ　(7) ア，エ　(8) ア　(9) 22cm　(10) ウ

国語 ＜2月1日午後特待試験＞（45分）＜満点：100点＞

解答

一 ①〜⑤ 下記を参照のこと。 二 ① しょうみ ② そらみみ ③ じかく ④ はな(つ) ⑤ は(やす) 三 ① うかがっ(たら) ② おっしゃり ③ くださっ(た) ④ いただい(た) ⑤ もうしあげ 四 **問1** ア 4 イ 2 ウ 1 エ 3 **問2** 知識を蓄えておくこと **問3** ★ ライオン ☆ 批判 **問4** 1 **問5** それまで教 **問6** (例) 岡本太郎が縄文人を真似した **問7** (例) 勉強だけでなく，批判精神を持ち創造する力を持つ人になれないと，大人になった時に硬直した人間になってしまう。 **問8** 4・6 五 **問1** ア 4 イ 2 ウ 3 **問2** (例) 恵子と美子にはもう甘えられる母親がおらず，かわいそうだから。 **問3** 4 **問4** もの **問5** **1つ目** (例) 肩の力を抜くこと。 **2つ目** (例) 背筋を伸ばすこと。 **3つ目** (例) 遠くを見ること。 **問6** 1 **問7** (例) 母親が亡くなったことは悲しいが，姉としてしっかり前を向いていこう(という思い。) **問8** 四(4) **問9** 2・3

●漢字の書き取り

一 ① 満月 ② (気の)毒 ③ 王朝 ④ 旗 ⑤ 細(る)

2022年度　麴町学園女子中学校

〔電　話〕　(03)3263－3011
〔所在地〕　〒102－0083　東京都千代田区麴町３－８
〔交　通〕　地下鉄有楽町線 — 麴町駅より徒歩１分
　　　　　　地下鉄半蔵門線 — 半蔵門駅より徒歩２分

【算　数】〈２月１日午前試験〉（45分）〈満点：100点〉

［注意事項《ちゅういじこう》］途中《とちゅう》の計算を消さないこと。

1 次の□にあてはまる数を求めなさい。

(1) $723-216+384=$ □

(2) $\{66\div 3+(4-2)\}\times 7+33=$ □

(3) $(3-0.3)\div(0.25\times 12)=$ □

(4) $1\frac{5}{12}-1\frac{5}{9}\div 2\frac{1}{3}=$ □

(5) $12+\left(\square\times 6-22\right)\div 4=20$

2 次の□にあてはまる数を求めなさい。

(1) 0.086 t は□gです。

(2) □と 90 の最大公約数は 6 で，最小公倍数は 720 です。

(3) 長いすに３人ずつ座ると，５人が座れません。また，長いすに４人ずつ座ると，最後の長いすには１人だけが座ります。このとき，長いすは□脚《きゃく》あります。

(4) Ａさんが１人でするとと6日，Ｂさんが１人でするとと12日かかる仕事があります。この仕事をＡさんとＢさんの２人ですると，□日かかります。

(5) 291 m の道路に沿《そ》って，3 m おきに端《はし》から端まで木を植えるとき，全部で□本の木が必要です。

(6) 五角形の内角の和は□度です。

3 規則《きそく》にしたがって，下のように数を並べます。

3，2，4，2，1，3，2，4，2，1，3，……

このとき，次の問いに答えなさい。

(1) はじめの数からかぞえて何番目に，5 回目の「4」があらわれますか。

(2) はじめの数から 31 回目にあらわれる「2」までの数をすべてたすと，いくつになりますか。

4 下の図１は直方体を２つ組み合わせた立体です。図２は図１の展開図を表しています。このとき，次の問いに答えなさい。

図１

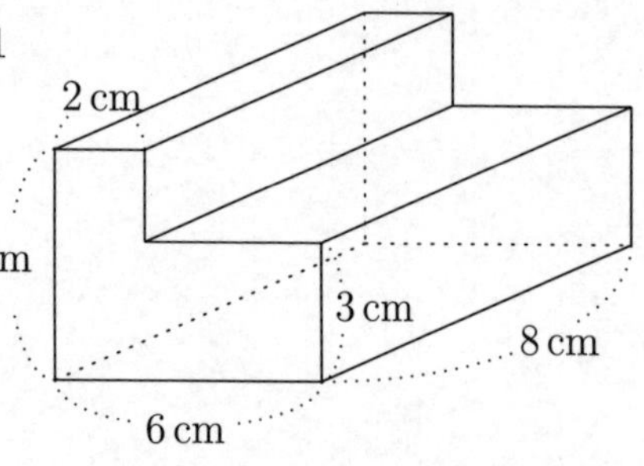

図２

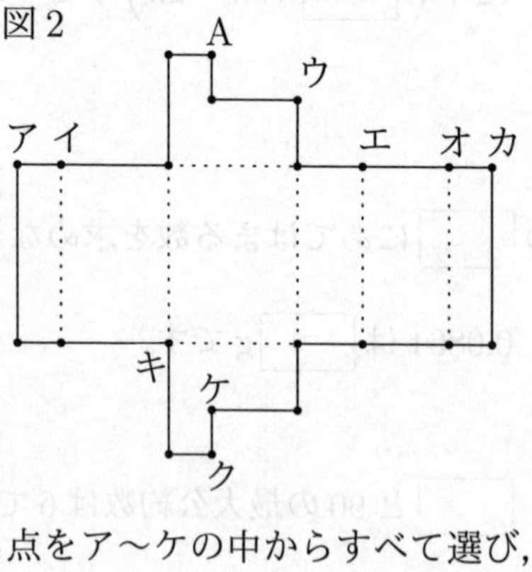

(1) 図２の展開図を組み立てたとき，点 A と重なる点をア～ケの中からすべて選び，記号で答えなさい。

(2) この立体の体積を求めなさい。

(3) この立体の表面積を求めなさい。

5 あるケーキ屋さんでは，月曜日にケーキが63個売れました。火曜日は月曜日より18個少なく，水曜日は火曜日より2割多く売れました。このとき，次の問いに答えなさい。

(1) 水曜日に売れたケーキの個数は何個ですか。

(2) 月曜日から金曜日までの5日間で売れたケーキの個数の平均は，1日あたり60個でした。金曜日に売れたケーキの個数が，木曜日の2倍より3個少なかったとき，木曜日に売れたケーキの個数は何個ですか。

6 Aさんと Bさんは図書館を11時に出発し，4600m離《はな》れた駅に行きます。Aさんは途中《とちゅう》のバス停《てい》まで分速50mで歩き，そこで3分間待ち，分速800mのバスで向かいました。Bさんは自転車に乗って分速230mで向かったところ，2人は同時に駅に到着《とうちゃく》しました。右のグラフは，そのときの2人の時刻と道のりの関係を表したものです。このとき，次の問いに答えなさい。

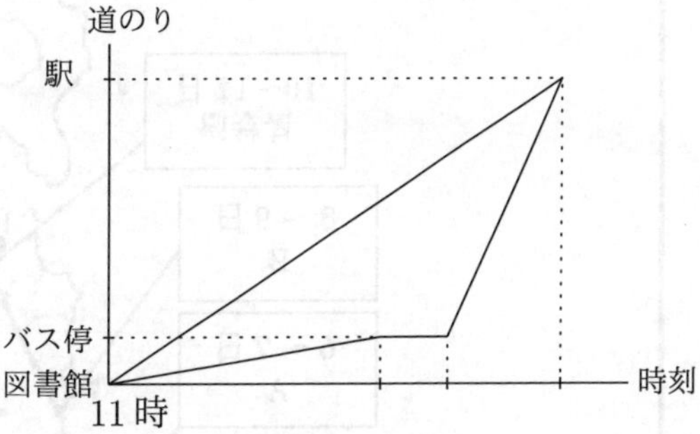

(1) 2人が駅に到着した時刻を求めなさい。

(2) Aさんがバス停に到着した時刻を求めなさい。

【社　会】〈２月１日午前試験〉（理科と合わせて50分）〈満点：50点〉

〈編集部注：実際の試験問題では，**4**のマークはカラーです。〉

1　次の地図とそれに関する文章を読んで、問いに答えなさい。

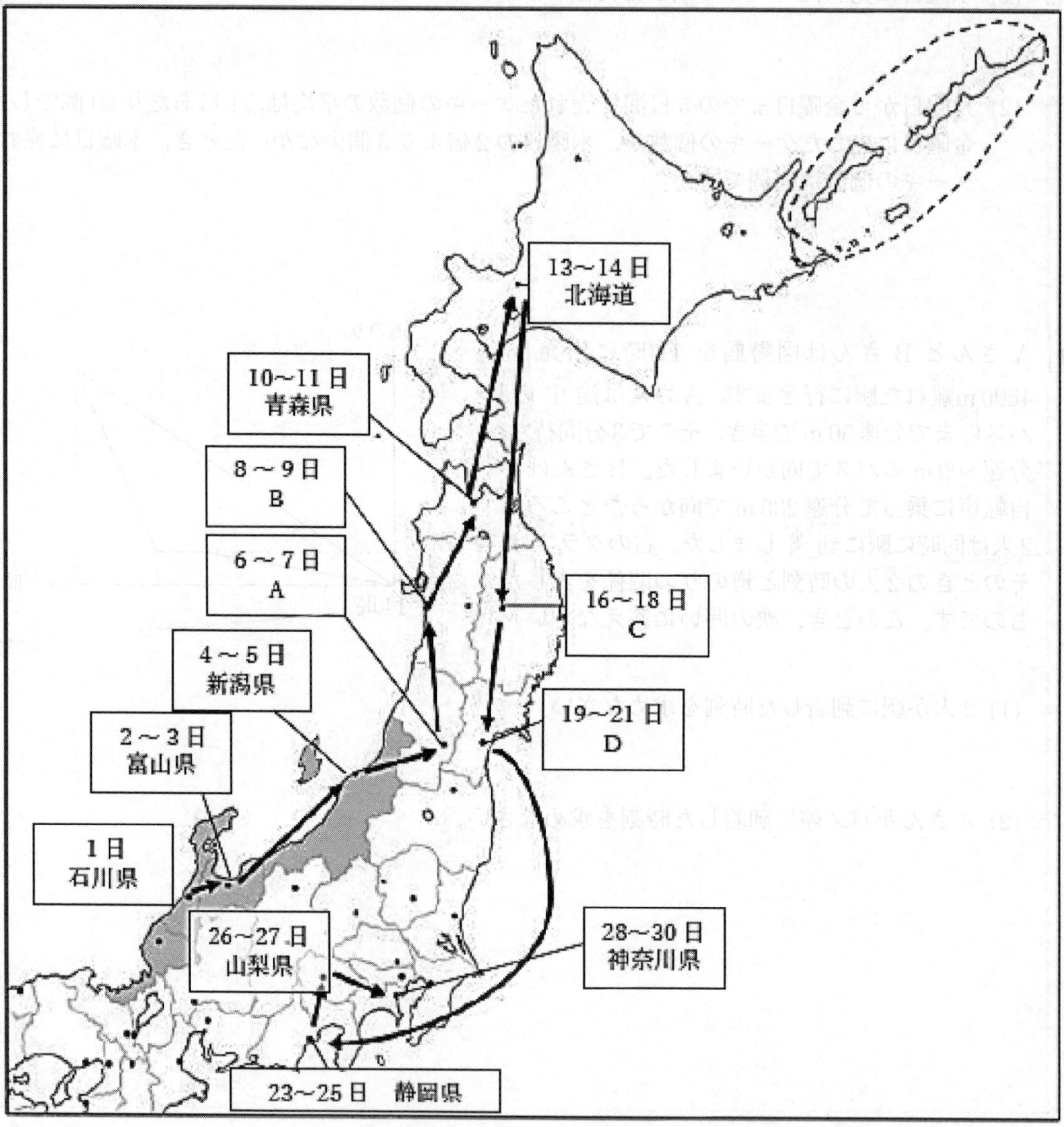

まち子さんは昨年の東京オリンピックの聖火リレーのルートを調べて、月ごとに地図にまとめていきました。上は2021年６月におこなわれた聖火リレーのルートを示した地図です。なお、実際の聖火リレーはそれぞれの都道府県の様々な市町村でおこなわれましたが、都合上、この地図では県庁所在地にしるしをつけています。

今回の聖火リレーは名所や旧跡《きゅうせき》、地域の人に愛されている場所など、各地域の魅力《みりょく》があふれる会場が使用される計画でした。例えば山形県では、①庄内平野が広がる酒田市や鶴岡市、青森県では世界遺産の（　②　）がそびえる西目屋村《にしめやむら》などが会場になり、日本の各地方を世界に発信する機会になりました。

問1.

地図中の1日から5日までのルートを含む ■ の地方を何というか答えなさい。

問2.

地図中の ■ の地方の気候の特徴を説明した文として適切なものを、下の選択肢から1つ選んで、記号で答えなさい。

ア．一年を通して晴れの日が多く降水量が少ないので、水不足になることがあります。
イ．冬の季節風の影響を受け、降雪量が多いです。
ウ．比較的《ひかくてき》降水量が少なく、夏と冬の気温差が大きいです。
エ．一年中気温が高いため気温の差が小さく、降水量も多いです。

問3.

地図中のA～Dにあてはまる県の組み合わせとして適切なものを、下の選択肢から1つ選んで、記号で答えなさい。

ア．A－岩手県　B－秋田県　C－宮城県　D－山形県
イ．A－宮城県　B－山形県　C－岩手県　D－秋田県
ウ．A－秋田県　B－山形県　C－宮城県　D－岩手県
エ．A－山形県　B－秋田県　C－岩手県　D－宮城県

問4.

地図中の新潟県は日本でも有数の米の生産地ですが、日本では一人あたりの米を食べる量が減っています。米が余ることを防ぐために1969年から2018年までおこなわれた、他の作物に転作することなどによって米の作付面積を減らした政策を答えなさい。

問5.

地図中の青森県でおこなわれている伝統的な祭を、下の選択肢から1つ選んで、記号で答えなさい。

ア．ねぶた祭　イ．竿灯《かんとう》まつり　ウ．七夕まつり　エ．花笠《はながさ》まつり

問6.

地図中の北海道に属する（　　）は日本がロシア連邦《れんぽう》に返還《へんかん》を求めています。この地域を何というか答えなさい。

問7.

地図中の静岡県の浜松市でさかんにおこなわれる工業として最も適切なものを、下の選択肢から1つ選んで、記号で答えなさい。

ア. 製紙、パルプ　　イ. 石油化学　　ウ. 楽器、オートバイ　　エ. 造船

問8.

地図中の神奈川県には、東京都から連なる生産額第二位の工業地帯があります。この工業地帯を何というか答えなさい。

問9.

地図中の山梨県を地形図で見ると、下のような地図記号が多く見られる地域があります。この地図記号が何をあらわしているか、下の選択肢から1つ選んで、記号で答えなさい。

ア. 広葉樹林　　イ. 桑畑　　ウ. 茶畑　　エ. 果樹園

問10.

下線部①について、庄内平野でさかんに栽培されている農作物として最も適切なものを、下の選択肢から1つ選んで、記号で答えなさい。

ア. 米　　イ. 麦　　ウ. とうもろこし　　エ. じゃがいも

問11.

（　②　）にあてはまる地名を、下の選択肢から1つ選んで、記号で答えなさい。

ア. 奥羽山脈　　イ. 出羽山地　　ウ. 北上高地　　エ. 白神山地

2　次の文章を読んで、問いに答えなさい。

日本政府は「我が国が目指す未来社会」と位置づけているSociety5.0についてホームページで以下のように説明しています。

Society1.0	狩猟《しゅりょう》
Society2.0	農耕
Society3.0	工業
Society4.0	情報
Society5.0	新たな社会

＊作問者が内閣府ホームページをもとに作成した。

Societyとは社会という意味で、1.0から5.0は社会の発展する段階をあらわしています。新たな社会Society5.0はSociety1.0からの発展を土台に生まれてきました。これから目指す新しい社会は、過去の人びとの活動が土台となってつくられるものです。

問1.
図中の「Society1.0　狩猟」について、日本におけるこの段階は旧石器時代や縄文時代であると考えられます。このうち旧石器時代の特徴として適切なものを、下の選択肢から1つ選んで、記号で答えなさい。

ア．この時代の人びとは槍《やり》を使って、狩りをしていました。
イ．この時代に起きた温暖化により、日本列島が形成されました。
ウ．この時代の人びとは、死者を古墳に埋葬して、一族の繁栄《はんえい》を祈《いの》りました。
エ．この時代の人びとは、主に石をみがいてつくった磨製石器を使用していました。

問2.
図中の「Society1.0　狩猟」について、約1500年間存在した縄文時代の集落の遺跡で、2021年7月に世界文化遺産に登録された青森県にある遺跡を答えなさい。

問3.
図中の「Society2.0　農耕」について、日本において水稲《すいとう》耕作が始まったとされる弥生時代に活躍したと中国の歴史書に書いてあった、邪馬台国の女王を答えなさい。

問4.

図中の「Society2.0　農耕」について、人びとは収穫《しゅうかく》を増やすために様々な工夫をして道具を改良してきました。備中鍬《びっちゅうぐわ》や千歯扱《せんばこき》が使用され始めた時代を、下の選択肢から1つ選んで、記号で答えなさい。

ア．飛鳥時代	イ．江戸時代	ウ．室町時代	エ．明治時代

問5.

図中の「Society2.0　農耕」について、この時期に日本で起きた出来事を時代の古い順に並べ替えて、記号で答えなさい。

ア．大宝律令が制定されると、6歳以上の男女に口分田が配られました。
イ．鎌倉幕府は御家人を地頭として全国におきました。
ウ．豊臣秀吉は日本全国で太閤検地をおこない、田などの収穫量を調査しました。

問6.

図中の「Society3.0　工業」について、明治時代になると紡績《ぼうせき》業や製糸業の工場で働く女性が増えました。明治時代の女性労働者について述べた文として適切なものを、下の選択肢から1つ選んで、記号で答えなさい。

ア．当時の女性労働者は、休憩《きゅうけい》時間を十分にもらっていました。
イ．当時の女性労働者は、実家から通いで働いていました。
ウ．当時の女性労働者は、12時間を超《こ》える労働をしていました。
エ．当時の女性労働者は、じゅうぶんな給料をもらっていました。

問7.

図中の「Society3.0　工業」について、日本の資本主義の発展に貢献《こうけん》した、2024年に発行される新紙幣《しんしへい》の肖像画《しょうぞうが》になる予定の人物を答えなさい。

問8.

図中の「Society3.0　工業」について、戦後GHQの占領から独立した日本は経済成長をとげました。この1955年ころから1973年ころまでの経済成長を何と呼ぶか答えなさい。

問9.

図中の「Society3.0　工業」について、工業の発展によって生まれた公害病の中で、1973年に原告の被害者《ひがいしゃ》が裁判で勝訴《しょうそ》した、熊本県で起きた公害を答えなさい。

3 次の文章を読んで、問いに答えなさい。

昨年の 4 月にアメリカで開催《かいさい》された①気候変動サミットにおいて、②菅《すが》首相は二酸化炭素などの③温室効果ガスの排出量《はいしゅつりょう》を 2030 年度には 2013 年と比べて、46%削減《さくげん》すると発表しました。2016 年に発効されたパリ協定からは、産業革命前の平均気温の上昇《じょうしょう》を 1.5℃に抑《おさ》える取り組みがはじまっています。そのためには④2050 年には温室効果ガスを実質 0 にする社会を目指す必要があるとされています。日本はこの目標を達成するために、⑤再生可能エネルギーの割合を増やし、⑥石炭火力発電を減らさなければなりません。温暖化は気象災害や食料の減少など⑦私たちの生活に直接影響を及《およ》ぼします。世界が一つになって、一日も早く解決しなければならない問題です。

問 1.
下線部①について、気候変動サミットを主催《しゅさい》したアメリカ大統領を答えなさい。

問 2.
下線部②について、菅首相を内閣総理大臣に任命した人を答えなさい。

問 3.
下線部③について、1997 年に日本で開かれた会議で、国際的な取り組みとして、初めて削減目標が定められました。会議が開かれた都市を下の選択肢から 1 つ選んで、記号で答えなさい。

ア. 京都	イ. 大阪	ウ. 東京	エ. 名古屋

問 4.
下線部④について、このような社会を「脱《だつ》○○社会」といいます。○○に入る語句を漢字 2 字で答えなさい。

問 5.
下線部⑤について、再生可能エネルギーにあたらないものを次の選択肢から 1 つ選んで、記号で答えなさい。

ア. 太陽光発電	イ. 風力発電	ウ. 原子力発電	エ. 地熱発電

問 6.
下線部⑥について、石炭火力発電などによって、国民 1 人あたりの二酸化炭素の排出量が最も多い国を、次のページの選択肢から 1 つ選んで、記号で答えなさい。

ア．インド　　イ．中国　　ウ．ロシア　　エ．アメリカ

問７.

下線部⑦について、私たちがおこなうことのできる温暖化防止の取り組みとしてあてはまらないものを、下の選択肢から１つ選んで、記号で答えなさい。

ア．電気自動車の開発をすすめる。　　イ．天然ガスを積極的に利用する。
ウ．クールビズを奨励《しょうれい》する。　　エ．自転車利用を推進する。

4　次の文章を読んで、問いに答えなさい。

2021年８月から９月に①東京パラリンピック大会が開催されました。

②パラリンピックとは、③さまざまな障がいのあるアスリートたちが参加する大会です。競技をおこなう際には、障がいに合わせて道具やルールがつくられ、④競技の公平性が確保されています。

この考え方に、障がいの有無にかかわらず、誰もが尊重し合い、１人１人が社会へ積極的に参加・貢献できる（　⑤　）社会を実現するための重要なヒントがつまっています。

公平性を確保するためのルールづくりは、⑥スポーツに限らず日頃の生活で手助けが必要な方も、安心して日常を過ごすことができるからです。

障がいの有無にかかわらず、全ての人が豊かな人生を過ごせる日常をつくることが求められています。

問１.

下線部①について、大会は東京都の他に、千葉県・埼玉県・静岡県が会場として使用されました。そのうち、千葉県を説明した文章として適切なものを、下の選択肢から１つ選んで、記号で答えなさい。

ア．鹿島臨海工業地域があり、石油化学工業などがさかんです。国土地理院、産業技術総合研究所、筑波宇宙センターなど多くの研究所があることで知られています。
イ．お茶の産地として有名です。黒潮の影響で気候は温暖で、みかん、メロン、わさびの栽培がさかんです。浜名湖は、うなぎの養殖がおこなわれていることで知られています。
ウ．海に面してない県です。農業は近郊農業で、ねぎ、ブロッコリー、ほうれんそうなどの栽培がさかんです。また、伝統工芸では岩槻市の人形づくりが有名です。
エ．県の大部分が房総半島にあります。らっかせいが特産品として知られており、京葉工業地域の一部では重化学工業がさかんです。

問2.

下線部②について、次回2024年にパラリンピック大会が開催されるフランスの首都はどこか、下の選択肢から1つ選んで、記号で答えなさい。

ア. ニューヨーク	イ. パリ	ウ. ロサンゼルス	エ. ロンドン

問3.

下線部③について、障がいをもった人物は歴史上にも登場しています。そのうち、奈良時代に日本に何度もわたろうとして失敗した末に失明しましたが、754年に来日した唐の僧を答えなさい。

問4.

下線部④について、日常生活でも障がい者などが感じる物理的・精神的な障壁《しょうへき》を取り除くことで、公平性を確保する取り組みがおこなわれています。このような動きをカタカナ6字で答えなさい。

問5.

（　⑤　）にあてはまる語句として適切なものを、下の選択肢から1つ選んで、記号で答えなさい。

ア. 階級	イ. 共生	ウ. 平等	エ. 移民

問6.

下線部⑥について、「日頃の生活で手助けが必要な方」は見た目ではわからないこともあり、近年では持ち物にマークをつけて示していることがあります。

そのうち、下の資料のマークの意味を答えた上で、私たちはこのマークをつけている人にどのような配慮《はいりょ》をするべきか、あなたの考えを述べなさい。

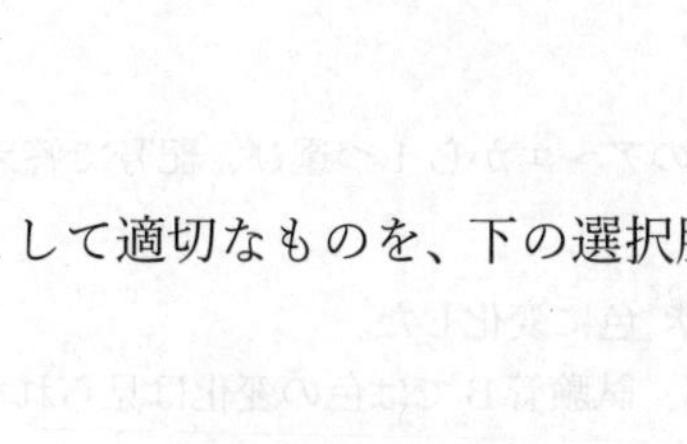

資料

出典：厚生労働省

【理　科】〈２月１日午前試験〉（社会と合わせて50分）〈満点：50点〉

1

まちこさんは学校で、健康なからだをつくるには、「栄養バランスのよい食事」、「適度な運動」、「十分な睡眠《すいみん》」が大切だと習いました。

（１）文中の下線部について、からだの主なエネルギー源となる栄養は何ですか。炭水化物、タンパク質、脂肪《しぼう》から２つ選び、答えなさい。

（２）食べ物を細かく分解して、体に吸収されやすい養分に変えることを何といいますか。

（３）（２）のはたらきのあと、養分が吸収されるのはからだの何という器官ですか。

（４）だ液のはたらきを調べる実験を行いました。２～３粒《つぶ》のごはんと３mLの水を混ぜた液をつくり、２本の試験管A、Bそれぞれに同じ量だけ入れました。

次に試験管Aにのみ、だ液を加えました。２本の試験管を 40℃の湯のなかで10分間あたためた後、それぞれの試験管にヨウ素液を加え、色の変化を観察しました。

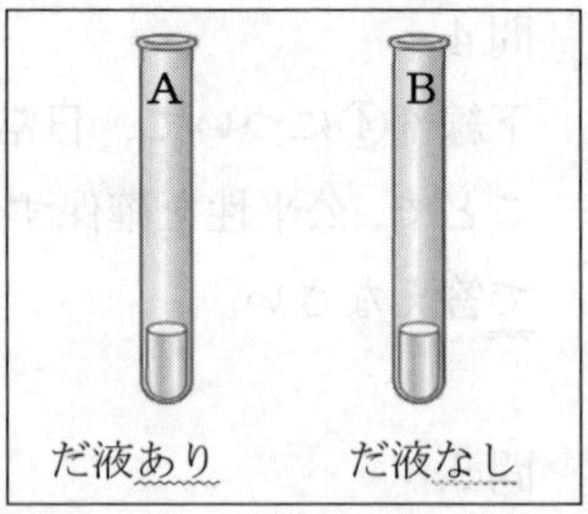

① 実験結果として正しいものを、次のア～エから１つ選び、記号で答えなさい。

ア．試験管A、試験管Bともに青紫《むらさき》色に変化した。
イ．試験管Aは青紫色に変化したが、試験管Bでは色の変化は見られなかった。
ウ．試験管Aは色の変化は見られなかったが、試験管Bは青紫色に変化した。
エ．試験管A、試験管Bともに色の変化は見られなかった。

② この実験結果から、どのようなことがわかりますか。

次に、まちこさんは「適度な運動」について調べました。表１は、まちこさんが運動を１時間したときに消費するエネルギーを、運動の種類ごとにまとめたものです。

表１　まちこさんが１時間あたりに消費するエネルギー量

運動の種類	１時間あたりに消費するエネルギー〔kcal（キロカロリー）※〕
ジョギング	360
テニス	360
水泳	420
サッカー	370
野球	260

※ kcalは、エネルギーの単位である。

(5) まちこさんがテニスを20分間、野球を30分間したときに消費するエネルギーは合計何kcalですか。解答用紙には、式も書きなさい。

(6) ごはん1杯《ぱい》は240kcalです。このエネルギーをすべて消費するためには、ジョギングを何分間すればよいですか。ただし、ごはん1杯から得たエネルギーは、すべてジョギングをするために使われるものとします。解答用紙には、計算式も書きなさい。

(7) ジョギングをする前と後の脈拍《みゃくはく》数をそれぞれ測ったところ、ジョギングをした後の脈拍数の方が多くなりました。運動をすると心臓が脈を速く打つのはなぜですか。次のア～オから正しいものを1つ選び、記号で答えなさい。

ア. 全身の筋肉で酸素が使われたので、血液によって全身の筋肉に酸素を供給するため。
イ. 多くの汗《あせ》をかいて、体内の水分が減ったため。
ウ. 上がった体温を下げるため。
エ. 筋肉を多く使い、筋肉が疲労《ひろう》するため。
オ. 筋肉で使われなかったエネルギーを集めて、心臓にたくわえるため。

2

(1) 植物のはたらきについて述べた文として、正しいものはどれですか。次のア～オから1つ選び、記号で答えなさい。

ア. 植物の葉に光が当たると、空気中から吸収した酸素と根から吸収した水を使って、葉で二酸化炭素がつくられる。
イ. 植物の葉に光が当たると、空気中から吸収した水蒸気と根から吸収した養分を使って、葉でデンプンがつくられる。
ウ. 植物の葉に光が当たらないとき、空気中から吸収した二酸化炭素と、根から吸収した水を使って、根でデンプンがつくられる。
エ. 植物の葉に光が当たらないとき、酸素を吸収し、二酸化炭素を出している。
オ. 植物の葉に光が当たるときも当たらないときも、二酸化炭素を吸収し、酸素を出している。

(2) 花粉の運ばれ方には、昆《こん》虫を利用するものや、風を利用するものがあります。風を利用する植物の特徴《とくちょう》として適するものを、次のア～エから1つ選び、記号で答えなさい。

ア. 鮮《あざ》やかな色で目立つ花を咲《さ》かせる。
イ. 小さくて軽い花粉をたくさんつくる。
ウ. 蜜《みつ》やにおいを出す花を咲かせる。
エ. めしべに付きやすいよう、花粉の大きさが3mmくらいある。

(3) 水中で生活する魚類の卵には殻《から》はありませんが、陸上で生活する鳥類やは虫類の卵には殻があります。この殻は外敵から身を守る役割以外に、もう一つ大切な役割があります。どのような役割ですか。簡単に説明しなさい。

(4) 炭酸水に石灰《せっかい》水を入れると、どうなりますか。

(5) 200 mLの水と200 mLの砂糖水を用意しました。どちらの方が重いですか。次のア～ウから1つ選び、記号で答えなさい。

ア. 水　　イ. 砂糖水　　ウ. 同じ

(6) 一辺が1 cmの立方体の氷を3つと、厚さが均一である鉄板を用意しました。次に、図1のA～Cの位置に氷を同時に置いて、×印の下から加熱しました。最もはやく氷が溶《と》け始める位置はどこですか。図1のA～Cから選び、記号で答えなさい。

図1

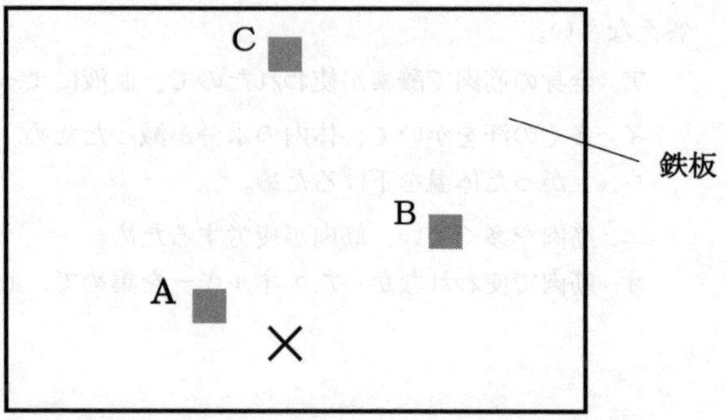

(7) 空全体の広さを10としたとき、くもりの天気は、どれくらいの雲の量のときをいいますか。下の解答例にならって、解答用紙の数字を○で囲みなさい。ただし、雨は降っていないものとします。

〔解答例〕 解答が0～2のとき「 0　1　2　3　4　5　6　7　8　9　10 」

(8) 冬の大三角をつくる星を、次のア～オから3つ選び、記号で答えなさい。

ア. アルタイル　　イ. シリウス　　ウ. デネブ　　エ. ベテルギウス　　オ. プロキオン

(9) 川は流れる水のはたらきによって、長い年月をかけて形を変えていきます。下のア、イは大雨が降り、川の形が変化するようすを表しています。変化のようすを正しく表しているのは、ア、イのどちらですか。記号で答えなさい。ただし、ア、イの斜線《しゃせん》部分は砂や小石が積もった川原を、①～③は川の水が増え川原が見えなくなるようすを、③～④はさらに水が増え、点線部分がしん食されたようすを、④～⑥は川の水が減り川原が現れるようすを、それぞれ表しています。

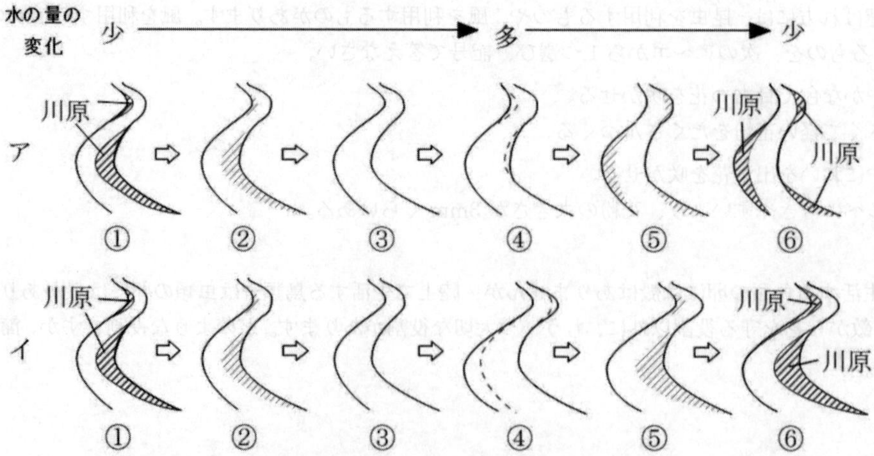

(10) 光はどのように進みますか。

(11) 閉じこめた空気や水に力を加えると、体積はそれぞれどのように変化しますか。正しいものを次のア～エから１つ選び、記号で答えなさい。

ア．水の体積は小さくなり、空気の体積は変わらない。

イ．水の体積は変わらず、空気の体積は小さくなる。

ウ．両方とも変わらない。

エ．両方とも小さくなる。

(12) 鉄くぎに針金を何度も巻き付けて、その針金に電流を流すと磁石になります。このような磁石を何といいますか。

(2) 川端が「こんなはずはない」と思っているのは、川端にとって甲子園に行くことがどのようなできごとだということですか。「（＊）のようなできごと」となるように、（＊）にあてはまる漢字一字を、本文中からぬき出しなさい。

問五、――線部⑥「川端投手は、いつもそうなのだけれど、一試合に何球か、超スローカーブを投げる」とありますが、スローカーブを投げたとき、川端はバッターに対してどのように感じていますか。本文中から二十八字で探し、はじめの五字をぬき出しなさい。

問六、――線部⑦「だからこそ、ＯＢたちは涙を流せる」とありますが、なぜですか。次の説明文の空らん（１）・（２）にあてはまる言葉を、本文中の言葉を使って（１）は四十字以上五十字以内で、（２）は十字程度で答えなさい。

高崎高校は（　１　）のに、（　２　）から。

問七、本文の内容を説明したものとしてもっともふさわしいものを次から一つ選び、番号で答えなさい。

1、川端は、気持ちを落ち着けるために、応援は当然自分に向けられているという言葉を思い出し、敵地のはげしい応援のなかでも冷静さをたもって試合にのぞむことができた。

2、川端は部員のなかではエースとして活躍《かつやく》しているが、他の選手より身長が低く、弱々しい表情であることを気にしており、学校以外では本格派投手と言われていない自分に自信をなくしている。

3、川端と宮下のバッテリーは、これまでの試合でどんなピンチも乗り越《こ》えてきたことから、川端は宮下に絶大な信頼《しんらい》を置いているため、宮下の指示することは全て受け入れている。

4、速球とのスピード差が大きい超スローカーブは川端にとって自信のある球で、一試合の中で最も重要な9回裏でしか投げないため、対戦相手の気分を乱すことができる。

問一、――線部①「彼は、しかし、ほとんど冷静だった」とありますが、川端はどのようにすることで冷静さを保っていますか。もっともふさわしいものを次から一つ選び、番号で答えなさい。

1、ネット裏を見渡し、観客が自分を凝視していることを確認《かくにん》する。

2、ネット裏の観客を見て、肩に力が入って興奮している自分を理解する。

3、ネット裏を見渡し、自分よりも観客の方が興奮していることを認識《にんしき》する。

4、ネット裏の観客をゆっくり見渡して、なんとかなるという気持ちを呼び起こす。

問二、――線部②「高をくくっている」とありますが、「高をくくる」の意味としてもっともふさわしいものを次から一つ選び、番号で答えなさい。

1、たいしたことはないと見くびること。

2、いいかげんに考えてその場をしのぐこと。

3、軽はずみな考えで発言すること。

4、見下してからかうこと。

問三、――線部③「彼はすべてにおいてアンチテーゼであった」とありますが、一般的《いっぱんてき》なエースピッチャーに比べ、川端はどのようなピッチャーだといえますか。本文中から二十九字で探し、はじめの五字を答えなさい。

問四、――線部④「こんなはずはない」・⑤「こんなはずはない」とありますが、これについて次の各問いに答えなさい。

(1) 飯野監督は、なぜ「こんなはずはない」と思ったのですか。もっともふさわしいものを次から一つ選び、番号で答えなさい。

1、まだ三か月間しか野球部の監督を務めていないにもかかわらず、甲子園出場のために一層の技術指導が必要になったから。

2、監督として野球のルールを覚えたばかりであったため、甲子園出場決定に生徒やOBが喜んでいる理由がわからなかったから。

3、高崎高校野球部の監督を引き受けたものの、生徒の練習の苦労や甲子園への思いを受け止めることができていなかったから。

4、野球経験がほとんどなく野球部の監督を務めて間もないため、甲子園出場が現実になりそうな状況《じょうきょう》を受け止めきれずにいたから。

る。うれしさよりも困惑《こんわく》が先に立つ。《これは困ったことになった、大変なことになった》と思っている。

ピッチャーの川端は、なぜか※11漫才《まんざい》のツービートのことを思い出していた。テレビでツービートはこういっていた――〝落ちこぼれ、甲子園では人気者〟それがあまりに当たっているので、思わず笑ってしまった。そのことが、このシーンで川端の頭にポッカリ浮《う》かびあがってきた。

三塁を守るチームのキャプテンで四番打者の佐藤誠司《さとうせいじ》はベンチで大きな声を出した――《や、や、や、やった‼ かッ、か、勝ったんだ！》

彼には、小さいときからどもる癖《くせ》があった。

その誰にも共通している感想は、こうだった。

《それにしても、何故《なぜ》、ここまできてしまったんだろう》

(山際淳司《やまぎわじゅんじ》『スローカーブを、もう一球』 設問の関係上、表記を改めている。)

※1 すべからく……当然。
※2 自負心……自分の才能に対する自信。
※3 リアリティー……現実味。
※4 快哉を叫ぶ……喜びで思わず声が出る。
※5 嘲笑……あざけり笑うこと。
※6 躊躇……ぐずぐずとためらうこと。
※7 ライナー……打者(バッター)の打球が飛んでいくこと。
※8 ダブルプレー……一回の攻撃《こうげき》で二つのアウトを取ること。
※9 OB……卒業生や先輩《せんぱい》のこと。
※10 しのぎを削る……はげしく争う。
※11 漫才のツービート……ビートきよしとビートたけしの二人による漫才コンビ。

図1

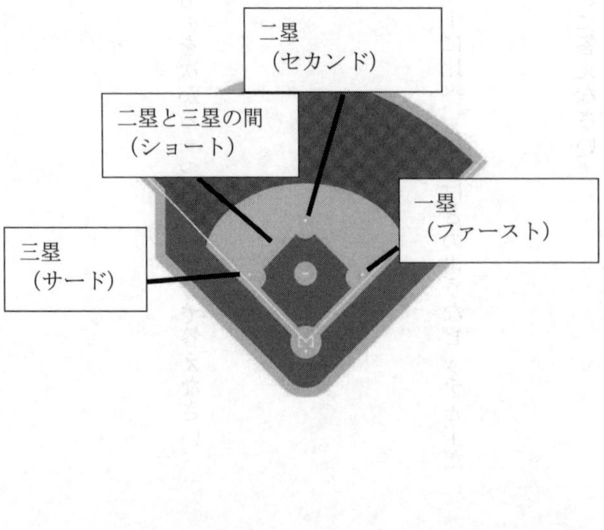

川端はスローカーブを投げたあと、いつもニヤッと笑いたくなってしまう。ストライクが入ったときは、たいていそうだ。それは、「やった！」と※4快哉《かいさい》を叫《さけ》ぶ笑いではない。ざまあみろと相手を※5嘲笑《ちょうしょう》する、そういう笑いでもない。ただ、スローカーブを投げたときが、一番自分らしいような気がしている。

二球目にスローカーブを投げたあと、間を置かずにサインどおりに直球を投げた。

バッターは、※6躊躇《ちゅうちょ》することなく、その球をはじき返した。

打球はセカンドの真正面に※7ライナーで飛んだ。

セカンドの植原《うえはら》は打球をつかむと、そのまま一塁へボールを送った。

とび出したランナーは、一塁ベースに戻《もど》れない。

※8ダブルプレーだった。

ゲーム・セット。

「やった！」川端俊介は丸い顔をさらに丸くしてマウンド上でガッツポーズをとった。わーっと、言葉にならない声を出してナインがかけ寄ってくる。

ホーム・ベースの前に整列してあいさつをすませると、ナインは一塁側ベンチに突進《とっしん》していった。

一塁側には一〇〇人ほどの応援団《おうえんだん》がきていた。選手たちの父兄《ふけい》と、高崎高校野球部の※9ＯＢたちと、高崎高校の応援団の連中である。スタンドのほうがむしろ興奮していた。

誰も予想していなかった甲子園出場である。

「ついに、……ついにやってくれたんだ。ウン、やってくれたんだよな。ウン、これでもう思い残すことはないぞ……」

涙《なみだ》を流すＯＢもいた。

高崎高校に野球部が創設されたのは明治三八年のことだった。それから七六年が経過している。その間、一度も甲子園に出場したことがなかった。いわゆる進学校であり、野球名門校が※10しのぎを削《けず》りあう最近の高校野球のなかでは、甲子園出場は容易ではなかった。⑦だからこそ、ＯＢたちは涙を流せる。

《高崎高校の卒業生である福田赳夫《ふくだたけお》、中曾根康弘《なかそねやすひろ》という二人の政治家はこのニュースを聞くと同じような感想をもらした――《早速《さっそく》、寄附《きふ》せねばいかんな》

この事態を一番信じられなかったのは、ベンチの中にいた当事者たちだろう。

飯野監督は、ベンチに戻ってきた選手たちに、よくやったと声をかけながらも、半信半疑だった。なにしろ、彼は野球に関してはズブの素人《しろうと》であ

一塁側《いちるいがわ》のベンチにいる飯野邦彦監督《いいのくにひこかんとく》は、ここまで勝ってきて、しかも甲子園の代表校が決まるこの試合でも勝っているという現実を目の前にしながらも、④《こんなはずはない》という思いが心のどこかにある。飯野監督には、甲子園に行くということがどういうことなのか、わからない。彼が、高崎高校野球部の監督をひきうけてからまだ三か月あまりしか経《た》っていない。しかも、彼自身はほとんどといっていいくらい野球経験がなかった。《甲子園に出場するなど、考えたこともない》と、自信をもっていう人である。こんなはずがないと、感じるのは彼にとっては自然のことだろう。

⑤こんなはずはない、という感じはマウンド上の川端も持っている。甲子園に行きたい、というのは野球をやっている高校生の共通の夢である。川端自身、同じ夢を持っていた。しかし、その夢が現実のものとなる寸前で、彼にもさほどの※3リアリティーはない。

これじゃ、まるでマンガじゃないか――マウンドでそんな風に彼は感じている。だとするならば、9回裏、ピンチを迎《むか》えながらも、劇的な幕切れでゲーム・セットになるはずさ。人ごとのようにそう思うと、バッター・ボックスには緊張《きんちょう》した面《おも》もちで次の打者が入っていた。九番打者だった。多分、送ってくるだろうと、バッテリーは考えた。一球目をファウルすると、バッターは三塁側のベンチを見た。キャッチャーの宮下《みやした》は速球のサインを送った。川端はうなずいた。バントさせればいい。腕《うで》をふりおろすとき、バッターがバントの構えに入ったのが見えた。川端は、投げおえるとマウンドをかけおりた。そこにボールが転がってきた。キャッチャーが「サード！」と叫《さけ》び、川端は即座《そくざ》に三塁に送球。これでワンアウトになった。次の一番打者には、川端は一本もヒットを打たれていなかった。ほとんど速球だけを投げ、二つの内野ゴロと二本の外野フライに抑《おさ》えていた。

⑥川端投手は、いつもそうなのだけれど、一試合に何球か、超《ちょう》スローカーブを投げる。スピードガンで計測すれば60～70km／hぐらいのスピードだろう。まるで小さな子供が投げるような山なりの、カーブである。それはバッターをからかうようにふらふらとやってきて、ホームベースの上を通過するときは、低目に曲がりながら入ってくる。打ち気になっているバッターは、それによって気分を乱されてしまう。この試合でも、川端は、そのカーブを一四～一五球投げていた。九回裏の、この一番打者にも投げてやろうと考えた。

《スローカーブを投げたときのバッターの表情を見ていると、バッターがどんな気分か、手にとるようにわかるんだ》――川端はそう考えている。

ムッとした顔をする打者がいる。バッター・ボックスを外してことさら無視する打者がいる。そのスローカーブを打ってやろうという打者がいる。思わずニヤッとしてしまう打者がいる。

《なんとなく、バッターが動揺《どうよう》したなっていうときが一番楽しい。スローカーブに気をとられて集中力がにぶる。そのあとで速球を投げると、さほどスピードはなくても、前に投げたスローカーブとのスピードの差があるから、バッターにはかなり速く見えるんだ》

9回裏、一死一、二塁で迎《むか》えたバッターにそのスローカーブを投げたのは、左打者の外角に直球でストライクをとったあとの二球目だった。例によってふわっと弧《こ》を描《えが》き、スローカーブは外角の低いところへゆらゆらと落ちていった。球審《きゅうしん》は、その球を最後まで見届けると、うなずくように「ボール」と宣告した。

秋の関東高校野球大会の準決勝第一試合だった。

（中略）

川端俊介が投げている準決勝の9回裏は、甲子園に行かれるか否《いな》かを決める、かなり重要なイニングだった。

①彼《かれ》は、しかし、ほとんど冷静だった。

こういうとき、いつもそうするように、彼はネット裏を見た。

ゆっくりと見渡《みわた》し、一人一人の顔を識別する。ひょっとしたら、と川端は思う。

《見ているほうが、ぼくより興奮してるんじゃないかな》みんな、肩《かた》に力をこめて、このシーンを凝視《ぎょうし》していた。それを見ると、落ち着ける。自分が誰《だれ》よりも冷静かもしれないと思って、落ち着けるのである。

川端は、ここで打ちこまれて逆転されるとは思ってもいなかった。むしろ、なんとかなるだろうと②高《たか》をくくっている。

オレの球がそう簡単に打てるか、という※2自負心が彼の心のなかにあるわけではない。それは例えば少年野球をやり始めたころから天才野球少年などと呼ばれ、そのまま高校野球のマウンドにあがってしまった生まれながらのエースの心情だろう。川端は、誰が見てもそういうタイプではなかった。第一、彼は〝本格派投手〟のような体つきをしていない。

身長は180cm前後はありユニフォーム姿もきまっていて、表情には凛々《りり》しさなども漂《ただよ》い、派手な大きなモーションからプロ顔負けの速球《そっきゅう》を投げて見せるのが甲子園にやってくるエースであるとするならば、③彼はすべてにおいてアンチテーゼであった。

身長は173cm。スポーツをやっている高校生にしてはとりたてて大きいほうではない。体重は67kgで、体つきはどちらかといえば、丸い。ユニフォーム姿が映《は》えるほうではないだろう。顔の表情は、たいていの場合、やわらかく、時には真剣味《しんけんみ》に欠けるといわれることもある。ピッチング・フォームも、いわゆる変則型である。中学で軟式《なんしき》野球をやっていたころ、アンダースローを得意としていた。それをオーバースローに変えてから、まだ一年もたっていない。自分ではオーバースローで投げているつもりでも、形としては横手投げになっている。腕《うで》を振《ふ》りおろす直前までがオーバースローで、そのあとサイドスローになるといえばいいかもしれない。

つまり、川端俊介は、パターン化されたスポーツ新聞の文章では書きにくいピッチャーだった。「大きなモーションでズバリ速球を投げこむ本格派」ではないし「群馬に川端あり！」と書かれるタイプのピッチャーでもなかった。

その川端投手がマウンドを守る高崎高校が関東大会へ出場して、しかも準決勝に駒《こま》を進め、9回裏まで2―0でリードしている。甲子園出場は目前であった。

問九、本文の説明としてあてはまらないものを次から一つ選び、番号で答えなさい。

1、明治維新後、日本は天皇や政治家が先頭に立って洋服を着ることにより、生活の欧米化をすすめた。

2、広大な農地を持つアメリカは生産力が劣っている日本を占領下に置き、小麦やミルクや肉などを大量に安く売った。

3、日本は輸入した生地を面白く美しいと感じて、生地の素材や色彩、デザインなどを日本の衣類に採用するようになった。

4、江戸時代では、ヨーロッパやアジアの文化の影響を受けて、一枚の絵画のようなデザインの着物が流行した。

六

次の文章を読んで、後の問いに答えなさい。（字数制限については、句読点・記号も一字と数えます。）

川端俊介《かわばたしゅんすけ》は、県立高崎《たかさき》高校野球部のメンバー（ナイン）の一員で、マウンドを守る投手（ピッチャー）として活躍《かつやく》している。ピッチャーが球を投げるときの姿勢は、オーバースローとアンダースローとサイドスローがあるが、川端俊介《かわばたしゅんすけ》はそのいずれでもない変則的な投げ方（フォーム）で球を投げる選手である。川端は、捕手《ほしゅ》（キャッチャー）の宮下《みやした》とバッテリーを組み、試合にのぞんでいる。次は、9回裏《うら》の試合最後の場面（イニング）で、川端があと三つのアウトを取れば、この試合に勝利し、甲子園《こうしえん》という大きな大会に出場することができるという場面である。なお、図1はこの文章における球場のようすを表したものである。

三塁側《さんるいがわ》のスタンドが狂《くる》ったように騒《さわ》ぎ始めたのは、9回の裏《うら》になって先頭バッターがショートのエラーで出塁《しゅつるい》し、次のバッターが一、二塁間《にるいかん》を抜《ぬ》いて最後のチャンスがやってきたからだろう。

マウンド上の川端俊介《かわばたしゅんすけ》は、三塁側の応援《おうえん》をうるさいなと感じながらも、同時に、敵地にのりこんで試合をする場合の〝心得《こころえ》〟を思い出していた。

《応援は※1すべからく自分に向けられていると思え》——それを思い出せるんだからまだ自分はかなり冷静だなと思い、勝ちを急ぎすぎたことを少しばかり反省した。

グラウンドは茨城《いばらき》県の水戸《みと》市民球場である。三塁側に陣取《じんど》って最後の攻撃《こうげき》をしているのは地元、茨城県の日立《ひたち》工業高校だった。得点は2―0と、群馬《ぐんま》県からやってきた県立高崎《たかさき》高校がリードしている。そのマウンドを守っているのが、川端俊介である。ノーアウトでランナー一、二塁、9回裏、点差は2点……三塁側が興奮するのも無理はないだろうと、川端は思う。

《なにしろ、この試合に勝てばほぼ確実に甲子園《こうしえん》に行かれるんだから》

一九八〇年一一月五日、時計の針は昼の一二時を二〇分ほどすぎている。午前一〇時にプレイボールの声がかかった高崎高校対日立工業の試合は

問三、――線部②「長所」とありますが、筆者はグローバリゼーションの長所を何と表現していますか。本文中から五字で探し、ぬき出しなさい。

問四、――線部③「欠点」とありますが、グローバリゼーションの欠点とはどのような点ですか。次の説明文の空らん［※］にあてはまるように、本文中の言葉を使って、十五字以上二十五字以内で答えなさい。

> 外国製の物が自国に進出してきたり、自国が外国のあらゆる面をまねしたりすることで、［※］点。

問五、――線部④「たばこ入れ」は、何を説明する例として紹介《しょうかい》されていますか。もっともふさわしいものを次から一つ選び、番号で答えなさい。

1、海外の文化を取り入れた日本の文化ではない新しい例。
2、日本文化に海外の高級なものを融合《ゆうごう》して新しい文化をつくった例。
3、海外のものを取り入れ日本の文化を成熟させていった例。
4、外国の文化に勝《まさ》る日本らしさをたくさん取り入れた例。

問六、空らん［Y］に共通してあてはまる季節を漢字一字で答えなさい。

問七、空らん［Z］にあてはまる四字熟語としてもっともふさわしいものを次から一つ選び、番号で答えなさい。

1、馬耳東風《ばじとうふう》　2、取捨選択《しゅしゃせんたく》　3、一挙両得《いっきょりょうとく》　4、一日千秋《いちじつせんしゅう》

問八、――線部⑤「枚挙のいとまがありません」とありますが、「枚挙のいとまがない」の意味としてもっともふさわしいものを次から一つ選び、番号で答えなさい。

1、疑うところがない。
2、これらに勝るものはない。
3、多すぎて数えきれない。
4、ないということもない。

飛ぶ着物、竹林の中に迷《まよ》い込んだような着物、夜の京都嵐山《あらしやま》から桂川《かつらがわ》と渡月橋《とげつきょう》を見渡《みわた》す着物、屋内の※９御簾《みす》を少し上げてそこから覗《のぞ》いた庭の草花と、そこに蝶《ちょう》の遊ぶ風景の着物、吉原《よしわら》の通りと茶屋と歩く人々を描《えが》いた着物、表は地味な無地で、裏に見事な※10青海波《せいがいは》とそこに浮かぶ水鳥を刺繍した着物など、⑤枚挙のいとまがありません。このような風景画でもある衣類は、日本の江戸時代に出現したのです。

（田中優子《たなかゆうこ》『グローバリゼーションの中の江戸《えど》』設問の関係上、表記を改めている。）

※１　一辺倒……ある一方にかたよること。
※２　模倣……他のものをまねること。
※３　依存……やめたくても、やめられなくなること。
※４　羽織や着物や帯の事例……筆者は本文の前に、他国の影響を受けても、江戸時代の着物は日本の着物であり続けたことを書いている。
※５　羅紗……厚地の織物の総称《そうしょう》のこと。
※６　金唐革……ヨーロッパで作られた文様を施《ほどこ》した革。
※７　更紗……木綿《もめん》や絹の生地に模様を染めたもの。
※８　根付け……江戸時代の日本で使われたストラップのようなもの。巾着《きんちゃく》やたばこ入れを根付けでつるして持ち歩いた。
※９　御簾……すだれ。
※10　青海波……着物や日本の生地に使われる波を表現した柄《がら》。

問一、――線部①「明治維新以後、日本人はアメリカ人やイギリス人が着ている洋服を着るようになりました」とありますが、日本人は何のために洋服を着るようになったのですか。もっともふさわしいものを次から一つ選び、番号で答えなさい。

1、明治時代では、西洋の楽な服を着た天皇のまねをして日本の役人が洋服を着るようになったことで、着物より洋服の方が安価になったため。
2、天皇が率先して欧米文化を取り入れたことで、高価だった洋服が安価になり、日本の着物を着なくなったことで着物の価値が下がったため。
3、本当は着物を着ていたいが、天皇が洋服を着始めたことで、国民はそれに従わなければ日本で豊かな生活を送ることができなくなるため。
4、日本人は生活のすべてを欧米化させることで、豊かな生活になると思い込んだだけでなく、日本が世界に認められると考えたため。

問二、空らん［X］に入る「日々の生活で基本となるもの」を表す三字熟語を答えなさい。

船やオランダ東インド会社船が運んできた衣類を、全面的に受け容《い》れたわけではありませんでした。彼らが導入したのは「生地《きじ》」でした。そこには暖かい素材、美しい色彩《しきさい》、面白《おもしろ》い文様やデザインがあり、その面白さ美しさを採用しました。ついでにズボンもシャツも取り入れてみましたが、シャツはあまり拡《ひろ》がらずズボンは部分的に採用されました。食べ物では、金平糖《こんぺいとう》やカステラやどら焼きは江戸時代に入ると、とても一般的《いっぱんてき》なお菓子《かし》になりました。

それだけではありません。江戸時代では男女とも「④たばこ入れ」というものを持つのがお洒落《しゃれ》でしたが、その素材には、オランダ東インド会社が持ってきたヨーロッパの※5羅紗《らしゃ》や※6金唐革《きんからかわ》（牛の皮革《ひかく》に金銀や色で文様をつけたもの）、インドネシアや中国の木綿《もめん》、インド※7更紗《さらさ》などを使いました。羅紗の生地に秋の虫を刺繍《ししゅう》し、珊瑚《さんご》で作った柿《かき》の形の金具をつけ、月と竜田《たった》川をデザインした鎖《くさり》で飾《かざ》ったたばこ入れがあります。これは、素材は輸入品の羅紗ですが、日本の秋を形にして取り合わせたのです。金唐革で作ったたばこ入れには、ふぐの形の金具をつけ、奈良《なら》の興福寺《こうふくじ》の古瓦《ふるがわら》をかたどった※8根《ね》付《つ》けをあしらいました。これは「ふぐ」と「福」のだじゃれです。かわいらしいふぐの金具をつまんで開けると、その裏《うら》にはカレイと梅の文様の金具がついています。ふぐは冬の季語（俳句で使う季節の記号）、カレイと梅は［Y］の季語ですので、たばこ入れを開けると［Y］になるのです。金唐革はヨーロッパのものですが、そのデザインと組み合わせは日本のものです。

江戸時代は中国、朝鮮《ちょうせん》、琉球《りゅうきゅう》、インド、インドネシア、ヴェトナム、カンボジア、南ヨーロッパ、北ヨーロッパなど、それぞれ異なる文化の影響《えいきょう》を受けながらも、どこに偏《かたよ》るでもなく、必要なものをもらいながら、日本文化を作り上げていました。これを「内発的発展」と言います。「内発的発展」こそが、グローバリゼーションがもたらす長所です。

内発的発展とは、どこからも影響を受けずに閉じた空間で独自の発展を遂《と》げることではありません。あらゆる情報を獲得《かくとく》し、その場所の気候や自然環境《かんきょう》や歴史や職業や今後の仕事の可能性に沿いながら、人々がうまく生活していかれるように［Z］して経済システムを作り上げてゆくことです。

（中略）

ここまで、ヨーロッパ諸国やアジア諸国の影響を受けた着物について語ってきましたが、では影響を受けなかったものはないのかというと、それもありました。「風景の着物」です。江戸時代になると、刺繍や染めの技法が何通りも出てきて、どんなことでも可能になりました。ですから江戸時代の着物は、広げるとまるで一枚の絵画のようです。大きくうねる川の流れの周囲にびっしりと萩《はぎ》の花が咲《さ》く着物、全体の半分を被《おお》う巨大《きょだい》な流れと、それに沿って咲くかきつばたの着物、山中の流れに何羽《なんわ》もの鴛鴦《おしどり》が浮《う》かび、その上に山桜が開き散り、そのあいだを鳥が舞《ま》っている着物、夜の山に梅が匂《にお》いその木のもとに［Y］の七草が見える着物、裾《すそ》に松原《まつばら》が広がり、その向こうに帆船《はんせん》が浮かび、その上空を着物いっぱいに様々な格好《かっこう》で鶴《つる》が

五 次の文章を読んで、後の問いに答えなさい。（字数制限については、句読点・記号も一字と数えます。）

①明治維新《いしん》以後、日本人はアメリカ人やイギリス人が着ている洋服を着るようになりました。最初は天皇《てんのう》が西洋の軍服を着ました。次に男性の華族《かぞく》や役人や会社員たちが洋服を着るようになりました。女性は、天皇家の人々や華族たちが洋服を着ました。それはなぜでしょうか？ 今、私たちは洋服の方が安くて楽だから洋服を着ますが、当時は洋服の方が高価で、決して楽ではなかったのです。その証拠《しょうこ》に男性たちは勤め先から帰ってくると着物に着替《きが》えてくつろぎました。勤めに出ない女性たちはもっぱら着物を着ていました。天皇や政治家が率先《そっせん》し、服装の欧米化《おうべいか》がおこなわれたのです。その傾向《けいこう》は戦後（一九四五〜）ますます強まり、女性たちも洋服※1一辺倒《いっぺんとう》になって、今日に至ります。着物はほとんどの人が着ないので、今ではとても高価なものになってしまいました。

それは洋服の方が美しいからでしょうか？ たとえば今、ラオスやミャンマーに行くと、多くの男性が巻きスカートです。しかし都会ではジーンズをはく人も多くなっています。客観的に見て、巻きスカートの方がはるかに美しく、また、温度湿度《しつど》の高い地域ではその方が楽に決まっています。にもかかわらず彼《かれ》らはジーンズを「かっこいい」と思うからはくのです。同じように、明治維新以後と戦後の日本人は、客観的には着物より不格好《ぶかっこう》であっても、主観的には洋服の方が「かっこいい」と思い込《こ》んで着るようになりました。これがグローバリゼーションの一つの側面です。つまり、自国と外国のあいだに、価値の高低をつけたのです。欧米文化の価値は高く、日本文化の価値は低い、ということにしたのです。なぜかというと、技術や政治のみならず生活まですべて欧米化すれば「世界に認められる」と考えたからです。冷静に考えれば、［ X ］まで変える必要はありません。より良いと思える技術や政治手法は導入し、そう思えないものは導入せず、生活のしかたはそのままで良いわけです。しかし明治維新と戦後に起こったことは、都市の設計、建築物、エネルギー政策、衣類、食べ物に至るまで欧米化することでした。こうしないと世界の中で生きて行かれないからではなく、欧米社会の生活を「豊かさ」だと思い込み、そこに「幸せがあるはずだ」と考え、それを目標にしてしまったのです。

これはまた、日本の側だけの事情ではありません。アメリカは小麦やミルクや肉や自動車や洋服生地《きじ》やナイロンを売る市場を探していました。占《せん》領下《りょうか》に置いた日本は、ものを売る先として、もっとも都合がよかったのです。そのようなアメリカの事情は現在でも同じです。今は、日本に米や保険や高度医療《いりょう》を売ろうとしています。

グローバリゼーションには②長所と③欠点があります。大量に製品を作ったり、広い土地で農業ができる国が、生産力の劣《おと》る国に大量に安く商品を売ることで、ものや文化の多様性が失われ、国の自立性が無くなります。また、軍事力の弱い国が強い国のあらゆる面を※2模倣《もほう》し※3依存《いぞん》することで地球上の文化が多様性を失います。それらの点が短所です。明治以降の日本はその短所の方を選んでしまったわけです。戦後も、二〇一一年には貿易のさらなる自由化によって、また同じ選択《せんたく》をしました。

もう一度、江戸《えど》時代に戻《もど》ってみましょう。※4羽織や着物や帯の事例で分かってきたと思いますが、戦国時代から江戸時代の日本人は、ポルトガル

ア、友人はボールとラケットを買った。
イ、友人はインタビューで、必ず勝つと宣言した。
ウ、あのころ負けてばかりだった友人はオリンピック選手となった。
エ、メダリストになった兄と写真を撮《と》った。
オ、ふり返ると五年前の悔《くや》しさが思い出される。

1、コーチは言った、あなたならできると。
2、努力をした結果、日本が大会の開催地《かいさいち》となった。
3、土手にいくと友人は練習をしていた。
4、ライブ映像を見ながら母と応援《おうえん》した。
5、野球とソフトボールの違《ちが》いを説明する。

四 次のア〜オに示す熟語の成り立ちの説明としてもっともふさわしいものを後の1〜10からそれぞれ二つずつ選び、番号で答えなさい。ただし、同じ番号は二度以上使えません。

ア、似た意味の漢字を重ねたもの。
イ、反対の意味の漢字を重ねたもの。
ウ、上の漢字が下の漢字を修飾《しゅうしょく》するもの。
エ、下の漢字が上の漢字を修飾するもの。
オ、主語と述語の関係にあるもの。

1、乗降　2、開店　3、新年　4、勝負　5、温暖
6、海底　7、日照　8、頭痛　9、着席　10、停止

二〇二二年度 麹町学園女子中学校

【国　語】〈二月一日午前試験〉（四五分）〈満点：一〇〇点〉

〈編集部注：実際の試験問題では、六の図はカラーです。〉

一　次の①～⑤の――線部のカタカナを漢字で書きなさい。

① メロンをキントウに切り分ける。
② 日本代表のコーチにシュウニンした。
③ 「東京」の文字がコクインされた金メダル。
④ キャンプではスミビで肉を焼く。
⑤ 今までの記録をヤブる。

二　次の①～⑤について、――線部全体で〔　〕内の意味になるように、空らん□に漢字を一字入れ、慣用句を完成させなさい。

① 新記録が達成され、□を丸くする。〔おどろく〕
② 入賞するためにあらゆる□をつくす。〔努力する〕
③ 人前で大失敗をし、□から火が出る思いをする。〔きわめてはずかしい思いをする〕
④ 三連敗に□止めをかける。〔くいとめる〕
⑤ 全ての力を出し切りほっと□をつく。〔ひと安心する〕

三　次のア～オの各文の――線部「と」と同じ使い方のものとしてもっともふさわしいものを、後の1～5の中から選び、それぞれ番号で答えなさい。
ただし、同じ番号は二度以上使えません。

2022年度 麴町学園女子中学校 ▶解説と解答

算　数　＜２月１日午前試験＞（45分）＜満点：100点＞

解　答

[1] (1) 891　(2) 201　(3) $\frac{9}{10}$(0.9)　(4) $\frac{3}{4}$　(5) 9　[2] (1) 86000ｇ　(2) 48　(3) 8脚　(4) 4日　(5) 98本　(6) 540度　[3] (1) 23番目　(2) 185　[4] (1) ア・カ　(2) 176cm^3　(3) 220cm^2　[5] (1) 54個　(2) 47個　[6] (1) 11時20分　(2) 11時12分

解　説

[1] 四則計算

(1) $723-216+384=507+384=891$

(2) $\{66\div3+(4-2)\}\times7+33=(22+2)\times7+33=24\times7+33=168+33=201$

(3) $(3-0.3)\div(0.25\times12)=\left(\frac{30}{10}-\frac{3}{10}\right)\div\left(\frac{1}{4}\times\frac{12}{1}\right)=\frac{27}{10}\div3=\frac{27}{10}\times\frac{1}{3}=\frac{9}{10}$(0.9)

(4) $1\frac{5}{12}-1\frac{5}{9}\div2\frac{1}{3}=1\frac{5}{12}-\frac{14}{9}\div\frac{7}{3}=1\frac{5}{12}-\frac{14}{9}\times\frac{3}{7}=1\frac{5}{12}-\frac{2}{3}=1\frac{5}{12}-\frac{8}{12}=\frac{17}{12}-\frac{8}{12}=\frac{9}{12}$
$=\frac{3}{4}$

(5) $12+(□\times6-22)\div4=20$より，$(□\times6-22)\div4=20-12=8$，$□\times6-22=8\times4=32$，$□\times6=32+22=54$，$□=54\div6=9$

[2] 単位の計算，最大公約数と最小公倍数，過不足算，仕事算，植木算，多角形の角

(1) 1t＝1000kg，1kg＝1000ｇなので，0.086(t)＝0.086×1000＝86(kg)，86(kg)＝86×1000＝86000(ｇ)

(2) □と90の最大公約数が６で，最小公倍数が720なので，□×90＝６×720の関係が成り立つ。よって，□＝(６×720)÷90＝4320÷90＝48である。

(3) ３人ずつ座る場合と４人ずつ座る場合の長いすに座れる人数の差は，５＋(４－１)＝８(人)で，１脚《きゃく》に座る人数の差は，４－３＝１(人)である。よって，長いすは，８÷１＝８(脚)となる。

(4) 全体の仕事量を１とすると，Ａさんが１日にする仕事量は$\frac{1}{6}$，Ｂさんが１日にする仕事量は$\frac{1}{12}$であるから，この仕事を２人ですると，$1\div\left(\frac{1}{6}+\frac{1}{12}\right)=1\div\left(\frac{2}{12}+\frac{1}{12}\right)=1\div\frac{3}{12}=1\times4=4$(日)かかる。

(5) 291mを３mごとに区切ると，291÷３＝97(か所)に区切られ，道路の両端にも木を植えるので，植える木は全部で，97＋１＝98(本)必要である。

(6) □角形の内角の和＝180°×(□－２)なので，180°×(５－２)＝540°となる。

[3] 数列

(1) ｛3，2，4，2，1｝の数の組み合わせがくり返されて並んでいる。この組み合わせの中には「４」が１個ふくまれているので，はじめの数からかぞえて５回目にあらわれる「４」は，５組目の中の「４」である。４組目までには，５×４＝20(個)の数字が並んでいる。よって，はじめの数からかぞえて５回目の「４」があらわれるのは，さらに{3，2，4}の数が並んだときなので，20＋３＝23(番目)である。

⑵　１つの組み合わせの合計は，３＋２＋４＋２＋１＝12で，この組み合わせに「２」は２つふくまれている。また，はじめの数から31回目にあらわれる「２」は，31÷２＝15あまり１より，15組目のあとに並ぶ{3，2，4，2，1}の１つ目の「２」である。よって，31回目にあらわれる「２」までの合計は，12×15＋(３＋２)＝180＋５＝185となる。

4　立体図形の体積・表面積

⑴　頂点を右の図のようにすると，点ウと点エ，点シと点オ，点Aと点カがそれぞれ重なる。また，点サと点イ，点Aと点アもそれぞれ重なる。

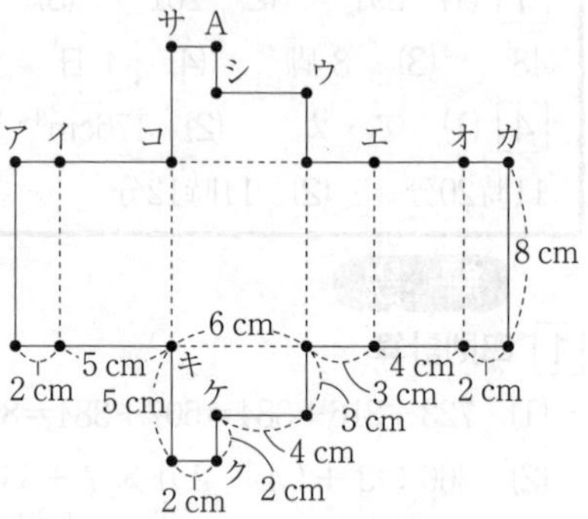

⑵　たて８cm，横６cm，高さ３cmの直方体の上に，たて８cm，横２cmで，高さが，５－３＝２(cm)の直方体がのった立体である。この立体の体積は，８×６×３＋８×２×２＝144＋32＝176(cm^3)である。

⑶　展開図の長さは右の図のようになるから，立体の表面積は，(２＋５＋６＋３＋４＋２)×８＋(３×６＋２×２)×２＝176＋44＝220(cm^2)となる。

5　割合・分配算

⑴　火曜日に売れたのは，63－18＝45(個)で，水曜日に売れたのは，45×(１＋0.2)＝54(個)である。

⑵　月曜日から金曜日までの５日間に売れたケーキの合計は，60×５＝300(個)である。木曜日と金曜日に売れた個数の合計は，300－(63＋45＋54)＝138(個)である。金曜日に売れたのは木曜日の２倍より３個少なかったから，木曜日に売れたのは，(138＋３)÷３＝47(個)となる。

6　速さ・つるかめ算

⑴　Bさんは図書館から駅までの4600mを分速230mの速さで進んだから，4600÷230＝20(分)かかった。よって，駅に到《とう》着したのは，11時20分である。

⑵　Aさんはバス停で３分間待っていたから，図書館から駅までの4600mを，歩きとバスの合計，20－３＝17(分間)で進んだ。すべて分速800mのバスで移動したとすると，800×17＝13600(m)進む。よって，分速50mで歩いた時間は，(13600－4600)÷(800－50)＝9000÷750＝12(分間)なので，Aさんがバス停に到着したのは，11時12分となる。

社　会　＜２月１日午前試験＞（理科と合わせて50分）＜満点：50点＞

解　答

1　**問１**　北陸(地方)　**問２**　イ　**問３**　エ　**問４**　減反(政策)　**問５**　ア　**問６**　北方領土　**問７**　ウ　**問８**　京浜工業地帯　**問９**　エ　**問10**　ア　**問11**　エ

2　**問１**　ア　**問２**　三内丸山遺跡　**問３**　卑弥呼　**問４**　イ　**問５**　ア(→)イ(→)ウ

問６　ウ　　**問７**　渋沢栄一　　**問８**　高度経済成長　　**問９**　水俣病　　**3**　**問１**　バイデン　**問２**　天皇　**問３**　ア　**問４**　炭素　**問５**　ウ　**問６**　エ　**問７**　イ

4　**問１**　エ　**問２**　イ　**問３**　鑑真　**問４**　バリアフリー　**問５**　イ　**問６**　**[マークの意味]**（例）妊娠している人。　**[配慮]**（例）バスや電車で席をゆずる。

解　説

1　聖火リレーのルートについての問題

問１　中部地方のうち，日本海に面した新潟《にいがた》県・富山県・石川県・福井《ふくい》県を北陸地方という。

問２　冬の冷たく乾《かわ》いた北西の季節風は，日本海を流れる暖流の対馬海流の上空を通過するときに大量の水蒸気をふくみ，雪をもたらす。なお，アは瀬戸内《せとうち》の気候，ウは内陸の気候，エは南西諸島の気候の特徴《とくちょう》である。

問３　地図中の聖火リレーのルートの中で，東北地方では福島県が入っていないが，これは東日本大震災《だいしんさい》からの復興を世界に伝える目的で，聖火リレーを福島県からスタートさせたためである。

問４　減反政策では，米の生産量を調整するために，米のかわりに麦や大豆への転作を奨励《しょうれい》し補助金を出していた。

問５　イの竿灯まつりは秋田県，ウの七夕まつりは宮城県，エの花笠まつりは山形県の夏まつりで，青森県のねぶた祭とともに東北四大祭りとして多くの観光客を集めている。

問６　択捉《えとろふ》島・国後《くなしり》島・色丹《しこたん》島・歯舞《はぼまい》群島を指す。1855年に結ばれた日露《にちろ》和親条約で択捉島と得《ウルッ》撫《プ》島の間を日本とロシアの国境線とすることが確定しており，北方領土は日本固有の領土であるとしてロシア連邦《れんぽう》に返還《へんかん》を求めている。

問７　浜松《はままつ》市では，明治時代にオルガンの製作から楽器産業，戦後にオートバイ産業が始まった。現在，ピアノやオートバイの生産拠点《きょてん》は移転したが，本社機能や部品工場などは今でも浜松市に集中している。

問８　京浜《けいひん》工業地帯は高度経済成長期には日本一の工業製品出荷額をほこっていたが，近年，工場施設《しせつ》の老朽《ろうきゅう》化による移転や閉鎖《へいさ》が見られる上に，海外に生産拠点を移す企業《きぎょう》も増え，その生産額は減少傾向《けいこう》にある。

問９　アの広葉樹林はＱ，イのくわ畑はＹ，ウの茶畑は∴が地図記号である。

問10　山形県の米の生産量は全国４位(2020年産)で，最上川下流の庄内平野が生産の中心である。

問11　白神山地は，人の影響《えいきょう》をほとんど受けていないブナの原生林が世界最大級の規模で分布していることが評価され，1993年にユネスコの世界自然遺産に登録された。

2　社会の発展段階についての問題

問１　旧石器時代の人々は，先端《せんたん》に打製石器をつけたやりを使い，集団でナウマンゾウやオオツノジカなどの大型動物を狩《か》って食料とした。なお，イは縄文《じょうもん》時代の始まり，ウは古墳《こふん》時代，エは縄文時代以降の特徴である。

問２　「北海道・北東北の縄文遺跡《いせき》群」は，農耕開始以前の定住生活の在り方や複雑で豊かな精神文化を示していることが評価され，ユネスコの世界文化遺産に登録された。三内丸山遺跡は縄文時代の大規模集落遺跡で，その構成資産の一つである。

問３　３世紀に30余りの小国を従えた邪馬台国《やまたいこく》を女王卑弥呼《ひみこ》がまじないによって治めていたことが

『魏志《ぎし》』倭人伝《わじんでん》に記されている。

問４　江戸《えど》時代，幕府や藩《はん》は年貢《ねんぐ》の増収を図って新田開発を奨励《しょうれい》した。耕地の拡大に対応し，農具も改良された。改良された農具としては，他に唐箕《とうみ》や千石《せんごく》どおしなどがある。

問５　アの大宝律令は701年に制定，イの地頭は1185年に全国に設置，ウの太閤検地は1582年に開始された。

問６　紡績《ぼうせき》業や製糸業の工場で働いた女性の多くは貧しい農家の娘《むすめ》たちで，逃亡を防ぐため寄宿舎に住まわされ，低賃金，長時間労働の上，劣悪《れつあく》な環境《かんきょう》で働かねばならなかった。

問７　渋沢栄一《しぶさわえいいち》は富岡《とみおか》製糸場や大阪紡績《おおさかぼうせき》会社，銀行の設立などに関わり，「日本資本主義の父」とよばれている。

問８　高度経済成長は，1973年に第四次中東戦争をきっかけに起きた石油危機によって終わりを告げた。

問９　水俣《みなまた》病は化学工場の工場廃水《はいすい》にふくまれたメチル水銀が原因となって起きた公害病で，四日市ぜんそく・イタイイタイ病・新潟《にいがた》水俣病とともに四大公害病とよばれる。

３　気候変動問題についての問題

問１　2015年に気候変動抑制《よくせい》に関するパリ協定が採択《さいたく》されたが，2019年にトランプ前大統領がアメリカの離脱《りだつ》を正式に表明した。2021年，大統領選でトランプ前大統領を破ったバイデン大統領がパリ協定への復帰を表明し，アメリカ主催で気候変動サミットを開催《かいさい》した。

問２　内閣総理大臣の任命は天皇の国事行為《こうい》の一つで，内閣の助言と承認によっておこなわれる。

問３　1997年，地球温暖化防止京都会議が開催され，この会議で採択《さいたく》された京都議定書によって先進諸国は初めて温室効果ガスの削減《さくげん》目標を定めた。

問４　温室効果ガスのうち大きな割合を占めるものが二酸化炭素であることから，このような表現がとられる。二酸化炭素やメタン，フロンガスなどの温室効果ガスの排出削減《はいしゅつさくげん》に努力するとともに，削減しきれなかった部分を植林や森林保全活動による吸収量によって実質ゼロにする取り組みをカーボンニュートラルという。

問５　原子力発電はウラン燃料を用いる発電方法である。再生可能エネルギーは，自然の活動によってくり返し利用できるエネルギーで，太陽光・風力・地熱以外に，水力やバイオマスなどがある。

問６　二酸化炭素総排出量に占める割合が最も高いのは中国の28.4％で，２位のアメリカの14.7％の２倍近くあるが，中国は人口も多いことから，国民１人あたりに換算すると，この中で最も高いアメリカの半分以下の排出量となる(2018年)。

問７　天然ガスは石油や石炭に比べると温室効果ガスの排出量は少ないものの，化石燃料であることから，温室効果ガスを排出している。

４　東京パラリンピックについての問題

問１　アは茨城《いばらき》県，イは静岡《しずおか》県，ウは埼玉《さいたま》県を説明した文である。

問２　パラリンピック大会はオリンピック大会終了《しゅうりょう》後に同じ場所で開催される。2024年はフランスの首都パリで両大会が開催される。なお，アのニューヨークとウのロサンゼルスはアメリカ合衆国の都市，エのロンドンはイギリスの首都である。

問３　鑑真《がんじん》は来日後，正式な仏教の教えを伝え，平城京内に唐招提寺《とうしょうだいじ》を建立した。

問４　車椅子《いす》の人に対するスロープなどによる段差の解消，目の不自由な人に対する点字ブロックの設置などが物理的な障壁《しょうへき》を取り除くこととして挙げられる。このような物理的なバリアフリーだけではなく，困っている人に気づいたら声をかけるなどの心のバリアフリーも求められる。

問５　共生社会とは，障害の有無や性別，年齢《ねんれい》などにかかわらず，すべての人が人権や尊厳を大切にし，支え合う社会である。

問６　妊娠《にんしん》初期は赤ちゃんの成長や母親の健康の維持《いじ》が重要であるにもかかわらず，外見からは見分けがつかないため，妊婦であることを示す「マタニティマーク」が厚生労働省によって制定された。交通機関で席をゆずる以外に，近くでたばこを吸わないようにする，体調が悪そうな場合に声をかけるなどの配慮《はいりょ》を促《うなが》すためのマークである。

理　科　＜２月１日午前試験＞（社会と合わせて50分）＜満点：50点＞

解　答

1 (1)　炭水化物，脂肪　(2)　消化　(3)　小腸　(4)　①　ウ　②　（例）　だ液には，デンプンを別の物質に変えるはたらきがある。　(5)　250kcal　(6)　40分　(7)　ア

2 (1)　エ　(2)　イ　(3)　（例）　かんそうから身を守る役割。　(4)　（例）　白くにごる。　(5)　イ　(6)　A　(7)　9，10　(8)　イ，エ，オ　(9)　イ　(10)　（例）　直進する。　(11)　イ　(12)　電磁石

解　説

1　ヒトのからだのはたらきについての問題

(1)　食事から得られるさまざまな栄養のうち，炭水化物，タンパク質，脂肪《しぼう》の３つを三大栄養素という。炭水化物と脂肪は主にからだのエネルギー源となり，タンパク質は主にからだをつくるもととなる。

(2)　食べ物にふくまれる栄養は，そのままでは体内に吸収して使うことができないので，体内で細かく分解されて，吸収されやすい養分にまで変えられる。このはたらきのことを消化という。

(3)　食べ物にふくまれる栄養が消化されてできた養分は，体内の小腸という器官で吸収される。

(4)　①　この実験で，ごはんの主な栄養は炭水化物の一種であるデンプンなので，試験管に入れた液にはデンプンが多くふくまれている。また，ヨウ素液には，デンプンに反応すると青紫《むらさき》色に変化する性質がある。よって，だ液を加えた試験管Ａでは，だ液によってデンプンが消化され，デンプンがなくなっているので，ヨウ素液の色の変化は見られない。一方，だ液を加えなかった試験管Ｂでは，デンプンがそのまま残っているので，ヨウ素液は青紫色に変化する。　②　この実験の結果から，だ液にはデンプンを別の物質に変えるはたらきがあると考えられる。なお，実際にはだ液によってデンプンが麦芽糖に変えられるが，この実験では麦芽糖があるかどうかを確かめていないので，デンプンが別の物質に変わったことはわかるものの，その別の物質が麦芽糖だとは決められない。つまり，“デンプンが麦芽糖に変わった”と答えてはいけない。

(5)　テニスを20分間したことで，$360\times\frac{20}{60}=120$(kcal)消費し，野球を30分間したことで，$260\times\frac{30}{60}=130$(kcal)消費するから，合計で，$120+130=250$(kcal)消費する。

(6)　ジョギングは１時間あたり360kcal消費するので，ごはん１杯に相当する240kcalを消費するた

めには，ジョギングを，1×240÷360＝$\frac{2}{3}$(時間)，$\frac{2}{3}$×60＝40(分)すればよい。

⑺　心臓から送り出された血液は，全身に酸素や養分を運ぶはたらきをしている。運動をすると，全身で多くの酸素や養分が使われるので，その不足分をおぎなうために，心臓からたくさんの血液を送り出す必要がある。よって，心臓が1分間あたりの血液を送り出す回数，つまり拍動《はくどう》(心拍)の回数が増え，それにつれて脈が速くなる。

2 小問集合

⑴　植物の葉に光が当たると，空気中から吸収した二酸化炭素と根から吸収した水を使って，葉でデンプン(と酸素)がつくられる。このはたらきを光合成という。また，植物の葉に光が当たるときも当たらないときも，酸素を吸収し，二酸化炭素を出している。これは生きるのに必要なはたらきで呼吸という。

⑵　花粉の運ばれ方で，風を利用する植物(風ばい花)の場合，風に乗りやすいように花粉がとても小さくて軽い。また，花粉がめしべまで届く可能性を高くするため，花粉をたくさんつくる。

⑶　卵の中で子が育つには水分が欠かせないが，陸上はかんそうしていて水分が蒸発しやすい。卵の中の水分が失われないようにしているのが，陸上にくらす鳥類やは虫類の卵に殻《から》がある理由の一つである。

⑷　石灰水に二酸化炭素を通すと，石灰水に溶《と》けている物質(水酸化カルシウム)と二酸化炭素が反応し，炭酸カルシウムという水に溶けない物質の白く小さなつぶが液中にたくさん広がるため，白くにごる。二酸化炭素の水溶液《すいようえき》である炭酸水に石灰水を入れても同じ反応が起こって，液が白くにごる。

⑸　200mLの砂糖水の重さは，約200mLの水の重さと，それに溶かした砂糖の重さの和となるので，200mLの水の重さよりも重い。

⑹　鉄板の1点を加熱すると，熱はそこから波もんが広がっていくように，鉄板の中を伝わる。よって，加熱した×印からの直線きょりが短い順(つまり，A→B→Cの順)に氷が溶け始める。

⑺　天気の「晴れ」と「くもり」は，空全体にしめる雲の割合で決まる。空全体の広さを10としたとき，雲の量が0～8のときは「晴れ」，9～10のときは「くもり」となる。なお，雲の量が0～1のときを特に「快晴」とよぶことがある。

⑻　冬の大三角は，おおいぬ座のシリウス，こいぬ座のプロキオン，オリオン座のベテルギウスを結んでできる三角形である。なお，アルタイルはわし座，デネブははくちょう座にあり，こと座のベガとともに夏の大三角をつくる。

⑼　川が曲がって流れているところでは，外側は流れが速くてしん食作用が強くはたらき，内側は流れがおそくてたい積作用が強くはたらく。内側に川原ができているのは，流されてきた土砂がたい積したからである。ここで，大雨が降って川の水量が増えると，外側ではしん食作用がさらに強くなり，川岸がけずられるため，川の曲がりがさらに大きくなる。そのあと川の水量が減っていくと，今度はたい積作用が強くはたらいて，内側には以前より広い川原ができる。

⑽　光にはどこまでもまっすぐ進む性質があり，これを光の直進という。

⑾　閉じこめた空気に力を加えると，空気はちぢまり，体積が小さくなる。しかし，閉じこめた水に力を加えても，水はちぢまないので，体積は変わらない。たとえば，先に栓《せん》をした注射器に空気や水を入れてピストンをおす実験をすると，空気を入れた場合は，中の空気がおしちぢめられて，

ピストンはと中まで進む。一方，水を入れた場合は，中の水はちぢまらないため，ピストンは進まない。

⑿　導線を同じ方向に何回も巻いたものをコイルといい，そのコイルに電流を流すと，コイルのまわりには磁石の力(磁力)が発生する。このようにしてできる磁石を電磁石という。

国　語　＜２月１日午前試験＞（45分）＜満点：100点＞

解　答

一　①～⑤　下記を参照のこと。　二　①　目　②　手　③　顔　④　歯　⑤　息

三　ア　5　イ　1　ウ　2　エ　4　オ　3　四　ア　5・10　イ　1・4　ウ　3・6　エ　2・9　オ　7・8　五　**問１**　4　**問２**　衣食住　**問３**　内発的発展　**問４**　(例)　(外国製の物が自国に進出してきたり，自国が外国のあらゆる物をまねしたりすることで，)国の自立性と地球上の文化の多様性が失われる(点。)　**問５**　3　**問６**　春　**問７**　2　**問８**　3　**問９**　4　六　**問１**　3　**問２**　1　**問３**　パターン化　**問４**　⑴　4　⑵　夢　**問５**　なんとなく　**問６**　**1**　(例)　(高崎高校は)進学校で，名門校に勝つことが容易ではなく，長い歴史のある野球部は甲子園に出場したこともなかった(のに，)　**2**　(例)　甲子園出場が決まった(から。)　**問７**　1

●漢字の書き取り

一　①　均等　②　就任　③　刻印　④　炭火　⑤　破(る)

解　説

一　漢字の書き取り

①　平等で差がないこと。　②　新しく，ある任務・職務につくこと。　③　印を彫ること。その印。　④　木炭でおこした火のこと。　⑤　記録などを更新すること。

二　慣用句

①「目を丸くする」は驚いて目を見張るさま。　②「手をつくす」はあらゆる手段・方法をしつくすこと。　③「顔から火が出る」は恥ずかしくて顔がまっかになるさま。　④「歯止めをかける」は物事が進行しないように食い止めること。　⑤「息をつく」は，ちょっと一休みをすること。

三　「と」の識別

ア　並列する情報を示すときの「と」。　**イ**　会話などを引用する際の「と」。「引用の『と』」ともいわれる。　**ウ**　結果を示す「と」。「～に」と置き換えることができる。　**エ**　誰かと一緒にいることを示す「と」。行動の相手を示す「と」。　**オ**　「～とき」と置き換えられる「と」。

四　熟語の成り立ち

ア　「温暖」と「停止」はいずれも同じような意味の漢字を組み合わせた熟語である。　**イ**　「乗降」と「勝負」はいずれも反対の意味の漢字を組み合わせた熟語である。　**ウ**　「新年」と「海底」はそれぞれ「新しい年」，「海の底」と読むことができ，上の漢字が下の漢字を修飾《しゅうしょく》する形になっている。　**エ**　「開店」と「着席」は，「店を開く」，「席に着く」となり，下の漢字が上の漢

字を修飾する形になっている。　**オ**　「日照」,「頭痛」は「日が照る」,「頭が痛い」となり主語述語の関係となっている。

五　出典は田中優子《たなかゆうこ》の『グローバリゼーションの中の江戸』による。日本において洋装が登場した経《けい》緯《い》を説明しつつ，グローバリゼーションの功罪を解説した文章である。グローバリゼーションによって，様々な点が変化した一方で，「風景の着物」は残り続けたと述べられている。

問１　日本人が洋装を始めた原因については二段落目に述べられている。当時の日本人は，洋装の方が和装よりも「かっこいい」と主観的に感じていたことを理由として挙げている。またこのことは，自国と外国の間に価値の高低をつけていることを表しており，そのような考え方にいたる理由として，「欧米化すれば，世界に認められる」という点にあると筆者が述べていることをつかむ。

問２　「日々の生活で基本となるもの」を表す三字の熟語は「衣食住」である。

問３　グローバリゼーションの長所については中略の二つ前の段落において，「『内発的発展』こそが，グローバリゼーションがもたらす長所です」と述べられている。

問４　グローバリゼーションの欠点については，傍線③の段落内で述べられている。グローバリゼーションが進むことで，「広い土地で農業ができる国が，生産力の劣《おと》る国に大量に安く商品を売ることで，ものや文化の多様性が失われ，国の自立性が無くなります」や「軍事力の弱い国が強い国のあらゆる面を模倣《もほう》し依存《いぞん》することで地球上の文化が多様性を失います」とあり，これらを短所であると述べていることに注目する。

問５　具体例である「たばこ入れ」が何を説明するための例かということを問う問題。傍線《ぼうせん》の直前に「それだけではありません」とあることから，直前の段落で述べた具体例に加えて挙げられていることをおさえる。すると，衣類やお菓子などのようにその全部を受け入れるのではなく，一部を日本に取り入れているという内容になっている。そして，傍線の直後の段落には「どこに偏《かたよ》るでもなく，必要なものをもらいながら，日本文化を作り上げていました」とあることから，日本が海外のよい点を取り入れながら，日本文化を発展させていったという「内発的発展」が進んでいったことが述べられている。

問６　「カレイ」や「梅」は春の季語である。

問７　内発的発展の説明をしている段落であることに注意する。問５でも見たように，内発的発展とは「海外のよい点を取り入れながら，日本文化を発展させていくこと」である。そのためこの段落は，海外のものの中で，日本文化に必要なものだけを取り入れているという文脈となっていることをおさえる。この内容に最もふさわしい選択肢は「取捨選択《しゅしゃせんたく》」である。「取捨選択」とはよいものを取り，悪いものを捨てて選ぶことである。

問８　「枚挙のいとまがない」とは「数え上げるときりが無い，数えられないほど沢山ある」といった意味である。

問９　「一枚の絵画のようなデザインの着物」とは中略後で述べられている「風景の着物」のことである。この「風景の着物」は日本が他の国の影響を受けずに受け継いできたことの具体例として挙げられている。

六　出典は山際淳司《やまぎわじゅんじ》の『スローカーブを，もう一球』による。甲子園《こうしえん》出場がすぐそこまできたときの「川端《かわばた》」や，チームメイト，そして監督《かんとく》の気持ちを述べた文章である。

問１　「川端」がどのように冷静さを保っているかを読み取る問題である。傍線の直後に「こういうとき，いつもそうするように，彼はネット裏を見た」とあることから，この部分を利用して読み取っていく。「ネット裏」の観客を見ることで，観客の方が自分よりも興奮していることを確認し，そのおかげで冷静になることができているという点をおさえる。

問２　「高をくくる」とは「その程度だろうと予測する。甘く見る」という意味である。

問３　「アンチテーゼ」とは本来，対立するものという意味である。ここでは，「本格派投手」と「川端」が対照的な存在であることを表している。傍線③の直後で「川端」の特徴《とくちょう》を述べ，その次の段落で「つまり，川端俊介《しゅんすけ》は，パターン化されたスポーツ新聞の文章では書きにくいピッチャーだった」と述べられている。

問４　(1)　監督が「こんなはずはない」と思った理由はこの傍線を含む段落に述べられている。監督を引き受けてから日が経っていないこと，そして野球経験がないことから甲子園が目前となっている現状に現実味を感じられないでいるのである。　(2)「川端」にとっても「こんなはずはない」というできごとであるのは，この傍線部を含む段落の最終文から「彼にもさほどのリアリティーはない」という点でも述べられている。これを一言で表すと「夢のようなできごと」となる。

問５　「川端」がスローカーブを投げることに対する気持ちはこの傍線部以降に述べられている。「なんとなく，バッターが動揺したなっていうときが一番楽しい」と述べられている点に注目する。

問６　傍線部の理由を述べる問題である。傍線部の「だからこそ」という内容に注目すれば，直前の内容が理由に当たることが分かる。具体的な理由としては，①高崎高校が一度も甲子園に出場したことがなかったこと，②高崎高校は進学校であり，他の野球名門校を打ち破り，甲子園に出場するのは容易ではないということ，③実際甲子園に出場することができたこと，の３点を制限字数内でまとめる。

問７　本文の内容を説明した選択肢《せんたくし》から正しい文章を選ぶ問題である。２は「本格派投手と言われていない」ことで「自信をなくしている」とは述べられていない。３は「川端は宮下に絶大な信頼を置いているため」とあるが，川端が宮下の指示は受け入れている理由については記述がない。４についてはスローカーブを「９回裏でしか投げない」とあるが，すでに「一四～一五球投げていた」とあるので誤りである。

Memo

2022年度　麹町学園女子中学校

〔電　話〕　(03)3263－3011
〔所在地〕　〒102－0083　東京都千代田区麹町3－8
〔交　通〕　地下鉄有楽町線 ― 麹町駅より徒歩1分
　　　　　　地下鉄半蔵門線 ― 半蔵門駅より徒歩2分

【算　数】〈2月1日午後特待試験〉(45分)〈満点：100点〉

[注意事項《ちゅういじこう》] 途中《とちゅう》の計算を消さないこと。

1 次の□にあてはまる数を求めなさい。

(1) $2022-445+555=\square$

(2) $(9+7)\div 2\times 4+3\times(20-7)=\square$

(3) $8\times 0.6-\dfrac{1}{3}\times 0.3=\square$

(4) $2-\dfrac{7}{9}\div 2\dfrac{1}{3}+\dfrac{5}{6}=\square$

(5) $\left(2+\square\div 3\right)\times 7-12=30$

2 次の□にあてはまる数を求めなさい。

(1) 時速54kmは秒速□mです。

(2) 30人のクラスで，メガネをかけている人は22人，三つ編《あ》みをしている人は18人，メガネをかけず三つ編みをしていない人が3人だったとき，メガネをかけ三つ編みをしている人は□人です。

(3) あきらくんのテストの点数は，国語が62点，社会が50点，理科が66点でした。算数の点数が理科の点数より4点高かったとき，あきらくんの4教科の点数の平均は□点です。

(4) 240 L の水が入る浴槽《よくそう》に，1分間に6 L の割合で水を注ぎましたが，栓《せん》が抜《ぬ》けていたため，1分間に1 L の割合で水が排水口《はいすいこう》に流れていました。このとき，浴槽がいっぱいになるのは □ 分後です。

(5) 右の図で，BD と DC の長さの比は3：5，AE と ED の長さの比は2：1です。三角形 BDE の面積が $3\,\text{cm}^2$ のとき，三角形 ABC の面積は □ cm^2 です。

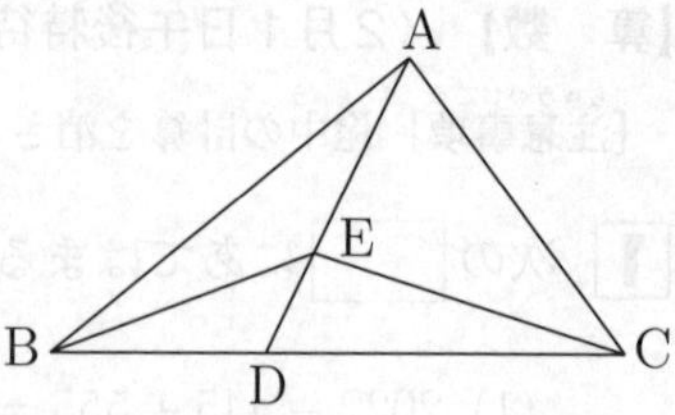

(6) 蘭《らん》さんは分速 80 m，葵《あおい》さんは分速 60 m で，池の周りを歩きます。同じ場所から同時に反対方向に歩いたところ，20分後に2人は初めて出会いました。このとき，池の周りの長さは □ m です。

3 数字が書かれた4枚のカード $\boxed{2}$，$\boxed{4}$，$\boxed{6}$，$\boxed{7}$ があります。4枚のカードの中から3枚を選んで並《なら》べ，3けたの整数を作ります。このとき，次の問いに答えなさい。

(1) 整数は何通りできますか。

(2) 偶数は何通りできますか。

(3) 3の倍数は何通りできますか。

4 A 地点から 198 m 離《はな》れた B 地点まで，18 m の間隔《かんかく》で桜の木を植えます。A 地点と B 地点にも木を植えるとき，次の問いに答えなさい。

(1) 植えた木は何本ですか。

(2) 木と木の間に 2 m の間隔でくいを打ちます。隣《とな》り合う２本の木の間に打ったくいの本数は何本ですか。

(3) A 地点から B 地点まで (2) のようにくいを打ちます。A 地点から 65 本目のくいまでの道のりは何 m ですか。

5 下の図のように，点 P は長方形 ABCD の点 A を出発して A → B → C → D の順に一定の速さで点 D まで進みます。下のグラフは，点 P が点 A を出発してからの時間と三角形 APD の面積との関係を表したものです。このとき，次の問いに答えなさい。

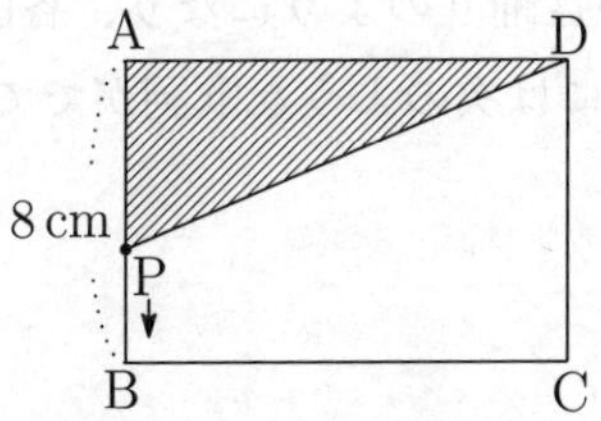

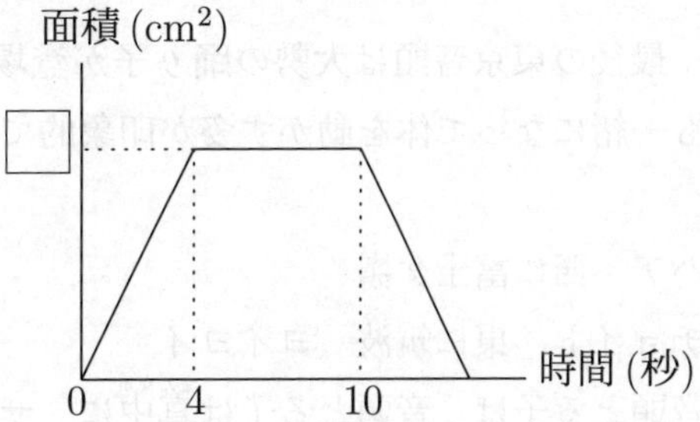

(1) 点 P の進む速さは秒速何 cm ですか。

(2) グラフの □ にあてはまる数を求めなさい。

(3) 三角形 APD の面積が 36 cm^2 になるのは何秒後と何秒後ですか。

【社　会】〈２月１日午後特待試験〉（理科と合わせて50分）〈満点：50点〉

1　次の文章を読んで、問いに答えなさい。

　昨年の夏におこなわれた東京オリンピックの閉会式では、日本各地の伝統的な踊《おど》りが取り上げられ話題になりました。下の表は閉会式で登場した踊りと、それらがおこなわれている都道府県を取り上げられた順にまとめたものです。

踊り	都道府県
（　①　）古式舞踊《こしきぶよう》	北海道
エイサー	②沖縄県 ③鹿児島県の一部
西馬音内盆踊《にしもないぼんおど》り	④秋田県
郡上《ぐじょう》おどり	⑤岐阜県
東京音頭	⑥東京都

　最後の東京音頭は大勢の踊り子が登場してステージが盆踊りのようになり、各国の選手も一緒《いっしょ》になって体を動かす姿が印象的でした。東京音頭には次のような歌詞がでてきます。

ハア　西に富士ケ嶺
チョイト　東に筑波　ヨイヨイ
音頭とる子は　音頭とる子は真中《まんなか》に　サテ

　東京音頭は1933年に発売されたそうですが、当時の東京ではあちこちで⑦富士山や⑧筑波山がよく見えたのかもしれません。当時の人びとにとっては２つの美しい山を見ることができることも東京の魅力《みりょく》だったのでしょう。

　このようにオリンピックでも紹介《しょうかい》された盆踊りですが、⑨特に地方ではその運営が難しい地域も出てきています。日本の伝統文化として残していくために、どのようなことが必要か考えてみることが大切です。

問１.
（　①　）にあてはまる北海道の先住民を何というか答えなさい。

問 2.

下線部②の沖縄県の県庁所在地にあり、2000 年に世界遺産に登録された琉球王国時代の城跡《しろあと》を何というか答えなさい。

問 3.

下線部③の鹿児島県に分布する火山灰や軽石が積もってできた台地を何というか答えなさい。

問 4.

下線部④の秋田県の位置を、下の地図中の選択肢から１つ選んで、記号で答えなさい。

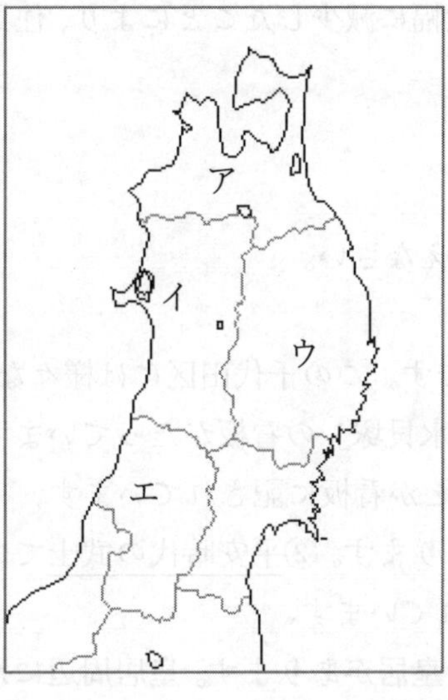

問 5.

下線部⑤の岐阜県にある世界遺産を、下の選択肢から１つ選んで、記号で答えなさい。

ア．富岡製糸場	イ．白川郷合掌造り集落	ウ．厳島神社	エ．石見銀山

問 6.

下線部⑥の東京都の人口密度は 6,345 人/㎢と日本で最も高くなっています（『日本のすがた 2021』より）。人口密度の求め方を、下の選択肢から１つ選んで、記号で答えなさい。

ア．人口＋面積	イ．面積÷人口	ウ．人口÷面積	エ．人口×面積

問7.

下線部⑦の富士山がまたがっている県を、下の選択肢から2つ選んで、記号で答えなさい。

ア．神奈川県	イ．静岡県	ウ．愛知県	エ．山梨県	オ．長野県

問8.

下線部⑧の筑波山がある茨城県では、東京など首都圏に近い立地を生かして、様々な野菜や果物、草花などを栽培しています。このような農業を何というか答えなさい。

問9.

下線部⑨について、地域の人口が大幅に減少したことにより、住民の生活に困難が生じている状態を何というか答えなさい。

2　次の文章を読んで、問いに答えなさい。

麹町学園は千代田区にある学校です。この千代田区には様々な歴史が残されています。

御茶ノ水駅の近くには、「お茶の水貝塚」の看板がたっています。①この貝塚では、土器や石器、獣骨《じゅうこつ》などが発掘《はっくつ》されたことが看板に記されています。

大手町駅の近くには、将門塚《まさかどづか》があります。②平安時代の武士である平将門の墓とされる場所で、連日多くの方がお参りに訪れています。

さて、千代田区には③天皇が住む皇居があります。皇居周辺にたっている銅像の一つに、楠木正成像があります。彼は、④鎌倉幕府を滅《ほろ》ぼしたことで知られる⑤後醍醐天皇に、最後まで仕えて活躍した人物として知られています。

皇居はもともと⑥江戸城があった場所です。今でも江戸城がたっていた石垣《いしがき》が残されていて、見学することが可能です。また、江戸城に入るための門も残されています。代表的なものが桜田門です。ここでは江戸時代末期に⑦当時の大老であった人物が暗殺されました。

明治時代になると、麹町は⑧与謝野晶子や堀辰雄など、多くの文学作家が住む地域となりました。その中で、⑨1905年に麹町学園は生まれ、今年で創立117年を迎《むか》えます。

千代田区には戦後の日本を統治するための⑩GHQ 本部が旧第一生命館に置かれました。

このように多くの歴史が千代田区には刻まれています。みなさん、この地でともに学んでいきましょう。

問1.

下線部①について、この貝塚が使われていた頃の生活を説明した文章として適切なものを、下の選択肢から1つ選んで、記号で答えなさい。

ア. 大きな力をもつ有力者があらわれ、権力を示す一つの手段として古墳がつくられました。

イ. たて穴住居をつくって集団で暮らし、食物を保管するための道具として縄文土器をつくりました。

ウ. 朝鮮半島から伝来した稲作が各地に広まり、集団のリーダーを中心に農作業をおこなっていました。

エ. マンモスやオオツノジカなどの獲物《えもの》を追いかけながら生活をしており、動物を捕《つか》まえるために打製石器をつくりました。

問2.

下線部②について、平安時代の武士に関する説明として適切でないものを、下の選択肢から1つ選んで、記号で答えなさい。

ア. 平清盛は太政大臣に任命され、武士でありながら貴族の役職を得て力を持ちました。

イ. 東北地方でおこった前九年合戦・後三年合戦をきっかけに源氏が力を持ちました。

ウ. 武士は日頃から流鏑馬《やぶさめ》をはじめとした訓練をおこない、戦いに備えていました。

エ. 武士はもともと、都で天皇や貴族を警備する仕事にあたっていました。

問3.

下線部③について、以下の天皇に関する出来事を古い順に並べ替えて、記号で答えなさい。

ア. 桓武天皇は今までの政治を改めるため、平安京に都を移しました。

イ. 聖武天皇は仏教の力で国を治めるため、大仏づくりを命じました。

ウ. 天武天皇は壬申の乱で勝利したことで即位《そくい》しました。

問4.

下線部④について、鎌倉幕府を開いた人物を、下の選択肢から1人選んで、記号で答えなさい。

ア. 足利尊氏　　イ. 足利義満　　ウ. 源義経　　エ. 源頼朝

問5.

下線部⑤について、後醍醐天皇が鎌倉幕府を滅ぼした後に始めた、朝廷での新たな政治を何というか、答えなさい。

問6.

下線部⑥について、全国の大名は江戸城にいる将軍のもとにあいさつにいくため、自分の領地と江戸を原則1年ごとに往復する決まりがありました。この制度を何というか答えなさい。

問7.

下線部⑦について、この事件に関する説明として適切でないものを、下の選択肢から1つ選んで、記号で答えなさい。

ア．暗殺されたこの人物は、井伊直弼です。
イ．暗殺されたこの人物は、天皇の許可を得て外国と条約を結びました。
ウ．安政の大獄などの厳しい政治に対する反発として事件が起こりました。
エ．この事件以降、幕府の力は大きく落ち込みました。

問8.

下線部⑧について、この作家が発表した作品として適切なものを、下の選択肢から1つ選んで、記号で答えなさい。

ア．君死にたまふことなかれ　　イ．銀河鉄道の夜　　ウ．舞姫　　エ．吾輩は猫である

問9.

下線部⑨について、この年は、日露戦争の講和条約の内容をめぐり千代田区のある公園で暴動事件が起きたことで知られています。この事件名を答えなさい。

問10.

下線部⑩について、GHQの長官として日本の統治をおこなった人物を答えなさい。

3 次の文章を読んで、問いに答えなさい。

国や地方公共団体で働く職員を①公務員といいます。それぞれを国家公務員、地方公務員とよびます。国家公務員の中には、②内閣総理大臣や国務大臣などの特別職と③一般職《いっぱんしょく》があります。また、地方公務員にも④特別職と一般職があります。現在の日本の公務員数は、イギリスやフランスなどに比べ、人口1000人あたりでは約半数、アメリカとはほぼ同じ数になっています。

憲法では15条で「すべての公務員は、(⑤)の奉仕者《ほうししゃ》であって、一部の奉仕者ではない。」と定めています。そのため、公務員の給料は、⑥国民から集めた税金によってまかなわれています。また、公務員の中には労働基本権が制限されているものがあり、⑦特に団体行動権は制限されています。

問1.
下線部①について、公務員には、国会議員や地方議会議員も含まれます。国会議員や地方議会議員に関する説明として適切でないものを、下の選択肢から1つ選んで、記号で答えなさい。

ア．国会議員や地方議会議員は、すべて普通選挙によって選ばれます。
イ．国会議員や地方議会議員の選挙権は、ともに18歳以上です。
ウ．地方議会議員の任期や被選挙権は、国会議員のうち衆議院議員と同じです。
エ．国会議員や地方議会議員には、それぞれ性格の異なる2種類の議員がいます。

問2.
下線部②について、内閣総理大臣を議長として、すべての国務大臣が参加して、内閣の方針を決める会議を何といいますか。漢字2字で答えなさい。

問3.
下線部③について、この一般職の一つに検察官があげられます。検察官に起訴《きそ》されたものが、有罪か無罪かを決める裁判を何といいますか。

問4.
下線部④について、この特別職の一つに知事があげられます。知事の仕事に関する説明として適切でないものを、下の選択肢から1つ選んで、記号で答えなさい。

ア．地方議会を招集します。　　イ．条例や予算を決定します。
ウ．国の政府と交渉《こうしょう》します。　　エ．副知事などを任命します。

問5.

(　⑤　)に入る語句を漢字2字で答えなさい。

問6.

下線部⑥について、お店やレストランで飲食する場合の、現在の消費税として適切なものを、下の選択肢から1つ選んで、記号で答えなさい。

ア．3%　　イ．5%　　ウ．8%　　エ．10%

問7.

下線部⑦について、公務員に団体行動権が制限されている理由として適切なものを、下の選択肢から1つ選んで、記号で答えなさい。

ア．国民生活への影響が大きいから。　　イ．労働者として認められていないから。
ウ．民間企業よりも給料が多いから。　　エ．一般の人たちより立場が上だから。

4　次の文章を読んで、問いに答えなさい。

私たちの生活に欠かせない「お金」は、いつから使われるようになったのでしょうか。古代、人々は欲しいものがあるときは物々交換《ぶつぶつこうかん》をし、次第に米や塩、布などがお金の役割を果たしていきました。①飛鳥時代に入り、富本銭が作られ、その後も貨幣《かへい》は時代とともに形や使われ方が変わってきました。江戸時代に入ると、全国で使うことができるようにと金貨・②銀貨が作られました。明治時代では近代的な貨幣制度を整えるために、新政府のもとで、私たちに馴染《なじ》み深《ぶか》い③円という単位が誕生しました。

デザインも何度も新しくなり、2024年には④新たなデザインの紙幣《しへい》が市場に出回ることになっています。新紙幣の肖像《しょうぞう》には、日本初の女子留学生である(　⑤　)が選ばれています。

また、近年では、現金を使わずに支払《しはら》いを済ませることができる、⑥キャッシュレス決済も普及し、「お金」は今もなおその姿や使われ方が変化してきています。

問1.

下線部①について、この時代に関係の深い建造物を、下の選択肢から1つ選んで、記号で答えなさい。

ア．平等院鳳凰堂　　イ．正倉院　　ウ．法隆寺　　エ．唐招提寺

問 2.

下線部②について、銀貨の材料となる銀の産出地として有名な石見銀山のある島根県の位置として適切なものを、下の地図中の選択肢から１つ選んで、記号で答えなさい。

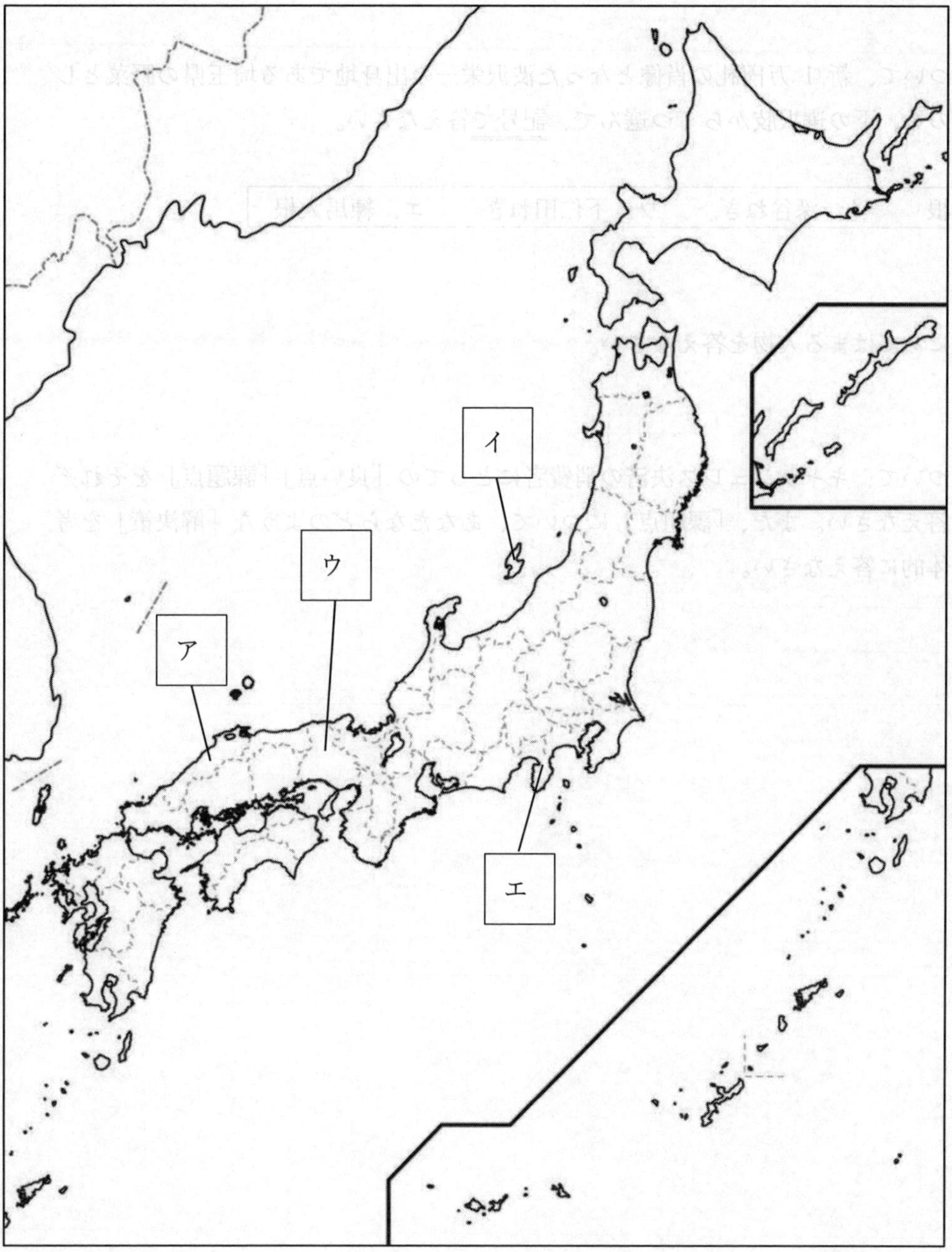

問 3.

下線部③について、建物を上から見ると「円」の文字にも見えると言われている、日本の紙幣を発行する中央銀行は何か答えなさい。

問 4.

下線部④について、新 1 万円札の肖像となった渋沢栄一の出身地である埼玉県の野菜として適切なものを、下の選択肢から1つ選んで、記号で答えなさい。

ア．三浦大根	イ．深谷ねぎ	ウ．下仁田ねぎ	エ．練馬大根

問 5.

（ ⑤ ）にあてはまる人物を答えなさい。

問 6.

下線部⑥について、キャッシュレス決済の消費者にとっての「良い点」「課題点」をそれぞれ1つずつ答えなさい。また、「課題点」について、あなたならどのような「解決策」を考えるか、具体的に答えなさい。

【理　科】〈２月１日午後特待試験〉（社会と合わせて50分）〈満点：50点〉

1

磁石について、いろいろな実験をしました。次の各問いに答えなさい。

（1）次のア～クのものに磁石がつくか、つかないかを調べました。磁石がついたものを、次のア～クからすべて選び、記号で答えなさい。

ア．鉄のくぎ　　イ．えんぴつ　　ウ．消しゴム　　エ．下じき
オ．スチール缶《かん》　　カ．アルミ缶　　キ．ガラス　　ク．10円玉

（2）２本の棒磁石を図１のように近づけると、２つの磁石は引き合いました。磁石のアの部分は何極ですか。

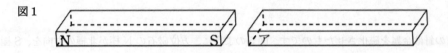

図１

（3）実験中に棒磁石を落として、図２のように棒磁石が２つに割れてしまいました。アの部分は何極ですか。

図２

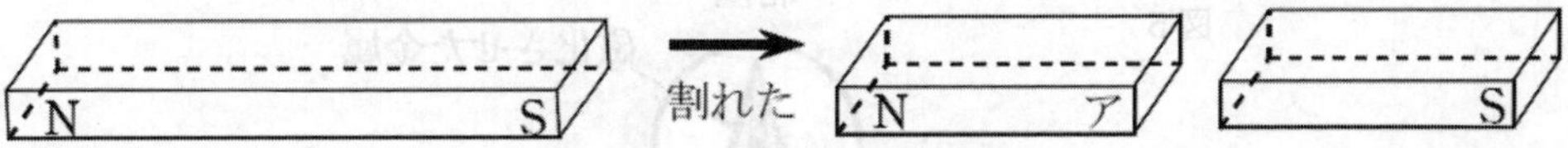

（4）図３のように、棒磁石にクリップをつるし、しばらくしてからすべてのクリップを磁石から離《はな》しました。すると、それぞれのクリップは磁石と同じはたらきをもつようになりました。このクリップのように、磁石ではないものが、磁石と同じはたらきをもつようになる現象を磁化といいます。

図３のア、イの部分は磁石から離した後、何極になりますか。それぞれについて答えなさい。ただし、ア、イは、上から２番目のクリップの上の部分です。

図３

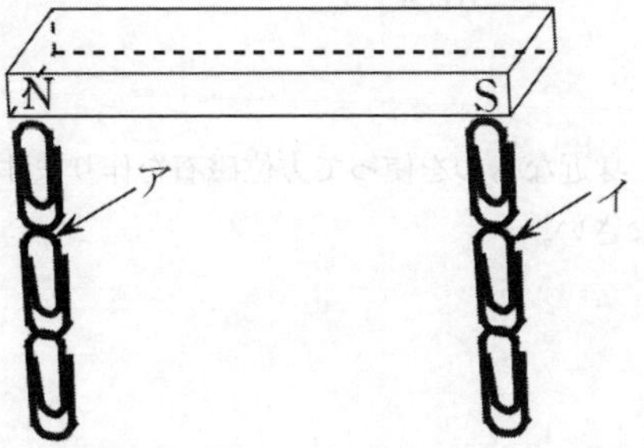

（5）図４のように、Ｓ極を下に向けた棒磁石を、針の右端《はし》から左端まで一度だけこすりつけました。その結果、針が磁化しました。このとき、針の左端は何極になりますか。

図４

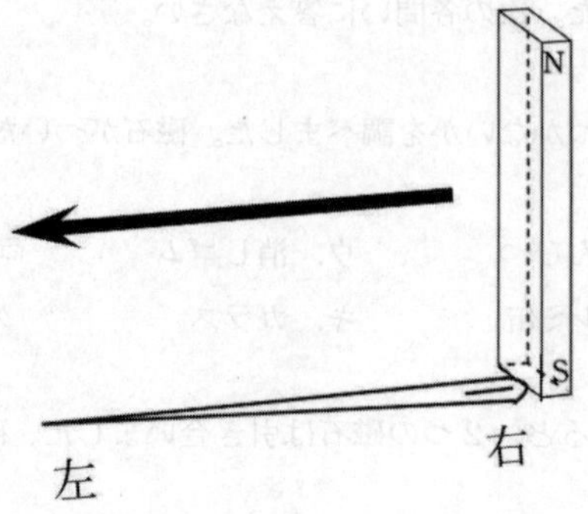

（6）方位磁石の針は金属を磁化させたものです。図５のように、方位磁石のＮ極が北極の方向を、Ｓ極が南極の方向を指すのは、地球が大きな磁石のような性質をもっているからです。では、地球の南極は磁石に例えると何極ですか。

図５

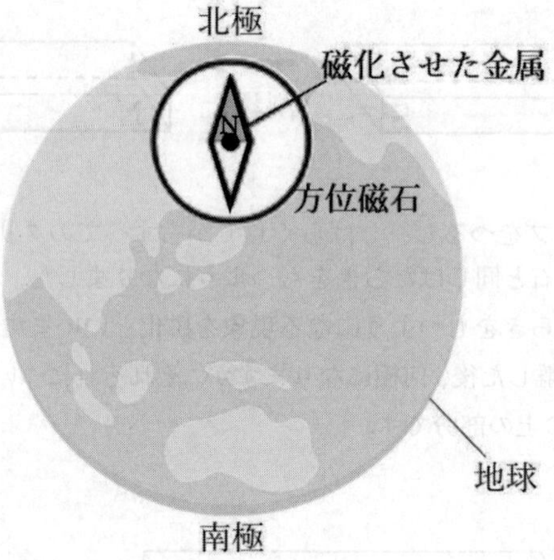

（7）(5)において磁化させた針と、身近なものを使って方位磁石を作ります。材料は何が必要ですか。また、作り方を説明し、完成図も書きなさい。

2

（１）ヒトの心臓のつくりにおいて、全身へ血液を送る部屋を何といいますか。

（２）キツネ、ワシ、リスには食べる・食べられるの関係があります。図１の②に入る生き物を、キツネ、ワシ、リスの中から選び、答えなさい。ただし、食べられる生き物と、食べる生き物の関係は「食べられる生き物　→　食べる生き物」のように表すものとします。

図１

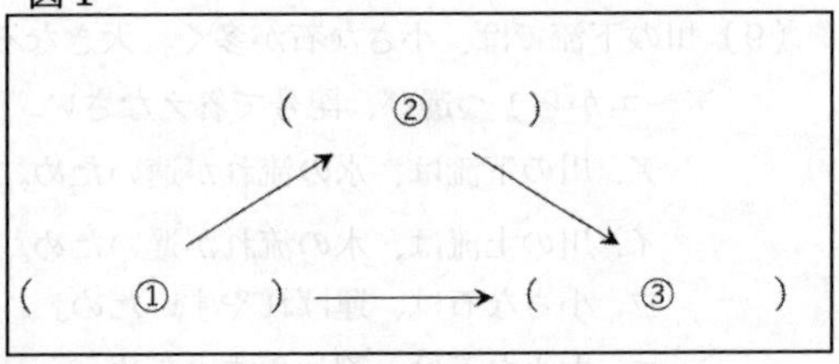

（３）植物は、光合成のはたらきによって二酸化炭素を吸収し、酸素を放出しています。このような気体の出入りは、葉の表面にある何という部分で行われていますか。

（４）消毒に利用されるエタノールは燃えやすい液体です。エタノールを燃やすと、水と、ある気体が発生します。発生する気体は、石灰《せっかい》水を白く濁《にご》らせます。この気体は何ですか。

（５）ろ過の器具の使い方として正しいものを、次のア～エから１つ選び、記号で答えなさい。

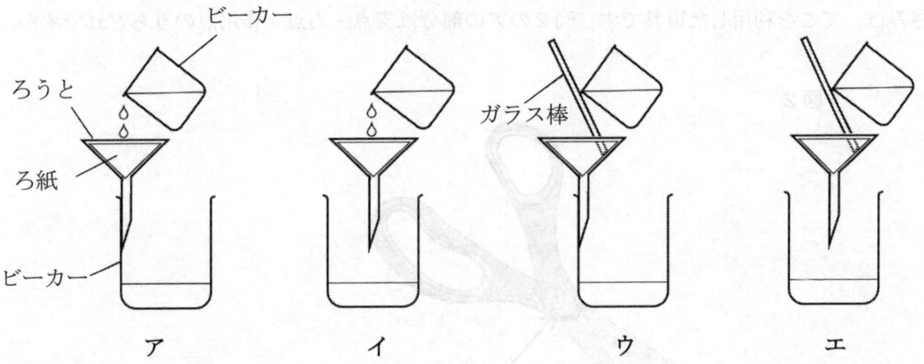

（６）20℃の水 100 g に、食塩は最大 38 g まで溶《と》けます。今、20℃の水 100 g に、食塩 24 g を溶かしました。この食塩水を加熱し、水 50 g を蒸発させました。その後、20℃まで冷やしました。このとき、食塩の結晶《けっしょう》は何 g 出てきますか。ただし、水は加熱したとき以外は蒸発しないものとします。

（７）次の空欄《らん》①に入る適当《てきとう》な語句を、選択肢《せんたくし》から選びなさい。また、②に入る適当な数字を、午前または午後をつけて答えなさい。

一般《いっぱん》的に、晴れの日に気温が最も低くなるのは①｛　明け方　・　昼　・　夕方　・　真夜中　｝ごろです。また、気温が最も高くなるのは（　②　）時ごろです。

(8) 月は地球のまわりを回っています。月が地球のまわりを一周するには、およそどのくらいかかりますか。次のア〜エから正しいものを1つ選び、記号で答えなさい。

ア. 約1日　　イ. 約1週間　　ウ. 約1カ月　　エ. 約1年

(9) 川の下流では、小さな石が多く、大きな石はほとんど見られません。その理由として正しいものを、次のア〜エから1つ選び、記号で答えなさい。

ア. 川の下流は、水の流れが速いため。

イ. 川の上流は、水の流れが遅《おそ》いため。

ウ. 小さな石は、運ばれやすいため。

エ. 大きな石は、割れやすいため。

(10) 電気のエネルギーを光のエネルギーに変えて利用しているものを、具体的に一つあげなさい。

(11) ふりこが一往復する時間は何によって決まりますか。次のア〜エから1つ選び、記号で答えなさい。ただし、空気による影響《えいきょう》は考えないものとします。

ア. ふりこのふれはば　　イ. ふりこの長さ

ウ. おもりの重さ　　エ. おもりの素材

(12) はさみは、てこを利用した道具です。図2のアの部分は支点・力点・作用点のうちどれですか。

図2

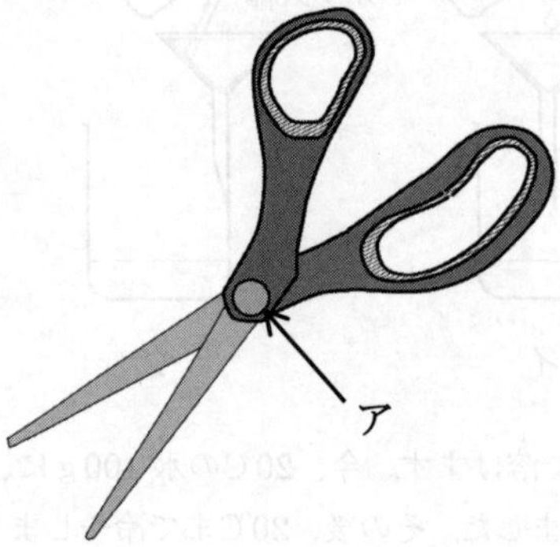

問十、――線部⑨「さつきさんの話は、ドスンと胸にきた」とありますが、さつきの話が胸にひびいたのはなぜですか。もっともふさわしいものを次から一つ選び、番号で答えなさい。

1、さつきが昔は何も決められず、だらしない様子であったにも関わらず、たった一度のきっかけで将来の夢をはっきりと決めることができたという内容にあこがれたから。

2、さつきが昔は目立たない人であったにも関わらず、今は周りの大人と同じようにどうしたらうまくいくのかという成功体験の話ができる立場になったことに成長を感じたから。

3、大人は昔から間違ったことや失敗したという話はしないものだと思っていたが、さつきがあえて後悔したことを打ちあける様子に子どもらしさを感じたことで共感を得たから。

4、今までは周りの大人はどうしたらうまくいくかしか言わなかったが、さつきが人に隠したい後悔を打ちあける様子に自分にはない勇気や強さを感じ、納得できたから。

問十一、生徒A～Dは、今回の本文のテーマである『チェンジ』についての感想を述べています。本文の内容をふまえているのはどの生徒の感想ですか。次からもっともふさわしいものを一つ選び、番号で答えなさい。

1、生徒A「大人になってどこかで変われる人は学生時代におとなしい人なのでしょうね。だとすると、『チェンジ』をするには学生時代に真面目に過ごすことが大事だということがわかりますね。」

2、生徒B「昔は自信のない子どもだったとしても何かがきっかけで変わることができるのですね。それが自分の行いの後悔や失敗だったとしてもそれを次に活《い》かそうとする気持ちが『チェンジ』につながるのですね。」

3、生徒C「人は自分の失敗や後悔を他者に打ちあけることで意識を変えることができる人が多いですよね。『チェンジ』をするには後悔をしても失敗をたくさんすることが大切だと思いました。」

4、生徒D「友人の会話についていけないなど学生時代に孤独な経験をすることは心をきたえることとして必要なことですよね。それが心の強さを持つことにつながり『チェンジ』することができるのだと感じました。」

問五、――線部⑤「そう聞いて、あれ？　と思った」とありますが、陽菜がこのように思ったのはなぜですか。もっともふさわしいものを次から一つ選び、番号で答えなさい。

1、人前で話す様子や大人っぽい雰囲気からもともと話すのが上手《じょうず》な人だと思っていたが、恋バナでもりあがる友人との会話についていけなかったことがあると知り、意外と自分と同じであると感じたから。

2、人前で話すことが好きではないと言っていたのにもかかわらず、たくさんの中学生の前で話すことができることに驚いたが、今も普段《ふだん》は友人についていけず、いつもひとりでいると知って残念に思ったから。

3、大人の女性の雰囲気を持っており、目が吸いよせられるほどの美しい人であるにもかかわらず、人前で話すことが苦手で、ひとりでいることが多いことを聞き、驚いたから。

4、大人の女性の雰囲気で怖《こわ》い人ではないかと思っていたが、今の自分の姿と違《ちが》う写真を見せてくれたり、友人についていけなかったエピソードを語ったりしてくれるなど見た目とは違う穏《おだ》やかな人だと感じたから。

問六、空らん＊にあてはまる言葉としてもっともふさわしいものを次から一つ選び、番号で答えなさい。

1、ぎょっとする　2、きょとんとする　3、ぞっとする　4、はっとする

問七、――線部⑥「こわい」とありますが、なぜ「こわい」と思っているのですか。次の（　）にあてはまるように（1）は五字でぬき出し、（2）は十字以上十五字以内で本文中の言葉を使って、答えなさい。

男の人の（　1　）ため、（　2　）と思ったから。

問八、――線部⑦「その後悔」とありますが、さつきが感じた後悔とは何ですか。本文中の言葉を使って「〜こと。」につながるように二十字以内で二つ答えなさい。

問九、――線部⑧「私は看護師になろうと決めたの」とありますが、さつきが看護師になるにあたって心がけていることは何ですか。本文中の言葉を使って十字以上十五字以内で答えなさい。

問一、――線部①「あたしは、小さくため息をついた」とありますが、このときの陽菜の気持ちとしてもっともふさわしいものを次から一つ選び、番号で答えなさい。

1、チェンジというありきたりなテーマの話を聞かなければいけないことに不満を抱《いだ》いている。
2、えらい大人の話はどれも同じだと思い、どこに聞きにいったらよいかわからず困りはてている。
3、良いことだけをいう大人の話はつまらないと感じており、その後の感想を書くことにも気分がのらないでいる。
4、気持ちがふさいでいるときに、元気な声で話す大人に対して不信感を感じている。

問二、――線部②「えらい大人」とありますが、陽菜がいう「えらい大人」とはどのような人たちですか。具体的に説明しているところを本文中から三十四字で探し、はじめの五字を答えなさい。

問三、――線部③「地べたに張りつく影みたい」とありますが、この表現はさっきのどのような様子を表していますか。もっともふさわしいものを次から一つ選び、番号で答えなさい。

1、暗い背景で顔をわからなくし、いないようにみせている様子。
2、人の後ろに隠《かく》れてはずかしがっている様子。
3、床《ゆか》にはりついてふざけている様子。
4、地味で存在感がなく、目立たない様子。

問四、――線部④「あたしたちの表情」とありますが、「あたしたち」はどのような気持ちだったのですか。もっともふさわしいものを次から一つ選び、番号で答えなさい。

1、不満　2、驚《おどろ》き　3、後悔　4、喜《よろこ》び

足を早めて立ち去ろうとしたが、どうしても気になってUターンした。そして、おそるおそる男の人に声をかけた。

「あの……、大丈夫《だいじょうぶ》ですか？」

反応がない。

「もしもし、大丈夫《だいじょうぶ》ですか？」

やっぱり、反応がない。頭に『死』という言葉がうかんだ。

（どうしよう。⑥こわい）

さつきさんは半泣きで、声を上げた。

「だ、誰《だれ》か、助けて。助けてください！」

ようやく、スーツを着た男性が立ち止まって携帯《けいたい》電話で救急車を呼《よ》んでくれた。しばらくして救急車が到着《とうちゃく》し、隊員がてきぱきと処置《しょち》をしたが、そのあと男の人がどうなったかは知らない。

さつきさんは後悔《こうかい》した。

最初は、男の人を無視《むし》しようとした。酔《よ》っぱらいかもしれないっていうのは、無視《むし》するのを正当化するためのいいわけで、本当はあの人は具合が悪いのかもしれないと、心のどこかで思っていた。

私《わたし》は人の命を軽く見た。そして自分が悪者にならないよう、いいわけを考えた。あの時、もっと早く声をかければよかったのに……。

さつきさんは、何度もそう思った。

「⑦その後悔《こうかい》から、⑧私《わたし》は看護師《かんごし》になろうと決めたの。それまでは人と関わるのを避《さ》けていたけど、大学の看護《かんご》学科に進んでから、積極的に人と関わるようにした。不安な思いをしている患者《かんじゃ》さんの気持ちをやわらげるには、言葉かけが大事だってわかったから」

あたしは話を聞いて、どきどきした。

大人から、人には隠《かく》しておきたいような後悔を打ちあけられるのは初めてだった。なんとなく、大人はずっと前から大人だったように思ってた。落ちこんだり、いじけたりしないで、スムーズに階段《かいだん》を上がってきた人たちだと思ってた。

パパもママも先生も、うまくいかなかった話なんてしない。というより、こうしたらうまくいくという指導ばかり。だから、⑨さつきさんの話は、ドスンと胸《むね》にきた。

（ささきあり『サード・プレイス　PART 3チェンジ！』　設問の関係上、表記を改めている。）

※1　ワークショップ……研修会。参加者が研究や創作などを行うこと。

※2　恋バナ……恋に関する話。

さつきさんがタブレットを前に向けて、みんなに見えるように右から左へゆっくり動かす。画面には紺色《こんいろ》の制服を着た、重そうなヘアスタイルの女の子がひかえめに笑う写真が表示されていた。

「これ、中学生の時の私」

えっ!

あたしは身を乗りだすようにして、タブレットをじいっと見た。

今とまったくちがう。今のさつきさんがスラリと上に伸《の》びている感じなら、写真のさつきさんは、③地べたに張りつく影《かげ》みたい。

さつきさんは、④あたしたちの表情を見て、ふふっと笑った。

「今とちがうって、思ったでしょ。この頃《ころ》の私《わたし》は目立たない生徒で、こうして人前で話をするなんて、とんでもないって思ってた。※2恋《こい》バナでもりあがる同級生にはついていけなくて本ばかり読んでいる子だったから、教室ではいつもひとりでいることが多かったな」

⑤そう聞いて、あれ? と思った。

なんかふつうの人っぽい。恋バナでもりあがる同級生についていけないって、あたしと同じだ。

さつきさんは、次に半袖《はんそで》の白いセーラー服を着ている女の子の写真を出した。

「これは、高校生の私《わたし》。中学生の頃《ころ》とあんまり変わらないね。教室ではいても、いなくても、気づかれないような生徒だったから、修学旅行のトイレ休憩《きゅうけい》で私《わたし》だけ置いていかれちゃって。どうしていいかわからなくて泣いてたら、売店の人が次の見学場所まで車で送ってくれて、おかげで無事に合流できたの」

「えー」と、みんながどよめいた。

そこまで、いないことにされるなんて、あたしだったらショックで、学校に行けなくなりそう。知らない土地でひとりになるなんて、想像しただけで、[*]。

さつきさんはひと呼吸《こきゅう》置いて、話を続けた。

「その修学旅行のあとに、チェンジにつながる出来事があったの」

さつきさんが高校二年生の時のこと。通学とちゅうで、父親ぐらいの年齢《ねんれい》の男の人が道ばたに四つんばいになっているのを見かけた。でも、まわりの人たちは立ち止まることなく、通りすぎていく。

(朝まで飲んでて、酔《よ》っぱらったのかもしれない。からまれたら嫌《いや》だな)

さつきさんもほかの人と同じように、無視して通りすぎようとした。すると、男性が、「うう……」と、うめいて、べしゃっと倒《たお》れた。びっくりして、足が止まる。

(わっ、やだっ)

問九、本文の内容としてあてはまるものをすべて選び、番号で答えなさい。
1、筆者も食べることを忘れて仕事に没頭することがあるので、食べる時間を減らせるようにしたい。
2、食べる時間を短縮することは、食べることを別の楽しいことに充てたいと考えている人にとっては素晴らしいことかもしれない。
3、サプリメントやプロテインバーなどの携帯食が発達する未来は現実化しており、実際に軍隊でも使用されている。
4、噛むことでできた時間で食材を育てた人や料理を作った人に感謝することも、人間の感覚として大事なことだ。
5、噛むことのもっとも重要な意味は、飲み込むことでは得られない栄養素を体内に取り込むことができることだ。

五

次の文章を読んで、後の問いに答えなさい。(字数制限については、句読点・記号も一字と数えます。)

中学一年生の陽菜《ひな》は、小学校から仲が良い友人が先輩《せんぱい》と交際し始めたという告白に衝撃《しょうげき》を受ける。友人に裏切られたような、置いていかれたような気持ちになり、気持ちが沈《しず》んでいる。次の文章はその後の場面である。

その日は三時間目までふつうの授業で、四時間目が特別授業になった。一年生は体育館で※1ワークショップをするという。
体育館に入ると、首から名札を下げた大人が二十人ぐらいいた。一クラス三十八人の二クラスが四列になってすわると、前にいたお姉さんっぽい人が、マイクを持って話しだした。ふわふわした髪《かみ》を耳にかけ、つるんとしたおでこを出している。首からかけた名札には『ゆっきー』とあった。
「こんにちはー、ゆっきーです。私《わたし》たちはサプリガーデンという中高生が利用できる施設《しせつ》から来ました。今日はみなさんと、いろいろ話したいと思っていまーす」
ゆっきーの指示で、まわりにいた大人がプリントを配る。
「今回のテーマは『チェンジ』です。四人が体験を語るので、気になる人の話を聞きにいきましょー」
①あたしは、小さくため息をついた。
やだなあ。②えらい大人の話を聞くのは、つまんない。どうせ終わったあとに、大人が喜びそうな感想を書かなきゃいけないんでしょ。
あたしはプリントの紹介欄《しょうかいらん》にあった四人のうち、一番上にあった人の話を聞くことにした。体育館の後ろのほうに立つ、『さつき』という紙を持った女の人のもとへ行く。スラリとした長い手足に、小さな顔に切れ長の目。大人の女性の雰囲気《ふんいき》に、目が吸《す》いよせられる。「クールビューティー」って、こういう人のことを言うのかな。
あたしのほかにも十数人がまわりにすわる。さつきさんはみんなを見まわして、ほほえんだ。
「みなさん、こんにちは。社会人ボランティアのさつきです。これから私《わたし》のチェンジ体験を話しますね」

⑵　この未来はどのような技術が完成すると実現する未来ですか。――線部②より前の本文中の言葉を使って、具体的に二十字以上三十字以内で答えなさい。

問五、――線部③「大きな疑問を感じる」とありますが、なぜですか。その理由としてあてはまらないものを次から二つ選び、番号で答えなさい。

1、食べることは楽しいことであり、人びとの暮らしからなくなるのはつらいことであるのに、食べる時間を短くしようとしているから。
2、筆者は食べることが生きがいであり、ずっと食べもののことを考えていたいと思っているのに、食べることをやめなければならないから。
3、人間は、噛むことで脳内に血が巡り、それが人間らしい活動につながるのに、噛むという行為をなくそうとしているから。
4、噛むことで食事中に時間が生まれ、その時間が共在感覚を生み、人間ならではの感覚が持てるのに、それが失われようとしているから。
5、早く食事がすむように、ムースやゼリーが開発され、売られていく未来がすでにアメリカで求められているのに、日本では行われないから。

問六、――線部④「食べものはすべてゼリーやムースになってしまうかもしれません」とありますが、このようになると予想される理由としてもっともふさわしいものを次から一つ選び、番号で答えなさい。

1、おいしい味や香りのするものが多く開発されるようになってきたため、それを好む人が多くなっていくと思われるから。
2、歯ごたえのあるものよりも柔《やわ》らかいものの方が誰《だれ》もがおいしく食べられると考えられるようになっていくと思われるから。
3、手軽に早く食事が済むことや、胃腸への負担が少なくなることをよいと考える人が多くなっていくと思われるから。
4、薬局やコンビニで食事が安く手に入るようになり、面倒《めんどう》な食事をとりたくないと考える人が増えていくと思われるから。

問七、空らん［＊］にあてはまる言葉としてもっともふさわしいものを次から一つ選び、番号で答えなさい。

1、誰かが栄養を体内に補給しないといけない
2、多くの栄養が体内に入らないと動かせない
3、栄養をすぐに体内から無くさなければならない
4、できるだけスムーズに栄養が体内に注入される

問八、食べることは人間にとってどのような行為であると筆者は考えていますか。本文中から十七字でぬき出しなさい。

※4　普及……広く行き渡ること。
※5　制御……目的にそって動くように操作すること。
※6　人間を人間たらしめている……人間を人間らしくさせている。

問一、空らん［A］・［B］にあてはまる言葉としてもっともふさわしいものを後から一つずつ選び、番号で答えなさい。

A　1、ワクワク　2、ムカムカ　3、ザワザワ　4、ポカポカ

B　1、恐《おそ》る恐《おそ》る　2、泣く泣く　3、生き生き　4、休み休み

問二、――線部①「食べるという行為が今後どのように変わっていくのか」とありますが、本文中では食べる行為はどのように変わっていく可能性があると述べていますか。ふさわしいものを次からすべて選び、番号で答えなさい。

1、食べたいものを好きなだけ食べるだけで栄養素がとれるようになる。
2、食べる時間が短く、少ない量ですむようになる。
3、食べなくても水を飲むだけで生きていけるようになる。
4、噛みごたえがない食べものが増え、すぐに飲み込める食べものが求められるようになる。
5、色彩豊かなものが多くなり、色鮮《いろあざ》やかなものを食べることが好まれるようになる。

問三、空らん［Ⅰ］・［Ⅱ］・［Ⅲ］にあてはまる言葉としてもっともふさわしいものを次から一つずつ選び、番号で答えなさい。ただし、同じ番号は二度以上使えません。

1、ちなみに　2、さて　3、それとも　4、なぜなら　5、ただし

問四、――線部②「食べることが数秒で終わってしまう未来」について次の⑴・⑵の問いに答えなさい。

⑴　食べることを短くしたいと考えている人びとは、食べることを短くすることで何ができると考えていますか。次の（　）にあてはまるように（1）は四字で、（2）は十字で、――線部②より前からぬき出しなさい。

> （　1　）することができたり、（　2　）をさせたりすることができる。

この本は一九八六年に出版され、現在も読み継《つ》がれています。わたしも『ナチスのキッチン』という本を書くとき、参考にした本です。十九世紀から二〇世紀にかけての世紀転換期《てんかんき》で料理の合理化、効率化が進んでいくという内容。アメリカで、胃腸の消化を助けるために、今後はできるだけ細かく刻んでドロドロした、噛む時間があまり必要ないレシピを開発すべきだ、という考えが、一九世紀に流行したと書かれてあります。この考えは一定の評価を得て、流動食のような食べものが※4普及《ふきゅう》するのを助けました。

歯ごたえをなくす動きです。実は、こうした流れもすでにあります。歯ごたえのある食べものは嫌《きら》われるようになり、噛み切りやすいもの、すぐに飲み込めるものが求められています。それがもっと進んでいくと、④食べものはすべてゼリーやムースになってしまうかもしれません。

ここで思い出すのは、いまから五〇年前の一九六八年、アメリカで公開された映画『二〇〇一年宇宙の旅』です。この映画では、「ハル」という名前の人工知能のようなものが宇宙船の全システムを※5制御《せいぎょ》しているのですが、いま見ても本当に面白《おもしろ》いです。この映画に、宇宙旅行中に宇宙食を食べるシーンがあります。無重力状態で食べものが浮《う》かないように、さまざまな色彩《しきさい》のムースみたいな食べものがプラスチックの皿にくっついていて、それをスプーンで削《そ》ぎ落として食べるのです。お世辞にもおいしそうとは言えませんが、白くてさっぱりとしたツルツルの宇宙船の船内のイメージにぴったりとあっていました。実は、この食事は、ＮＡＳＡ（アメリカ航空宇宙局）が映画製作のために独自に開発したものだったようです。みなさんはいかがでしょうか。

食べものから噛みごたえがなくなっていく未来。わたしは望ましいものではないと思います。噛むということは、飲み込むことでは得られない栄養を体内に取り込むために必要な行為ではありますが、わたしはもっと重要な意味合いがあると思います。人間は給油される自動車ではありません。［　　＊　　］ことは、人間を自動車にするようなものだと思っています。しかし、人間は噛みます。脳内に血が巡《めぐ》ります。しかしそれだけではありません。噛むと食事中に時間が生まれます。この時間が、食事に、「共在感覚」、つまり「同じ場所に・ともに・いる」気持ちを生み出すのです。この遠回りの行為が、給油のように直接消化器官に栄養補給しないことが、※6人間を人間たらしめているように思えます。たとえば、食材である生きものやそれを育ててくれた農家や漁師のみなさん、あるいは、料理をしてくれた人に対して感謝の気持ちをもつことも、人間ならではの感覚だと思うのです。

（藤原辰史《ふじはらたつし》『食べるとはどういうことか　世界の見方が変わる三つの質問』　設問の関係上、表記を改めている。）

※1　根治……病気が根本からすっかり治ること。
※2　賄える……限られたもので間に合わせられること。
※3　高尚……知性が高く、気品があること。

しはとても驚《おどろ》きました。そして、この話を聞いて気づきました。もっと仕事をするためには、もっと経済成長するためには、ご飯の時間を削《けず》って働いてくれたほうがよい、と考える人には、こうした技術が完成するのはありがたいことなのかもしれない。人間が食べる時間を節約できれば、もっと人類の文化芸術の発展に役立つと考える人にとっても、やはり素晴《すば》らしい話なのかもしれません。②食べることが数秒で終わってしまう未来。その代わり、食べる時間を、映画、読書、ショッピングなど、別の楽しいことに充《あ》てることができる未来。みなさんはいかがでしょうか。

わたしは食べることをやめて、もっと勉強時間を増やす、とか、人類の文化をより※3高尚《こうしょう》なものにするとかいうことには③大きな疑問を感じる人間です。

なぜかといいますと、一つは、食事みたいな楽しいことが人びとの暮らしからなくなってしまうのは、もったいないと思うからです。この楽しみを失ってまで到達《とうたつ》すべき高尚な文化などあるのでしょうか。たしかに、わたしだって、食べることを忘れて仕事に没頭《ぼっとう》することもあります。だけれども、その仕事が終わったあとに食べるご飯はまた格別のおいしさです。わたしが単純に食《く》いしん坊《ぼう》だけなのかもしれませんが、こんなに楽しいことができなくなるなんて、とてもつらいことだと思います。現に病気で食べることが難しくなって元気がなくなる人はたくさんおられます。

言語聴覚士《ちょうかくし》という仕事をしている古くからの親友がこんなことを教えてくれました。鳥取の病院で働く彼《かれ》は、病気になってご飯を飲み込《こ》むことが難しいお年寄りにつきそって、ご飯を噛《か》んで飲み込むためのお手伝いをしています。彼が言うには、胃に穴をあけて、そこからご飯を流し込む「胃ろう」という装置にするよりも、頑張《がんば》って口からご飯を食べられるようになったときの患者《かんじゃ》さんはいつもより［B］としていた、と。それで彼は、ギターを持って高齢者《こうれいしゃ》のまえで歌をうたったりしながら、いい雰囲気《ふんいき》をつくることにも労力を割《さ》いたと聞いて、自分はいい友だちをもったな、と、とても感激しました。食べることは、実は、人間が人間であるための根源的な行為だと思うのです。けれども、こういう未来はどんどん現実化しています。サプリメントの誕生や、プロテインバーなどの携帯食《けいたいしょく》の発達です。［Ⅲ］、『戦争がつくった現代の食卓《しょくたく》―軍と加工食品の知られざる関係』（アナスタシア・マークス・デ・サルセド 著、白揚社《はくようしゃ》、二〇一七年）という本に書いてありますが、プロテインバーは、アメリカの軍人のために軍隊が開発したもので、戦争と密接に関わっている食品であることを補足しておきましょう。

二つ目に、こんな未来も描けるかもしれません。できるだけ早く食事が済むように、おいしい味や香《かお》りのするムースやゼリーがどんどん開発され、売られていく、という未来です。これだと、手軽だし、消化も早く、胃腸への負担も少なくなってよいかも、と思う人もおられるかもしれません。実際に、現在、すぐに食べきれるゼリー食品は薬局やコンビニなどで安く手に入れることができます。

実は、こうした未来は、すでにアメリカで求められて来ました。日本語で『家政学の間違《まちが》い』（ローラ・シャピロ 著、晶文社《しょうぶんしゃ》、一九九一年）と訳された英語の歴史書があります。

（中略）

三 次の①～⑤のそれぞれの意味を表すように、後の囲みの中の漢字を使って四字熟語を作りなさい。ただし、同じ漢字は二度以上使えません。

① 何も言わずにだまっておこなうこと。
② あることを成しとげようと決めること。
③ 昔のことを学ぶことであたらしい考えを身につけること。
④ 思いのままのんびりすごすこと。
⑤ とても短い時間のこと。

温	新	電	火	不	一	行	晴	読	発
耕	知	光	雨	言	起	石	念	故	実

四 次の文章を読んで、後の問いに答えなさい。(字数制限については、句読点・記号も一字と数えます。)

未来のことを考えるのは、とても心が躍《おど》る楽しいことです。たとえば、月に住むことができるだろうか、とか、リニアモーターカーの次の世代の乗りものはどんなものだろう、とか、スカイツリーよりも高い建てものはいつ、どうやってできるだろうか、とか、がんを※1根治する薬はいつできるのだろうか、とか、とても［A］しますね。

でも、①食べるという行為《こうい》が今後どのように変わっていくのか、そんな未来の予想はあまりなされません。「食べもの」は、「乗りもの」や「建てもの」と比べて地味な印象があるかもしれません。あるいは、人間は食べないと生きていけないから、そんなに変わることはないのでは、と思う人もいるでしょう。けれども、食べものの未来を考えることも、とくに若い人たちにとってはとても重要です。［Ⅰ］、未来が自分たちの望むとおりに変化してくれればよいのですが、必ずしもそうではない可能性があるからです。

たとえば、こんな未来だって思い描《えが》くことができます。一日一回、小さな食べものを食べて、それで一日分の栄養補給ができるという世の中です。ある食品会社の広報部の方が、池袋《いけぶくろ》の本屋さんでのトークショーのあと、わたしにこんなことを教えてくれました。これさえ食べられれば一日の栄養を※2賄《まかな》える食品を開発したけれども、いざ試食をしてみると、とてもまずかった、と。［Ⅱ］、これを理想だと考える人がいることも事実です。

知人から聞いたのですが、ある集まりで、食べる体験をヴァーチャルリアリティなどの力を借りて、できるだけリアルにしようと考えている人が、その目的として「食べるという煩《わずら》わしいことから人間を解放するために」と言ったそうです。食べることが「煩わしい」と考える人がいることに、わた

二〇二二年度　麹町学園女子中学校

【国語】〈二月一日午後特待試験〉（四五分）〈満点：一〇〇点〉

一　次の①〜⑤の――線部のカタカナを漢字で書きなさい。

① 選手がギャッキョウに立ち向かう姿がみられた。

② ピアノのチョウリツをする。

③ おユをわかしてお茶を飲む。

④ ミダれた髪《かみ》を直す。

⑤ 初戦でシリゾくことになってしまった。

二　次のア〜オの文の～～～線部が直接かかっていく部分はどこですか。それぞれ番号で答えなさい。

ア、1図書室は　とても　2静かなので　3ひそひそと　4話す。

イ、1お正月は　2家族で　お笑いの　3番組を　4見た。

ウ、毎日　1妹と　2いっしょに　3漢字の　4練習を　5する。

エ、1春には　2玄関《げんかん》に　ピンク色の　3桜の　4花が　5咲く。

オ、昨日からの　1激しい　2雨が　3ようやく　4やみ、　5今日は　6運動会が　7行われる。

2022年度

麴町学園女子中学校

▶解答

※編集上の都合により，２月１日午後特待試験の解説は省略させていただきました。

算　数　＜２月１日午後特待試験＞（45分）＜満点：100点＞

解　答

[1] (1)　2132　(2)　71　(3)　4.7　(4)　$2\frac{1}{2}$　(5)　12　[2] (1)　秒速15m　(2)　13人　(3)　62点　(4)　48分後　(5)　24cm^2　(6)　2800m　[3] (1)　24通り　(2)　18通り　(3)　12通り　[4] (1)　12本　(2)　８本　(3)　146m　[5] (1)　秒速２cm　(2)　48　(3)　３秒後と11秒後

社　会　＜２月１日午後特待試験＞（理科と合わせて50分）＜満点：50点＞

解　答

[1] **問１**　アイヌ　**問２**　首里城　**問３**　シラス（台地）　**問４**　イ　**問５**　イ　**問６**　ウ　**問７**　イ・エ　**問８**　近郊農業　**問９**　過疎〔過疎化〕　[2] **問１**　イ　**問２**　ウ　**問３**　ウ(→)イ(→)ア　**問４**　エ　**問５**　建武の新政　**問６**　参勤交代　**問７**　イ　**問８**　ア　**問９**　日比谷焼き打ち事件　**問10**　マッカーサー　[3] **問１**　エ　**問２**　閣議　**問３**　刑事裁判　**問４**　イ　**問５**　全体　**問６**　エ　**問７**　ア　[4] **問１**　ウ　**問２**　ア　**問３**　日本銀行　**問４**　イ　**問５**　津田梅子　**問６**　**[良い点]**　（例）　現金を持ち歩かなくてもスムーズに支払いを済ませられる。　**[課題点]**　（例）　企業に対し支払い情報として個人情報を提供するため，個人情報流出の恐れがある。　**[解決策]**　（例）　分かりづらいパスワードの設定の義務づけなどのセキュリティ対策をおこなう。

理　科　＜２月１日午後特待試験＞（社会と合わせて50分）＜満点：50点＞

解　答

[1] (1)　ア，オ　(2)　N極　(3)　S極　(4)　**ア**　S極　**イ**　N極　(5)　N極　(6)　N極　(7)　（例）　**材料**…磁化させた針，水を入れる大きめの容器，軽量なプラスチック皿，水　**作り方**…大きめの容器に水を入れ，磁化させた針を乗せた軽量なプラスチック皿を水にうかべる。　**完成図**…右の図　[2] (1)　左心室　(2)　キツネ　(3)　気こう　(4)　二酸化炭素　(5)　ウ　(6)　５g　(7)　①　明け方　②　午後２　(8)　ウ　(9)　ウ　(10)　（例）　豆電球　(11)　イ　(12)　支点

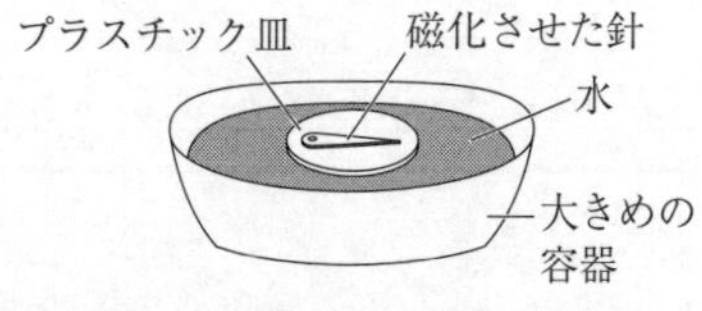

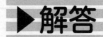

国　語　＜２月１日午後特待試験＞（45分）＜満点：100点＞

解　答

一 ①～⑤　下記を参照のこと。　二 ア　2　イ　3　ウ　5　エ　4　オ　2

三 ①　不言実行　②　一念発起　③　温故知新　④　晴耕雨読　⑤　電光石火

四 **問１**　A　1　B　3　**問２**　2・4　**問３**　Ⅰ　4　Ⅱ　5　Ⅲ　1　**問４**　⑴　一つ目　経済成長（することができたり，）／　二つ目　人類の文化芸術の発展（をさせたりすることができる。）　⑵（例）　小さな食べもので一日分の栄養素を補給できるようにする技術。　**問５**　2・5　**問６**　3　**問７**　4　**問８**　人間が人間であるための根源的な行為　**問９**　2・3・4　五 **問１**　3　**問２**　落ちこんだ　**問３**　4　**問４**　2　**問５**　1　**問６**　3　**問７**　⑴　（男の人の）反応がない（ため。）　⑵（例）　死んでしまうのではないか（と思ったから。）　**問８**　一つ目　（例）　男の人を無視するという人の命を軽くみた（こと。）／　二つ目　（例）　悪者にならないよう，いいわけを考えた（こと。）　**問９**　（例）　積極的に人と関わること。　**問10**　4　**問11**　2

●漢字の書き取り

一 ①　逆境　②　調律　③　湯　④　乱（れた）　⑤　退（く）

出題ベスト10シリーズ

①国語読解ベスト10

②漢字合格の2790題

③計算合格の820題

④図形問題ベスト10

■過去の入試問題から出題例の多い問題を選んで編集・構成。受験関係者の間でも好評です！

有名中学入試問題集

●男子校編

●女子校編

■中学入試の全容をさぐる!!
■首都圏の中学を中心に、全国有名中学の最新入試問題を収録!!

※表紙は昨年度のものです。

算数の過去問25年分

■筑波大学附属駒場
■麻布
■開成

○名門３校に絶対合格したいという気持ちに応えるため過去問実績No.1の声の教育社が出した答えです。

都立中高一貫校 適性検査問題集

■都立一貫校と同じ検査形式で学べる！

●自己採点のしにくい作文には「採点ガイド」を掲載。
●保護者向けのページも充実。
●私立中学の適性検査型・思考力試験対策にもおすすめ！

スーパー過去問の **解説執筆・解答作成スタッフ（在宅）募集！**

※募集要項の詳細は、10月に弊社ホームページ上に掲載します。

2025年度用
中学スーパー過去問

■編集人　声の教育社・編集部
■発行所　株式会社 声の教育社
〒162-0814　東京都新宿区新小川町8-15
☎03-5261-5061(代)　FAX03-5261-5062
https://www.koenokyoikusha.co.jp

※本書の内容についての一切の責任は当社にあります。内容・解説・解答・その他は当社ホームページよりお問い合わせ下さい。

カコを追いかけ
ミライをつかめ
「今の説明、もう一回」を何度でも
web過去問
ストリーミング配信による入試問題の解説動画
もっと古いカコモンないの？
カコ過去問
「さらにカコの」過去問をHPに掲載（DL）
声の教育社
詳しくはこちらから

ストリーミング配信による入試問題の解説動画

2025年度用web過去問　ラインナップ

■ 男子・女子・共学（全動画）見放題
36,080円（税込）

■ 男子・共学 見放題
29,480円（税込）

■ 女子・共学 見放題
28,490円（税込）

● 中学受験「声教web過去問（過去問プラス・過去問ライブ）」（算数・社会・理科・国語）

3〜5年間 **24校**

過去問プラス

麻布中学校	桜蔭中学校	開成中学校	慶應義塾中等部	渋谷教育学園渋谷中学校
女子学院中学校	筑波大学附属駒場中学校	豊島岡女子学園中学校	広尾学園中学校	三田国際学園中学校
早稲田中学校	浅野中学校	慶應義塾普通部	聖光学院中学校	市川中学校
渋谷教育学園幕張中学校	栄東中学校			

過去問ライブ

栄光学園中学校	サレジオ学院中学校	中央大学附属横浜中学校	桐蔭学園中等教育学校	東京都市大学付属中学校
フェリス女学院中学校	法政大学第二中学校			

● 中学受験「オンライン過去問塾」（算数・社会・理科）

3〜5年間 **50校以上**

東京	青山学院中等部	東京	国学院大学久我山中学校	東京	明治大学付属明治中学校	千葉	芝浦工業大学柏中学校	埼玉	栄東中学校
	麻布中学校		渋谷教育学園渋谷中学校		早稲田中学校		渋谷教育学園幕張中学校		淑徳与野中学校
	跡見学園中学校		城北中学校		都立中高一貫校 共同作成問題		昭和学院秀英中学校		西武学園文理中学校
	江戸川女子中学校		女子学院中学校		都立大泉高校附属中学校		専修大学松戸中学校		獨協埼玉中学校
	桜蔭中学校		巣鴨中学校		都立白鷗高校附属中学校		東邦大学付属東邦中学校		立教新座中学校
	鷗友学園女子中学校		桐朋中学校		都立両国高校附属中学校		千葉日本大学第一中学校	茨城	江戸川学園取手中学校
	大妻中学校		豊島岡女子学園中学校	神奈川	神奈川大学附属中学校		東海大学付属浦安中等部		土浦日本大学中等教育学校
	海城中学校		日本大学第三中学校		桐光学園中学校		麗澤中学校		茗溪学園中学校
	開成中学校		雙葉中学校		県立相模原・平塚中等教育学校		県立千葉・東葛飾中学校		
	開智日本橋中学校		本郷中学校		市立南高校附属中学校		市立稲毛国際中等教育学校		
	吉祥女子中学校		三輪田学園中学校	千葉	市川中学校	埼玉	浦和明の星女子中学校		
	共立女子中学校		武蔵中学校		国府台女子学院中学部		開智中学校		

web過去問 Q&A

過去問が動画化！
声の教育社の編集者や中高受験のプロ講師など、
過去問を知りつくしたスタッフが動画で解説します。

Q どこで購入できますか？

A 声の教育社のHPでお買い求めいただけます。

Q 受講にあたり、テキストは必要ですか？

A 基本的には過去問題集がお手元にあることを前提としたコンテンツとなっております。

Q 全問解説ですか？

A 「オンライン過去問塾」シリーズは基本的に全問解説ですが、国語の解説はございません。「声教web過去問」シリーズは合格のカギとなる問題をピックアップして解説するもので、全問解説ではございません。なお、「声教web過去問」と「オンライン過去問塾」のいずれでも取り上げられている学校がありますが、授業は別の講師によるもので、同一のコンテンツではございません。

Q 動画はいつまで視聴できますか？

A ご購入年度２月末までご視聴いただけます。
複数年視聴するためには年度が変わるたびに購入が必要となります。

よくある解答用紙のご質問

01

実物のサイズにできない

拡大率にしたがってコピーすると，「解答欄」が実物大になります。配点などを含むため，用紙は実物よりも大きくなることがあります。

02

A3用紙に収まらない

拡大率164％以上の解答用紙は実物のサイズ（「出題傾向＆対策」をご覧ください）が大きいために，Ａ３に収まらない場合があります。

03

拡大率が書かれていない

複数ページにわたる解答用紙は，いずれかのページに拡大率を記載しています。どこにも表記がない場合は，正確な拡大率が不明です。

04

１ページに２つある

１ページに２つ解答用紙が掲載されている場合は，正確な拡大率が不明です。ほかの試験回の同じ教科をご参考になさってください。

麹町学園女子中学校

【別冊】入試問題解答用紙編

解答用紙は本体からていねいに抜きとり、別冊としてご使用ください。

※　実際の解答欄の大きさで練習するには、指定の倍率で拡大コピーしてください。なお、ページの上下に小社作成の見出しや配点を記載しているため、コピー後の用紙サイズが実物の解答用紙と異なる場合があります。

●入試結果表

— は非公表

年度	回	項目	国語	算数	社会	理科	2科／4科合計	2科／4科合格
2024	2/1 午前	配点(満点)	100	100	50	50	200(注)	最高点(注)
		合格者平均点	—	—	—	—	—	157
		受験者平均点	48.3	48.4	27.3	31.8	100.6	最低点(注)
		キミの得点						79
	2/1 午後 特待	配点(満点)	100	100	50	50	200(注)	最高点(注)
		合格者平均点	—	—	—	—	—	188
		受験者平均点	58.7	51.1	31.7	29.1	116.0	最低点(注)
		キミの得点						特待 154 一般 100
2023	2/1 午前	配点(満点)	100	100	50	50	200(注)	最高点(注)
		合格者平均点	—	—	—	—	—	164
		受験者平均点	59.7	56.5	21.3	27.1	116.5	最低点(注)
		キミの得点						90
	2/1 午後 特待	配点(満点)	100	100	50	50	200(注)	最高点(注)
		合格者平均点	—	—	—	—	—	172
		受験者平均点	57.4	58.1	31.1	23.6	119.9	最低点(注)
		キミの得点						特待 157 一般 106
2022	2/1 午前	配点(満点)	100	100	50	50	200(注)	最高点(注)
		合格者平均点	—	—	—	—	—	180
		受験者平均点	56.0	60.6	29.6	25.8	116.9	最低点(注)
		キミの得点						84
	2/1 午後 特待	配点(満点)	100	100	50	50	200(注)	最高点(注)
		合格者平均点	—	—	—	—	—	185
		受験者平均点	58.9	63.2	30.1	29.3	129.0	最低点(注)
		キミの得点						特待 170 一般 —

(注) 4科の受験者平均点・合格者最高点・合格者最低点は、300点満点を200点満点に換算しています。

※　表中のデータはすべて学校公表のものです。

声の教育社

2024年度　麴町学園女子中学校　2月1日午前

算数解答用紙

番号		氏名	

評点	／100

1

(1)	
(2)	
(3)	
(4)	
(5)	

2

(1)	km
(2)	
(3)	点
(4)	円
(5)	cm
(6)	cm^2

3

(1)①	
(1)②	
(2)	個

4

(1)	
(2)	分速　　m
(3)	分後

5

(1)	%
(2)	人
(3)	人

(注)実際の試験では、問題用紙の中に設けられた解答欄に書く形式です。
この解答用紙は使いやすいように小社で作成いたしました。

〔算　数〕100点(推定配点)

1～5　各5点×20

２０２４年度　麴町学園女子中学校　２月１日午前

社会解答用紙

番号　　氏名　　評点 ／50

1

問1 記号で

問2

工業地帯

問3

問4 記号で

問5

県

問6 記号で

問7 記号で

問8 記号で

問9

問10

2

問1

遺跡

問2 記号で

問3 記号で

問4 記号で

問5

問6

問7 記号で

問8

問9 漢字3字で

問10 古い順 記号で　→　→

注意　漢字制限のない問題に関しては、ひらがなで答えても構いません。

3

問1 記号で

問2 記号で

問3 記号で

問4

問5

問6 記号で

問7 カタカナ4字で

4

問1

問2 記号で

問3 記号で

問4 記号で

問5

問6

（注）この解答用紙は実物を縮小してあります。170%拡大コピーすると、ほぼ実物大で使用できます。（タイトルと配点表は含みません）

〔社　会〕50点（推定配点）

1　問１～問６　各１点×６　問７～問10　各２点×４　2　問１～問５　各１点×５　問６～問10　各２点×５

3　問１～問３　各１点×３　問４～問７　各２点×４　4　問１～問３　各１点×３　問４，問５　各２点×２

問６　３点

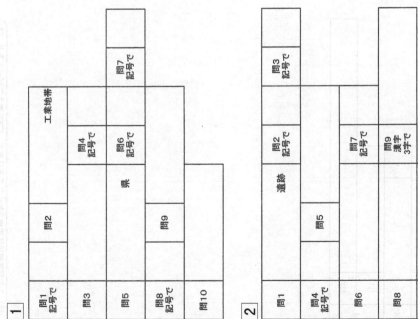

２０２４年度　麹町学園女子中学校　２月１日午前

理科解答用紙

番号		氏名		評点	/50

1

問１		
問２	(1)	
	(2)	
問３		
問４	(1)	
	(2)	

2

(1)		
(2)		
(3)		
(4)		
(5)		
(6)		
(7)	①	
	②	
(8)		
(9)		
(10)		
(11)		

(注) この解答用紙は実物を縮小してあります。175%拡大コピーすると、ほぼ実物大で使用できます。(タイトルと配点表は含みません)

〔理　科〕50点(推定配点)

1 問１　各２点×２　問２～問４　各３点×５　2 (1)　各１点×３　(2)～(5)　各３点×４＜(2), (3), (5)は完答＞

(6)～(8)　各２点×４　(9)　３点　(10)　２点　(11)　３点

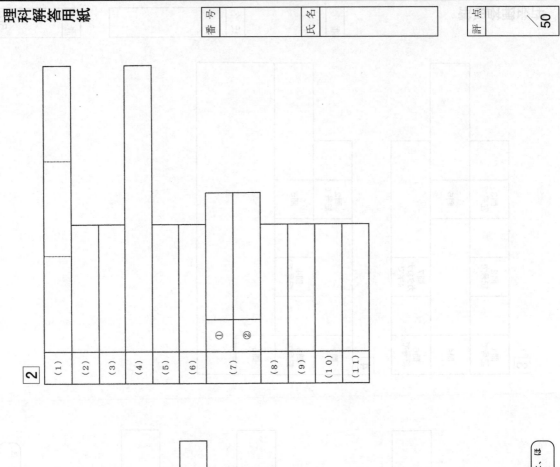

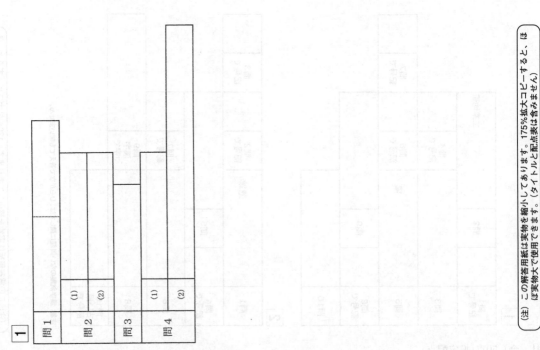

二〇二四年度 麴町学園女子中学校 二月一日午前

国語解答用紙

番号		氏名		評点	／100

一

① ソンエキ	② サイテン	③ エンソウ	④ タ（れる）	⑤ タガヤ（す）
			（れる）	（す）

二

① 脈脈	② 徒党	③ 汽笛	④ 効（く）	⑤ 険（しい）
			（く）	（しい）

三

①	②	③	④	⑤

四

問一 （20字）環境。

問二　問三

問四 1　2　3　4

問五　問六 (1)　(2)　問七

問八 一つめ （40字）点。

二つめ （40字）点。

問九

問十 1　2　3　4

五

問一　問二

問三 1　2　3　4

問四 Ⅰ　Ⅱ　問五

問六 1　2

問七　問八　問九　問十　問十一　問十二

（注）この解答用紙は実物を縮小してあります。192%拡大コピーすると、ほぼ実物大で使用できます。（タイトルと配点表は含みません）

〔国　語〕100点(推定配点)

一～三　各1点×15　四　問1～問3　各2点×3　問4　各2点×4　問5　3点　問6　各2点×2　問7，問8　各3点×3　問9，問10　各2点×6　五　問1，問2　各2点×2　問3，問4　各2点×6　問5　3点　問6　各2点×2　問7　3点　問8　2点　問9，問10　各3点×2　問11　各2点×3　問12　3点

2024年度　麴町学園女子中学校　2月1日午後特待

算数解答用紙

番号		氏名		評点	／100

1

(1)	
(2)	
(3)	
(4)	
(5)	

2

(1)	時間　分　秒
(2)	
(3)	曜日
(4)	箱
(5)	分速　m
(6)	個

3

(1)	
(2)	

4

(1)	cm^3
(2)	cm^3
(3)	cm

5

(1)	円
(2)	円

6

(1)	
(2)	行目　列

(注)実際の試験では、問題用紙の中に設けられた解答欄に書く形式です。
この解答用紙は使いやすいように小社で作成いたしました。

〔算　数〕100点(推定配点)

1～6　各5点×20

２０２４年度　麹町学園女子中学校　２月１日午後特待

社会解答用紙

番号		氏名		評点	/50

1

- 問1 記号で
- 問2
- 県
- 問3
- 問4 カタカナで
- 問5 記号で
- 問6
- 問7 記号で
- 問8　工業地域
- 問9 記号で
- 問10 数字で　第　次産業

2

- 問1
- 問2
- 問3 古い順 記号で　→　→
- 問4 漢字1字で
- 問5
- 問6 記号で
- 問7 記号で
- 問8 記号で
- 問9

注意　漢字制限のない問題に関しては、ひらがなで答えても構いません。

3

- 問1
- 問2 記号で
- 問3
- 問4 記号で
- 問5 漢字5字で
- 問6

4

- 問1
- 問2 記号で
- 問3 記号で
- 問4
- 問5 記号で
- 問6

(注) この解答用紙は実物を縮小してあります。170%拡大コピーすると、ほぼ実物大で使用できます。(タイトルと配点表は含みません)

〔社　会〕50点(推定配点)

1　問１～問７　各１点×７　問８～問10　各２点×３　2　問１～問４　各１点×４　問５～問９　各２点×５　3　問１，問２　各１点×２　問３～問６　各２点×４　4　問１～問５　各２点×５　問６　３点

２０２４年度　麹町学園女子中学校　２月１日午後特待

理科解答用紙

番号		氏名	

評点
／50

2

(1)		
(2)		
(3)		
(4)		
(5)		
(6)		
(7)		
(8)	①	
	②	
(9)	①	
	②	
(10)		

1

問１	
問２	
問３	
問４	
問５	
問６	
問７	

（注）この解答用紙は実物を縮小してあります。Ａ３用紙に147％拡大コピーすると、ほぼ実物大で使用できます。（タイトルと配点表は含みません）

〔理　科〕50点（推定配点）

1　各３点×７＜問１は完答＞　**2**　(1), (2)　各２点×２　(3)～(5)　各３点×３＜(3)は完答＞　(6)　２点　(7)　３点　(8), (9)　各２点×４　(10)　３点

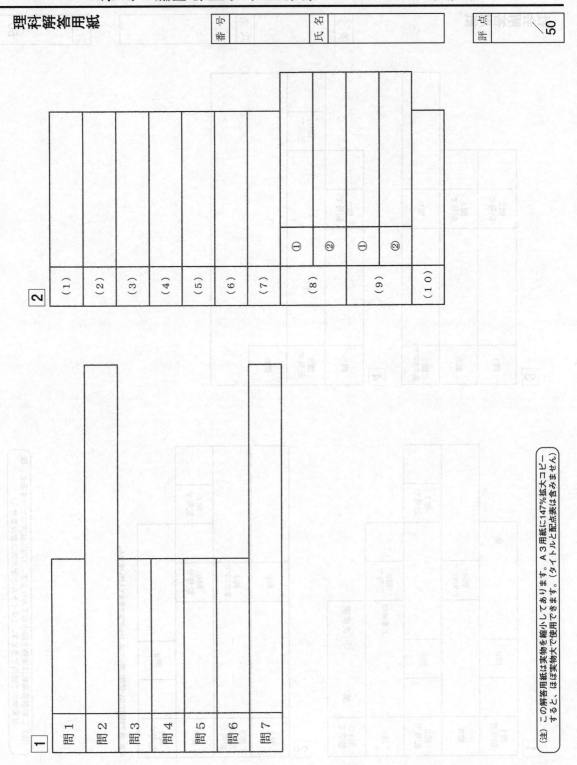

二〇二四年度　麴町学園女子中学校　二月一日午後特待

国語解答用紙

番号		氏名		評点	/100

一

① オンワ	② ソンボウ	③ エンチョウ	④ ソナ（える）	⑤ ソナ（えた）
			（える）	（えた）

二

① 復興	② 革新	③ 額	④ 城下（町）	⑤ 若気
			（町）	

三

ア		イ		ウ		エ		オ	

四

ア		イ		ウ		エ		オ	

五

問一

問二　イ　ロ

問三

問四　(1)　(2)

問五

問六　知識。

問七

問八

問九

六

問一

問二

問三

問四

問五

問六

問七

問八　A　B　C

問九　イ　ロ　ハ

（注）この解答用紙は実物を縮小してあります。192%拡大コピーすると、ほぼ実物大で使用できます。（タイトルと配点表は含みません）

〔国　語〕100点（推定配点）

一～四　各1点×20　五　問1　4点　問2～問4　各3点×5　問5　4点　問6　5点　問7～問9　各3点×4　六　問1，問2　各3点×2　問3　4点　問4，問5　各3点×2　問6　6点　問7　3点　問8　各2点×3　問9　各3点×3

2023年度　麹町学園女子中学校　2月1日午前

算数解答用紙

番号		氏名		評点	／100

1

(1)	
(2)	
(3)	
(4)	
(5)	

2

(1)	cm
(2)	年後
(3)	日
(4)	秒速　　m
(5)	度
(6)	%

3

(1)	円
(2)	円
(3)	個

4

(1)	通り
(2)	通り

5

(1)	
(2)	

6

(1)	cm
(2)	cm^2

(注)実際の試験では、問題用紙の中に設けられた解答欄に書く形式です。
この解答用紙は使いやすいように小社で作成いたしました。

〔算　数〕100点(推定配点)

1～6　各5点×20

２０２３年度　麴町学園女子中学校　２月１日午前

社会解答用紙

番号　　氏名　　評点　／50

1

問1 記号で　問2　県　問3 記号で

問4　新幹線　問5 記号で

問6　空港　問7

問8 記号で　問9 漢字で

2

問1　問2 漢字4字で

問3　問4 古い順 記号で　→　→

問5　問6 記号で　問7 記号で

問8 記号で　問9

注意　漢字制限のない問題に関しては、ひらがなで答えても構いません。

3

問1 記号で　問2

問3　問4

問5　問6 記号で

4

問1 記号で　問2

問3　問4 記号で　問5 記号で

問6　A　B

（注）この解答用紙は実物を縮小してあります。171％拡大コピーすると、ほぼ実物大で使用できます。（タイトルと配点表は含みません）

〔社　会〕50点(推定配点)

1　問1～問5　各1点×5　問6～問9　各2点×4　2　問1～問4　各1点×4　問5～問9　各2点×5　3　問1　1点　問2～問6　各2点×5　4　問1，問2　各1点×2　問3～問5　各2点×3　問6　各2点×2

２０２３年度　麹町学園女子中学校　２月１日午前

理科解答用紙

番号		氏名		評点	／50

1

(1)	
(2)	
(3)	式 答
(4)	
(5)	理由
(6)	
(7)	

2

(1)		
(2)	①　③	②
(3)		
(4)		
(5)		
(6)		
(7)		
(8)	番号	記号
(9)		
(10)		

（注）この解答用紙は実物を縮小してあります。180％拡大コピーすると、ほぼ実物大で使用できます。（タイトルと配点表は含みません）

〔理　科〕50点(推定配点)

1　各３点×７　2　(1)～(4)　各２点×６　(5)，(6)　各３点×２　(7)～(9)　各２点×４　(10)　３点

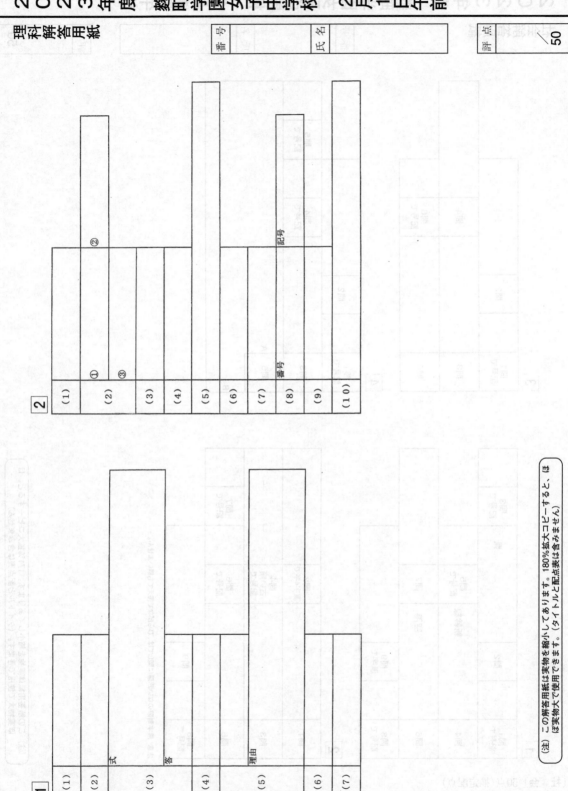

二〇二三年度　麹町学園女子中学校　二月一日午前

国語解答用紙

番号　　氏名　　評点　／100

一
①ソンチョウ　②ジョウホウ　③テイアン　④カタ（まる）　（まる）　⑤ユダ（ねる）　（ねる）

二
①雑木林　②一目散　③得意気　④構（える）　（える）　⑤辺（り）　（り）

三
①　②　③　④　⑤

四
問一
問二　こと。
問三　はじめ　〜　終わり　という性質。
問四
問五　A　B
問六　一つ目　二つ目
問七　1　2　3
問八　1
問九　十三、四歳からは、　はじめ　〜　終わり　という孤独。
五十歳以降は、　はじめ　〜　終わり　ための孤独。
問十　から。
問十一

五
問一　A　B　C　D
問二
問三　Ⅰ　Ⅱ　Ⅲ
問四　1　2
問五
問六
問七　ア　イ
問八　から。
問九
問十　1　2　3　4　5

（注）この解答用紙は実物を縮小してあります。201％拡大コピーすると、ほぼ実物大で使用できます。（タイトルと配点表は含みません）

〔国　語〕100点（推定配点）

一～三　各1点×15　四　問1～問3　各3点×3　問4，問5　各2点×3　問6　各3点×2　問7，問8　各2点×4　問9，問10　各3点×3　問11　2点　五　問1～問3　各2点×8　問4～問9　各3点×8　問10　各1点×5

2023年度　麹町学園女子中学校　2月1日午後特待

算数解答用紙

番号		氏名		評点	／100

1

(1)	
(2)	
(3)	
(4)	
(5)	

2

(1)	g
(2)	円
(3)	曜日
(4)	
(5)	cm^2
(6)	回転

3

(1)	人
(2)	人

4

(1)	分速　　m
(2)	分速　　m
(3)	m

5

(1)	g
(2)	%

6

(1)	度
(2)	度

(注)実際の試験では、問題用紙の中に設けられた解答欄に書く形式です。
この解答用紙は使いやすいように小社で作成いたしました。

〔算　数〕100点(推定配点)

1～6　各5点×20

2023年度 麹町学園女子中学校 2月1日午後特待

社会解答用紙

番号	
氏名	
評点	／50

1

問1	海岸	問2 記号で		問3 記号で	
問4 カタカナで		問5			
問6 記号で		問7 記号で		問8	県
問9 数字で	海里	問10 記号で			

2

問1		問2 記号で			
問3		問4 記号で		問5 記号で	
問6 記号で		問7			
問8		問9 古い順 記号で	→ →		
問10 記号で					

注意 漢字制限のない問題に関しては、ひらがなで答えても構いません。

3

問1		問2 記号で	
問3		問4	
問5		問6 記号で	

4

問1	海流	問2 記号で	
問3	月 日	問4	
問5			

（注）この解答用紙は実物を縮小してあります。176%拡大コピーすると、ほぼ実物大で使用できます。（タイトルと配点表は含みません）

〔社 会〕50点(推定配点)

1 問1～問7 各1点×7 問8～問10 各2点×3 2 問1～問6 各1点×6 問7～問10 各2点×4 3 各2点×6 4 問1～問4 各2点×4 問5 3点

２０２３年度　麹町学園女子中学校　２月１日午後特待

理科解答用紙

番号		氏名		評点	／50

1

(1)	ア	イ
(2)	A	B
	C	
(3)	雲②	雲④
(4)	雲③	雲⑤
	雲⑦	
(5)		
(6)	ウ	エ
	オ	

2

(1)	A	B
(2)		
(3)		
(4)		
(5)		
(6)		
(7)		
(8)		
(9)		
(10)		

(注) この解答用紙は実物を縮小してあります。172%拡大コピーすると、ほぼ実物大で使用できます。(タイトルと配点表は含みません)

〔理　科〕50点(推定配点)

1 (1)　各２点×２　(2)　各１点×３　(3)～(6)　各２点×９　2 (1)　各２点×２　(2)　３点　(3)　各１点×３　(4)　３点　(5)～(10)　各２点×６＜(7)は完答＞

二〇二三年度　麴町学園女子中学校　二月一日午後特待

国語解答用紙

番号		氏名		評点	/100

一

① マンゲツ	② （気の）ドク	③ オウチョウ	④ ハタ	⑤ ホソ（る）
	（気の）			（る）

二

① 正味	② 空耳	③ 字画	④ 故（つ）	⑤ 生（やす）
			（つ）	（やす）

三

① □□□□たら　② □□□□□　③ □□□□た

④ □□□□た　⑤ □□□□□

四

問一　ア　イ　ウ　エ

問二

問三　★ 10　☆ 5　2

問四

問五　5

問六　15

問七　50　60

問八

五

問一　ア　イ　ウ

問二　30　40

問三

問四

問五　1つ目　2つ目　10　3つ目　10

問六

問七　25　35　という思い。

問八

問九

（注）この解答用紙は実物を縮小してあります。201％拡大コピーするとほぼ実物大で使用できます。（タイトルと配点表は含みません）

〔国　語〕100点（推定配点）

一～三　各1点×15　四　問1　各2点×4　問2～問6　各4点×6　問7　5点　問8　4点<完答>　五　問1　各2点×3　問2　5点　問3，問4　各3点×2　問5　各4点×3　問6　3点　問7　5点　問8　3点　問9　4点<完答>

2022年度　麴町学園女子中学校　2月1日午前

算数解答用紙

番号		氏名		評点	／100

1

(1)	
(2)	
(3)	
(4)	
(5)	

2

(1)	g
(2)	
(3)	脚
(4)	日
(5)	本
(6)	度

3

(1)	番目
(2)	

4

(1)	
(2)	cm^3
(3)	cm^2

5

(1)	個
(2)	個

6

(1)	時	分
(2)	時	分

(注) 実際の試験では、問題用紙の中に設けられた解答欄に書く形式です。
この解答用紙は使いやすいように小社で作成いたしました。

〔算　数〕100点(推定配点)

1～6　各5点×20

２０２２年度　麴町学園女子中学校　２月１日午前

社会解答用紙

番号		氏名		評点	／50

1

- 問1　地方
- 問2　記号で
- 問3　記号で
- 問4　政策
- 問5　記号で
- 問6
- 問7　記号で
- 問8
- 問9　記号で
- 問10　記号で
- 問11　記号で

2

- 問1　記号で
- 問2
- 問3
- 問4　記号で
- 問5　古い順　記号で　→　→
- 問6　記号で
- 問7
- 問8
- 問9

注意　漢字制限のない問題に関しては，ひらがなで答えても構いません。

3

- 問1
- 問2
- 問3　記号で
- 問4　漢字2字で
- 問5　記号で
- 問6　記号で
- 問7　記号で

4

- 問1　記号で
- 問2　記号で
- 問3
- 問4　カタカナ6字で
- 問5　記号で
- 問6

（注）この解答用紙は実物を縮小してあります。172%拡大コピーすると，ほぼ実物大で使用できます。（タイトルと配点表は含みません）

〔社　会〕50点（推定配点）

1　問1　2点　問2，問3　各1点×2　問4　2点　問5　1点　問6　2点　問7　1点　問8　2点　問9～問11　各1点×3　2　問1　1点　問2，問3　各2点×2　問4　1点　問5　2点　問6　1点　問7～問9　各2点×3　3　問1，問2　各2点×2　問3　1点　問4　2点　問5～問7　各1点×3　4　問1，問2　各1点×2　問3，問4　各2点×2　問5　1点　問6　3点

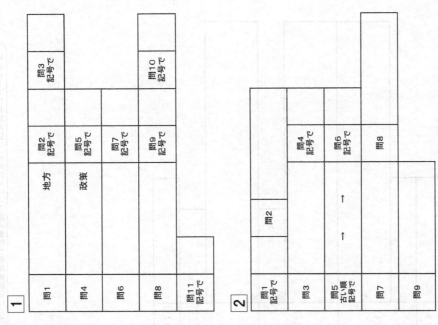

２０２２年度　麴町学園女子中学校　２月１日午前

理科解答用紙

番号		氏名		評点	／50

1

(1)
(2)
(3)
(4) ① ②
(5) 式 答 kcal
(6) 式 答
(7)

2

(1)
(2)
(3)
(4)
(5)
(6)
(7) 0 1 2 3 4 5 6 7 8 9 10
(8)
(9)
(10)
(11)
(12)

（注）この解答用紙は実物を縮小してあります。183％拡大コピーすると、ほぼ実物大で使用できます。（タイトルと配点表は含みません）

〔理　科〕50点（推定配点）

1 (1)　各１点×２　(2)，(3)　各２点×２　(4)①　２点　②　３点　(5)，(6)　各４点×２　(7)　２点　2 (1)，(2)　各２点×２　(3)，(4)　各３点×２　(5)～(7)　各２点×３　(8)　各１点×３　(9)　２点　(10)　３点　(11)　２点　(12)　３点

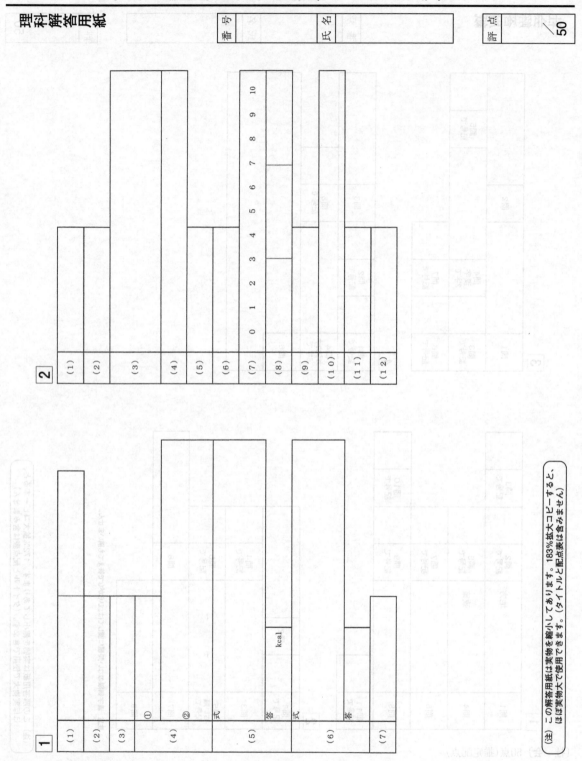

二〇二二年度　麴町学園女子中学校　二月一日午前

国語解答用紙

番号		氏名	

評点	／100

一

① キントウ	② ジュウニン	③ コクイン	④ スミビ	⑤ ナゲ（る）
				（る）

二

①	②	③	④	⑤

三

ア	イ	ウ	エ	オ

四

ア	イ	ウ	エ	オ

五

問一　問二　問三

問四　外国製の物が自国に進出してきたり、自国が外国のあらゆる面をまねしたりすることで、……点。

問五　問六

問七　問八　問九

六

問一　問二　問三

問四　(1)　(2)

問五

問六　1　高崎高校は……のに、

2　……から。

問七

（注）この解答用紙は実物を縮小してあります。196％拡大コピーすると、ほぼ実物大で使用できます。（タイトルと配点表は含みません）

〔国　語〕100点（推定配点）

一～四　各2点×20　五　問1～問3　各3点×3　問4　5点　問5～問9　各3点×5　六　問1～問5　各3点×6　問6　各5点×2　問7　3点

2022年度　麹町学園女子中学校　2月1日午後特待

算数解答用紙

番号		氏名		評点	／100

1

(1)	
(2)	
(3)	
(4)	
(5)	

2

(1)	秒速　　m
(2)	人
(3)	点
(4)	分後
(5)	cm^2
(6)	m

3

(1)	通り
(2)	通り
(3)	通り

4

(1)	本
(2)	本
(3)	m

5

(1)	秒速　　cm
(2)	
(3)	秒後と　　秒後

(注)実際の試験では、問題用紙の中に設けられた解答欄に書く形式です。
この解答用紙は使いやすいように小社で作成いたしました。

〔算　数〕100点(推定配点)

1～5　各5点×20

２０２２年度　麹町学園女子中学校　２月１日午後特待

社会解答用紙

番号		氏名		評点	／50

1

問1
問2
問3 台地
問4 記号で
問5 記号で
問6 記号で
問7 記号で 2つ
問8
問9

2

問1 記号で
問2 記号で
問3 古い順 記号で　→　→
問4 記号で
問5
問6
問7 記号で
問8 記号で
問9
問10

注意　漢字制限のない問題に関しては、ひらがなで答えても構いません。

3

問1 記号で
問2 漢字 2字で
問3
問4 記号で
問5 漢字 2字で
問6 記号で
問7 記号で

4

問1 記号で
問2 記号で
問3
問4 記号で
問5
問6

（注）この解答用紙は実物を縮小してあります。171％拡大コピーすると、ほぼ実物大で使用できます。（タイトルと配点表は含みません）

〔社　会〕50点（推定配点）

1 問1～問3　各2点×3　問4～問6　各1点×3　問7～問9　各2点×3　2 問1，問2　各1点×2　問3　2点　問4　1点　問5，問6　各2点×2　問7，問8　各1点×2　問9，問10　各2点×2　3 問1　1点　問2，問3　各2点×2　問4　1点　問5　2点　問6，問7　各1点×2　4 問1，問2　各1点×2　問3　2点　問4　1点　問5　2点　問6　3点＜1 問7は完答＞

2022年度　麹町学園女子中学校　2月1日午後特待

理科解答用紙

番号		氏名		評点	/50

1

(1)	
(2)	
(3)	
(4)	ア　　イ
(5)	
(6)	
(7)	材料
	作り方　　完成図

2

(1)	
(2)	
(3)	
(4)	
(5)	
(6)	
(7)	①　　②
(8)	
(9)	
(10)	
(11)	
(12)	

（注）この解答用紙は実物を縮小してあります。174%拡大コピーすると、ほぼ実物大で使用できます。（タイトルと配点表は含みません）

〔理　科〕50点（推定配点）

1　(1)～(6)　各2点×7　(7)　10点　2　各2点×13＜1　(1)は完答＞

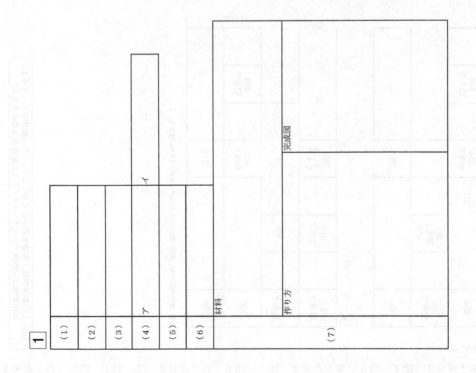

二〇二三年度　麴町学園女子中学校　二月一日午後特待

国語解答用紙

番号		氏名		評点	/100

一

①ギャッキョウ	②チョウリツ	③ユ	④ミダ（れた）	⑤シリゾ（く）
			（れた）	（く）

二

ア	イ	ウ	エ	オ

三

①	②	③	④	⑤

四

問一　A　B　　問二　　問三　Ⅰ　Ⅱ　Ⅲ

問四　(1)　一つ目　することができたり、

二つ目　をさせたりすることができる。

(2)

問五　　問六　　問七

問八

問九

五

問一　　問二　　問三　　問四　　問五　　問六

問七　男の人の　ため、

と思ったから。

問八　一つ目　こと。

二つ目　こと。

問九

問十　　問十一

（注）この解答用紙は実物を縮小してあります。189%拡大コピーすると、ほぼ実物大で使用できます。（タイトルと配点表は含みません）

〔国　語〕100点（推定配点）

一～三　各2点×15　四　問1～問3　各2点×6　問4　(1)　3点×2　(2)　4点　問5～問7　各3点×3　問8　4点　問9　3点　五　問1～問6　各2点×6　問7　4点　問8　各3点×2　問9　4点　問10，問11　各3点×2<四　問2，問5，問9は完答>

Memo

Memo

Memo

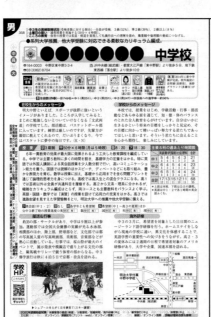